JN272289

現場に役立つ日本語教育研究 ①

データに基づく文法シラバス

シリーズ監修 山内博之　編者 庵功雄・山内博之

くろしお出版

CONTENTS

現場に役立つ日本語教育研究 1　目次

まえがき　庵　功雄　iii

第1章　日本語学的知見から見た初級シラバス（庵　功雄）……1

第2章　日本語学的知見から見た中上級シラバス（庵　功雄）……15

第3章　話し言葉コーパスから見た文法シラバス（山内博之）……47

第4章　書き言葉コーパスから見た文法シラバス（橋本直幸）……67

第5章　出現頻度から見た文法シラバス（岩田一成・小西　円）……87

第6章　生産性から見た文法シラバス（中俣尚己）……109

第7章　教師から見た文法シラバス（渡部倫子）……129

第8章　学習者から見た文法シラバス（劉　志偉）……147

第9章　初級総合教科書から見た文法シラバス（田中祐輔）……167

第10章　日本語能力試験から見た文法シラバス（森　篤嗣）……193

第11章　類義表現から見た文法シラバス（建石　始）……215

第12章　対照言語学的知見から見た文法シラバス（高　恩淑）……233

あとがき　山内博之　257

執筆者紹介　263

まえがき

庵　功雄

1. はじめに

　本書は、「文法シラバス」というものをどのように考えるべきかについて、多角的に検討した論文集である。

　本書の書名は『データに基づく文法シラバス』である。「文法シラバス」については本書の中でもいくつか定義が述べられているのでここでは割愛し、「データに基づく」という部分について、少し述べてみたい。

　これまでの日本語教育にはいくつかの文法シラバスが存在するが、その多くは、当時の日本語教育関係者の経験値（「勘」）によって定められたものと言えよう。そのこと自体が問題であるわけではない。シラバスに問題点があるとしても、時代的な制約などを考えれば当然の部分も多い。問題なのは、既存のシラバスを「金科玉条」のように考え、その実質的な改訂を拒んできたこれまでの日本語教育の体制にある。

　この点に関する詳しい議論は他所に譲るが（cf. 庵 2009b、2011b、2013、山内 2009 など）、いずれにせよ、現在の文法シラバスにはさまざまな問題点が存在し、一種の制度疲労を起こしているのは明らかである。今、必要なのは、具体的なデータや方法論にもとづいて、「文法シラバス」とはどのようなものであるべきかを問い直す作業である。本書の「データに基づく」という名称には、編者および各執筆者のこうした思いが込められている。

ここでは、本書への導入として各論文の「読みどころ」を解説し、「データに基づく」「文法シラバス」というツアーに読者を誘うことにしたい。

2. 本書の構成

本書には、以下の 12 本の論文が掲載されている。以下、この順に各論文について、簡単に解説していく。

第 1 章：日本語学的知見から見た初級シラバス（庵功雄）
第 2 章：日本語学的知見から見た中上級シラバス（庵功雄）
第 3 章：話し言葉コーパスから見た文法シラバス（山内博之）
第 4 章：書き言葉コーパスから見た文法シラバス（橋本直幸）
第 5 章：出現頻度から見た文法シラバス（岩田一成・小西円）
第 6 章：生産性から見た文法シラバス（中俣尚己）
第 7 章：教師から見た文法シラバス（渡部倫子）
第 8 章：学習者から見た文法シラバス（劉志偉）
第 9 章：初級総合教科書から見た文法シラバス（田中祐輔）
第10章：日本語能力試験から見た文法シラバス（森篤嗣）
第11章：類義表現から見た文法シラバス（建石始）
第12章：対照言語学的知見から見た文法シラバス（高恩淑）

3. 各章の紹介
第1章：日本語学的知見から見た初級シラバス（庵功雄）

この章と次の第2章では、日本語学的な知見を踏まえた観点から、旧日本語能力試験の出題基準に代表される現行の文法シラバスの全面的な見直しの必要性と、具体的なシラバスの案が提示されている。

第1章では、初級文法シラバスの見直しが主張されているが、その当初の理由は、「地域型日本語教育」における文法項目の大幅な刈り込みの必要性であった。そこには、「やさしい日本語」の考え方が大きく関わっている。

しかし、初級文法シラバスを新しいものにする必要性は、「学校型日本語教育」についても同様に存在することがこの章の中で述べられている。そし

て、そのことを踏まえて、新しい学校型のための初級文法シラバスが提案されている。

第2章：日本語学的知見から見た中上級シラバス（庵功雄）

　第2章の課題は中上級の文法シラバスの見直しである。そもそも、小林（2009）が指摘するように、現行の文法シラバスでは、シンタクスに関わる狭義の文法は初級で終わらせ、中級以上では複合辞を中心とする機能語の学習が中心になっている。

　しかし、こうした中上級の文法シラバスには、極めて重大な問題点がいくつか存在する。この論文では、産出を中心に議論を行い、言語技能との関連をもとに、複数のコーパスを参照して、新たに設けたStep3（初中級）〜Step6（上級）の文法シラバスを策定した。

　このシラバスは、「やさしい日本語」との関連で言えば、定住外国人の子どもたちや、ろうの子どもたちのための日本語教育（「バイパスとしての「やさしい日本語」」）にとって非常に重要なものである（cf. 庵 2014a、2014b）。

第3章：話し言葉コーパスから見た文法シラバス（山内博之）

　この本が編まれることになったそもそものきっかけは、OPIのデータをもとに策定された山内（2009）の「初級」文法シラバスと、「やさしい日本語」の中の「ミニマムの文法」という観点から策定された庵（2009a）とがほとんど同様の内容であったということにある。

　山内（2009）は帰納的な、庵（2009a）は演繹的な手法を用いたものであり、手法においても、目的においてもまったく異なるものである。また、相互にはまったくその存在を知らなかったにもかかわらず、両者で得られた結論はほとんど等しかった。そこには、偶然ではない何らかの意味があるはずだ、というのが本書の出発点になっている。

　「あとがき」で山内氏が詳しく述べているように、山内（2009）と庵（2009a、2011a、2015）のStep1の共通点は、「動詞の活用を必要としない」という点にある。

　この論文で、山内氏はこの点についての考察を深めている。すなわち、

KYコーパスを用いて、OPIで初級〜中級中期と判定された学習者が使用している動詞の活用を要する要素を考察し、学習者の使用実態をさらに精査するということである。その結果、動詞の活用を必要とする語の大部分はテ形であることがわかった。上位を占めるテ形は「住む、持つ、見る、食べる、話す」など（のテ形）であるが、ゼロから始まる初級では、これらのテ形を「かたまり」として導入しておけば、それ以外については、山内（2009）、庵（2009a、2011a）の結論は維持できることが明らかになった。

なお、この論文の最後には、「初級文法シラバス（庵・山内バージョン）」として、庵（2015）のStep1をもとに作成された初級文法シラバスの案が提示されている。

第4章：書き言葉コーパスから見た文法シラバス（橋本直幸）

この論文は、第3章の山内論文の方法論を基本的に踏襲して、書き言葉のコーパスであるYNUコーパス（横浜国立大学コーパス）から分析できる書き言葉の特質を述べたものである。

YNUコーパスは、横浜国立大学に在籍する留学生（中国語母語話者、韓国語母語話者）と日本人大学生各30名を対象として、それぞれの被調査者に、場面や相手の異なる12の作文タスクを課したもので、各作文を一定の基準で評価した後、その結果に基づいて、被験者を「上位群」、「中位群」、「下位群」（各3分の1ずつ）に分けている。

分析を通して、山内（2009）および第3章の山内論文の分析対象であり話し言葉のデータであるKYコーパスと、書き言葉のデータであるYNUコーパスとの性質の違いによる違いがいくつも明らかになっている（例えば、格助詞「へ」、「のではないか」、「たい」など）。また、タスクと文法形式の相関が見られることもわかった。

第5章：出現頻度から見た文法シラバス（岩田一成・小西円）

初級文法シラバスの代表として、旧日本語能力試験出題基準の3、4級項目があるが、その内容を網羅的に検証したものはこれまでない。この論文では、名大会話コーパスの分析を通して、コーパスにおける出現頻度を基準に

したときに、初級で取り上げるべき項目のリストが提出されている。

分析を通して、「てる／ちゃう／とく／みたい／って」のように、3、4級項目には含まれていないが、会話で頻出する形式がかなりあることや、1つの機能に多くの形式が対応している場合に、その形式を絞り込む必要があることなどがわかった。最後に、この論文とほぼ同規模の書き言葉コーパスを用いた研究である森（2011）との比較を通して、口語表現出現率（話し言葉で出現する割合）が提示されている。

第6章：生産性から見た文法シラバス（中俣尚己）

文法項目について見ていくと、いろいろな形式と共起するものがある一方で、特定のものとの組み合わせしか思いつかないものがある。この論文は、「生産性」という概念をキーワードに、こうした日本語教師が感じる直感を定式化し、可視化したものである。

生産性が高い項目はいろいろな要素（この論文では動詞）と共起するものであり、生産性が低い項目は特定の要素としか共起しないものである。生産性が高い項目は時間を表すものに多いことがわかった。

生産性は難易度と関連が強い。生産性が高く出現頻度も高いものは、初級から練習する価値があり、かつ、練習すると使えるようになる割合も高い。一方、生産性が低いものは、共起する要素の種類が少ないので、語彙的に扱うべきである。そして、最も難易度が高いのは生産性が中程度で出現頻度が高いものである。

この論文の内容の一部は中俣（2014）にも活かされているが、「生産性」は、シラバスや教室活動をデザインする上で、今後重要な指標として用いられていくことになると思われる。

第7章：教師から見た文法シラバス（渡部倫子）

日本語教師の意識の中で文法シラバスはどのような形になっているのか。この論文はこの問題を取り扱っている。日本語教師80名と教師経験のない日本語母語話者（大学1年生）80名に、現行の初級教科書にとられている文法項目を提示し、その必要度を判定してもらうという形の調査を通して、日

本語教師と一般の日本語母語話者との主観判定の比較を行っている。

　調査の結果、日本語教師と一般の日本語母語話者の主観判定には強い相関があることがわかった。その一方、「てもいい」のように、両者の判定が大きくずれるものもあった。こうしたものについては、今後その扱いを注意する必要がある。

　一方、それぞれのグループの判定（必要度）と『みんなの日本語』の提出順序（難易度）との関係を見ると、日本語教師による必要度と『みんなの日本語』による難易度との間には強い相関が見られたのに対し、一般の日本語母語話者による必要度と『みんなの日本語』による難易度との間にはそれほど強い相関は見られなかった。このことは、教師の主観判定に教科書の提出順序が強く影響を与えていることを示している。

第8章：学習者から見た文法シラバス（劉志偉）

　この本の各章で扱われている文法シラバスは、第3章、第4章を除いて、原則として、日本語母語話者の観点から作られたものである。もちろん、各章において、学習者のデータは取り入れられているものの、学習者自身の意見を直接取り入れるということはなされていない。

　この章では、上級学習者であった筆者自身が折に触れて疑問に感じ、メモしてきた文法上の問題点をもとに、上級から超級（native-like）を目指す学習者にとって問題となる項目を取り上げたものである。

　上級から超級に進むためのシラバスはほとんど存在しないのが現状であるが、この論文はこの分野の研究を大いに刺激する可能性を秘めている。

第9章：初級総合教科書から見た文法シラバス（田中祐輔）

　第7章では、日本語教師が「初級」の文法項目と認識している項目が抽出された。これはいわば、「共時的な」分析である。これに対し、この論文では、戦後日本で出版された全ての日本語教科書を対象として、そこで共通に扱われてきた項目、時代によって取り上げられたり取り上げられなかったりした項目が抽出されている。これはいわば、「通時的な」分析である。

　分析の結果、一貫して取り上げられている項目は教科書の中での提出順が

早いのに対し、出現頻度が低い項目は提出順もさまざまであることや、一貫して取り上げられている項目の提出順は年代を追うごとに安定してきていることなどがわかった。

　日本語教育文法の方法論として、教科書分析の重要性はよく指摘されるが、この論文はその観点からも研究上の1つのモデルとなるものである。

第10章：日本語能力試験から見た文法シラバス（森篤嗣）

　日本語能力試験は、日本語学習者の理解の実態が詰まったビッグデータである。この論文では、日本語能力試験の8年分の全データを対象に、正答率、識別力、選択率という3つの観点から、文法項目を分析している。

　分析の結果、全体としては、設問の妥当性は高いものの、個別には、当該の級で問うには難しい文法項目も見られることが明らかになった。これは、初級に文法項目を詰め込んでいる現行シラバスの問題点をあぶり出す結果となっている。

　日本語能力試験は、全世界の日本語教育のかなりの部分を規定している存在である。文法シラバスに関しても、日本語能力試験の与えている影響は極めて大きなものがある。それだけに、その結果はもっと広くさまざまな観点から分析されるべきである。この論文はそうした方向性を示すものでもある。

第11章：類義表現から見た文法シラバス（建石始）

　文法項目の中には他の項目と類義関係になっているものがある。この論文は、そうした類義表現を、文法解説書、参考書、問題集における取り上げられ方というユニークな観点から分析している。

　まず、何冊の本で取り上げられているかということから必要度を取り出し、次に、その項目の説明にどの程度の記述量（文字数）が費やされているかということから重要度を取り出している。その上で、必要度と重要度の組み合わせを通して、文法項目をシラバス化することを試みている。

　ここで取り上げられている情報（必要度、重要度）は、第7章で見た日本語教師の主観的な項目の重みづけと通じるものがあるが、それと同じく、日

本語教師の「思い込み」に左右されている場合がありうることにも注意する必要があるだろう。そうした限界を意識しながらであれば、これらのデータは文法シラバス構築にとって貴重な資源となると思われる。

第12章：対照言語学的知見から見た文法シラバス（高恩淑）

　ある言語の話者が別の言語を学ぶとき、特に成人学習者の場合は、母語の転移（transfer）が必然的に起こる。そのため、成人学習者に対する日本語教育では、この転移のうち、正の転移を積極的に利用し、負の転移をできるだけ抑制することができれば、学習効果は大きく高まる（庵（2015予定）はこうした「母語の違いに配慮した日本語教育」の重要性を指摘している）。

　この論文では、こうした観点から、日本語と韓国語の文法項目の詳細な対照が行われている。

　分析の結果、日本語と韓国語が1対1に対応しているものもあれば、その対応が多（韓）対1（日）であるものもあり、1（韓）対多（日）、多（韓）対多（日）になっているものもあることがわかった。韓国語母語話者にとっては、1対1、多（韓）対1（日）、1（韓）対多（日）、多（韓）対多（日）の順に難易度が高くなる（この場合の難易度は産出レベルのことである）。このうち、1対1のものは全体の約70%である。この70%をもって、韓国語母語話者にとって日本語は学びやすいとされていると思われるが、その一方で、最も難しい多対多の部分には、テンス、アスペクト、ボイスという日本語文の表現に直接関わる項目が集中している。このことは、論文の執筆やビジネス文書の作成といった、上級以上で高度な日本語運用能力を求められる韓国語話者にとっては、日本語はそれほどやさしい言語ではないことを示している。

引用文献

庵功雄（2009a）「地域日本語教育と日本語教育文法——「やさしい日本語」という観点から——」『人文・自然研究』3, pp. 126–141, 一橋大学.

庵功雄（2009b）「推量の「でしょう」に関する一考察——日本語教育文法の視点から——」『日本語教育』142, pp. 58–68.

庵功雄 (2011a)「日本語教育文法からみた「やさしい日本語」の構想——初級シラバスの再検討——」『語学教育研究論叢』28, pp. 255–271, 大東文化大学.
庵功雄 (2011b)「「100%を目指さない文法」の重要性」森篤嗣・庵功雄 (編)『日本語教育文法のための多様なアプローチ』pp. 79–100, ひつじ書房.
庵功雄 (2013)『日本語教育、日本語学の「次の一手」』くろしお出版.
庵功雄 (2014a)「「やさしい日本語」研究の現状と今後の課題」『一橋日本語教育研究』2, pp. 1–12.
庵功雄 (2014b)「言語的マイノリティに対する言語上の保障と「やさしい日本語」——「多文化共生社会」の基礎として——」『ことばと文字』2, pp. 103–109.
庵功雄 (2015)「日本語学的知見から見た初級シラバス」本書所収.
庵功雄 (2015予定)「中国語話者の母語の知識は日本語学習にどの程度役立つか——「的」を例に——」『漢日対比語言研究』6.
小林ミナ (2009)「基本的な文法項目とは何か」小林ミナ・日比谷潤子 (編)『日本語教育の過去・現在・未来　第5巻　文法』pp. 40–61, 凡人社.
中俣尚己 (2014)『日本語教育のための文法コロケーションハンドブック』くろしお出版.
森篤嗣 (2011)「『現代日本語書き言葉均衡コーパス』コアデータにおける初級文法項目の出現頻度」森篤嗣・庵功雄 (編)『日本語教育文法のための多様なアプローチ』pp. 57–78, ひつじ書房.
山内博之 (2009)『プロフィシェンシーから見た日本語教育文法』ひつじ書房.

第1章

日本語学的知見から見た初級シラバス

庵　功雄

1. はじめに

　日本語学習者の多様化、日本語教育を取り巻く状況の変化などにともない、現行の文法シラバスを作り直すことが喫緊の課題になっている。この論文と庵（2015）では、こうした問題意識にもとづき、初級から上級までを見据えた新しい文法シラバスを提案する。このうち、この論文では、初級に関する問題を論じる。

　以下、**2.** では、なぜ新しい文法シラバスが必要であるのかについて論じ、**3.** では、地域型日本語教育における問題点を、**4.** では、学校型日本語教育における問題点を、新しい文法シラバスと結びつけて論じる。

2. なぜ新しい文法シラバスが必要なのか
2.1　学習者の多様化―学校型日本語教育と地域型日本語教育―

　最初に取り上げるのは、学校型日本語教育（学校型）と地域型日本語教育（地域型）である（cf. 尾崎 2004）。

　両者はいくつかの点で異なるが、筆者なりに違いをまとめると次の表1のようになる。ここで注意すべきは、学校型の方法論（典型的には文型積み上げ式）を地域型に持ち込むことの問題点は、時間的な問題（初級を終えるのに3年かかる）だけではないということである。より重要なのは、ビザの

種類において、学校で学ぶことを目的としている（言い換えれば、それだけを目的としうる）学校型における学習者と同じ方法を、働くことを目的としていて、日本語を学ぶ時間は労働時間の合間を縫って捻出しなければならない地域型の学習者に強いることであり、そこに倫理的に大きな問題があるということである。

表1　学校型と地域型

	学校型	地域型
参加者間の関係	教師-学生（契約関係）	学び合い（庵 2013b）
ビザの種類	留学ビザ	就労ビザ（家族滞在ビザ）
初級の標準時間数	300時間（旧JLPT 3級）集中予備教育	週2時間（1回当たりの時間）

こうした点を考慮すると、地域型において学校型の方法や教材を用いるのは不適切である。そして、その対案として、筆者が考えたのが「地域型初級」である（地域型初級を教材化したものが庵（監修）2010、2011である）。これは、「やさしい日本語」という考え方の中の柱となる理念の1つである（「やさしい日本語」に関する最新の筆者の見解については、庵 2013b、2013c、2014a、2014d を参照されたい）。

2.2　定住外国人への情報提供と「やさしい日本語」

筆者を研究代表者とする研究グループでは、「やさしい日本語」を使った公的文書の書き換えという課題に取り組んできている。

この取り組みの目的は、Step1, 2（それぞれ初級前半、初級後半に対応）を基本とする文法的な知識を習得することによって、定住外国人が公的文書を理解できるようにするということである。これが実現すれば既に同様の形での情報提供を行っている NHK の News Web Easy の取り組みと合わせて、Step1, 2 を習得することの実質的意義が高まる。そして、そのことは、日本が本格的な移民政策を採る際には不可欠な要件である「初期日本語教育の公的保障」という課題の実現に向けた実質的な足がかりになると考えられる

（公的文書の書き換えについて詳しくは岩田 2014、NHK の取り組みについては田中ほか 2013 を参照されたい）。

2.3 学校型日本語教育を取り巻く状況の変化

以上は地域型における問題点であったが、学校型においても、それを取り巻く状況は大きく変わりつつある。ここでは、この点について、「留学生センター」（大学で留学生に対する日本語教育を担当している部署の総称としてこの語を用いる）に限定して述べる（cf. 庵 2014b）。

「留学生センター」にとっての「危機」の最大の要因は、大学における「英語シフト」である。「大学のグローバル化」の中で有力大学は軒並み、英語重視に舵を切ろうとしている。その結果、「留学生センター」が日本語教育を管轄する留学生の中で、「交流学生」や「英語トラック」（英語だけで学位が取れる制度）の学生の占める割合が増加し、日本語での学習をメインとする「学部生」「大学院生」「大学院研究生」は少数派になりつつある。

こうした「英語シフト」の背景には、グローバルな環境で留学生を獲得するためには英語による教育を拡充させる必要があるという大学当局の判断があり、この考え方の背景には、「日本語で教育をやっていたのでは国際的な競争には勝てない」という大学執行部の現状認識がある。したがって、そうした現状認識を変えさせるためには、「日本語で教育を行っても、英語によるものとそれほど変わらない時間で専門的な知識を得られるようにできる」という命題を証明する必要がある。

3.「やさしい日本語」と初級文法シラバス
3.1 補償教育としての「やさしい日本語」に求められること

庵（2013b）などで述べているように、「やさしい日本語」（庵 2014a などで言う「居場所作りのための「やさしい日本語」」）には3つの機能がある。すなわち、1) 補償教育としての「やさしい日本語」、2) 地域社会における共通言語としての「やさしい日本語」、3) 地域型初級としての「やさしい日本語」である。

このうち、1) に関して重要なことは、定住外国人が自ら述べたい内容を日本語で述べられること（このことの重要性についてはイ 2013 も参照）と、

短期間で習得できるように文法項目数をできる限り圧縮するということである。後者の条件は、この趣旨に沿った文法シラバスを「定住外国人に対する初期日本語教育の公的保障」が実現した際の教授項目の土台とするという意味からも必要である。

3.2 地域型初級としての「やさしい日本語」に求められること

一方、3) の「地域型初級としての「やさしい日本語」」にとって重要なことは基本的には 1) と同じだが、筆者は、地域日本語教室の最も重要な機能は「教育」ではなく、定住外国人にとっての「居場所」を作ることであると考えている (庵 2013b)。ここで言う「地域型初級」は、定住外国人に対するものというだけではなく、それ以上に、日本語母語話者が自らの日本語を調整するスキルを学ぶためのものであるべきである。これは、「多文化共生社会」を実現させるための前提条件である、2) の「地域社会における共通言語としての「やさしい日本語」」という観点からも言えることである (「多文化共生社会」に関する筆者の見解については庵 2013b を参照)。

4. 学校型日本語教育と初級文法シラバス
4.1 「地域型初級」と「学校型初級」の共通点

ここでは、「地域型初級」と、この論文で提案する新しい「学校型初級」の共通点について考える。

「地域型初級」の特徴は、1) 少ない時間数で日本語で自分の考えを述べられるようにする (ミニマムの文法、体系性)、2) 産出中心という点に集約されるが、この 2 点は新しい「学校型初級」にも当てはまる。

先に述べたように、現在「留学生センター」の留学生の多数派になろうとしている「交流学生」などの学生は日本語 (で) の学習を少なくとも一義的な目的とはしていない。そのため、日本語学習の動機付けは必ずしも高くないことが多い。庵 (2015) でも述べているように、そうした学生に対して最も重要なことは日本語学習の動機付けを高めることである。そのためには、少ない言語要素でも知的レベルの高い内容を日本語で産出できるという「成功体験」を学習者に実感させる必要がある。

しかし、現行の初級文法シラバスでは、ある程度の部品が揃わないと何もできない（例えば、『みんなの日本語・初級I』だけで終わった場合に理解／表現できる項目は非常に限られる）が、同じく初級前半に対応する『にほんごこれだけ！1』（庵（監修）2010）は、活用が実質的に存在しないStep1のレベルでも、日本語を用いたかなりの言語活動が可能であることを示している。

以上の点で、「地域型初級」と新しい「学校型初級」には共通点がある。

4.2　「地域型初級」と「学校型初級」の相違点

一方、「地域型初級」と「学校型初級」の間には相違点もある。

その違いは、両者の目指すところの違いに由来する。すなわち、「地域型初級」は、まずはそれだけで定住外国人にとって最低限の言語保障となるという内容である。言い換えると、これだけは学んでほしいがそれ以上の日本語学習を必要とするかどうかは当事者の意志によるということである（『にほんごこれだけ！』という題名はそうした含意を込めたものである）。ちなみに、ここで言う「地域型初級」は「サバイバルジャパニーズ」と同義ではない。「サバイバルジャパニーズ」においては、ある特定の目的（例えば、会社の日本人の同僚と世間話ができること）が達成できればよく、体系的である必要はないが、「地域型初級」は、定住外国人が日本で生活する上で、必要な情報を日本語で獲得したり、自らの意志を日本語で伝えられたりすることを目的としているため、体系的でなければならないのである。

これに対し、「学校型初級」はあくまでも「上級まで学習することを想定した中での初級」である。したがって、より上位のStepとの連続性の中で規定される必要があるし、初級のレベルにおいても表現できる内容は「地域型」よりも多様である必要がある。

5.　新しい初級文法シラバスに必要な観点

以上の議論を踏まえ、新しい初級文法シラバス（「学校型初級」）において必要な観点を挙げてみたい。

5.1 日本語文と階層構造（体系性）

第一に考えるべきことは、体系性である。

4.2 で述べたように、「地域型初級」は体系性を持つ必要がある。この点は「学校型初級」も同様である。このことを保証するためには、単文、複文レベルにおいて、全ての文法カテゴリーおよび全てのタイプの従属節を含んでいることが必要となる。ここでは、単文については、庵（2012a）にしたがい、次のような階層構造を設定する（cf. 南 1974）。

| 語幹 | ボイス | アスペクト | 丁寧さ | 肯否 | テンス | 対事的モダリティ | 対人的モダリティ |

図1　日本語の単文の階層構造

一方、複文については、仁田（1995）を参考に、次の節タイプを認める（*をつけたものは「地域型初級」には含まれないもの）。

(1) 付帯状況節*、中止節（テ節、中止節*）、因果関係節（条件節、譲歩節*、理由節）、時間節、接続節（逆接節、並立節*）

これらは原則として統合的（syntagmatic）な関係にあるので、これらの文法カテゴリー／節を含めば、原理的には日本語で森羅万象を表現することが可能になる。

5.2 理解レベルと産出レベル

次に考えなければならないのは、理解レベルと産出レベルの区別である。

言語要素（文法、語彙）には、意味がわかればいいもの（理解レベル）と意味がわかった上で使える必要があるもの（産出レベル）がある。例えば、「事由」という語の意味はほぼ「理由」に等しいが、「事由」はほとんどの場合、法律関係の文脈で使われる（現代日本語書き言葉均衡コーパス（BCCWJ）で検索してもこのことは確かめられる）。したがって、一般の日本語母語話者にとって「事由」は理解レベルの語であると考えられる。一方、「理由」は

明らかに産出レベルの語である。一般に、通常の（小型の）国語辞書でも5〜6万語を収録しているが、日本語母語話者が通常の言語生活を送るのに必要な語数は1万語程度と言われている。つまり、産出レベルの語よりも理解レベルの語の方が圧倒的に多いのである。

このように、母語においても、理解レベルと産出レベルは異なり、かつ、産出レベルの要素は理解レベルのものに比べて圧倒的に少ないのである。そうであるとすれば、外国語である日本語教育においては、理解レベルと産出レベルを区別することが不可欠であると言えよう。

5.3　1機能1形式

次に考慮すべきことは、「1機能1形式」ということである。

「地域型初級」はもちろん、「学校型初級」においても、この論文で想定している文法シラバスにおいては、できる限り、「初級」を「シンプルに」する必要がある（庵2015で強調しているように、ここで考えているような学校型の文法シラバスにおいて重要なのは、最初期「AはBです。」の段階から、学習者に達成感を得させることである）。

5.4　活用の問題

最後に考えるのは、活用の問題である。

ここで考えている初級文法シラバスの最大の特徴は、地域型か学校型かに関わらず、「活用」である。すなわち、初級前半に相当するStep1では実質的に活用をなくすということである（もちろん、「－ます／ました／ません」は存在するが、これらには形態変化に関する負担がないので、実質的には「活用がない」と言える）。このことを重視する理由は、現在の学校型の初級文法シラバスにおいて、「活用」（具体的には「テ形」）が、日本語学習についての動機付けが薄い学習者にとっての大きな「壁」になっているという事実によっている。

6.　新しい初級文法シラバス

以上のことを全て踏まえて、学校型日本語教育における新しい文法シラバ

スを提案する。

6.1 新しい（学校型）Step1, 2 のリスト

学校型における Step1, 2 の全体的な特徴は次の通りである。

1) Step1 は全て産出レベルで、活用がない
2) Step2 では普通形（plain form）が現れ、理解レベルの項目もある

初級前半（新 Step1）
名詞文・ナ形容詞文 　〜は…です。　〜は…ですか。　〜は…じゃないです／じゃありません。 　〜は…でした。　〜は…じゃなかったです／じゃありませんでした。
イ形容詞文 　〜は…です。　〜は…ですか。　〜は…くないです／くありません。 　〜は…かったです。　〜は…くなかったです／くありませんでした。
動詞文 　〜は…ます。　〜は…ますか。　〜は…ません。 　〜は…ました。　〜は…なかったです／ませんでした。
存在文・所有文 　〜に〜が {います／あります}。 　〜は〜に {いません／ありません}。 　〜には〜がいます。
応答 　〈名詞文〉〜は…ですか／でしたか。 　　　　　　　　　　——はい、そうです／そうでした。 　　　　　　　　　　——いいえ、違います／そうじゃないです。 　　　　　　　　　　　　　　　　そうじゃなかったです。 　　　　　　　　　　　　　　　　そうじゃありません。 　　　　　　　　　　　　　　　　そうじゃありませんでした。 　〈ナ形容詞文〉〜は…ですか／でしたか。 　　　　　　　　　——はい、…です／…でした。 　　　　　　　　　——いいえ、…じゃないです。

	…じゃなかったです。 　　　　　　　　　——いいえ、…じゃありません。 　　　　　　　　　　　…じゃありませんでした。 〈イ形容詞文〉～は…ですか。 　　　　　　——はい、…です。 　　　　　　——いいえ、…くないです／くありません。 　　　　～は…かったですか。 　　　　　　——はい、…かったです。 　　　　　　——いいえ、…くなかったです／くありませんでした。 〈動詞文〉～は…ますか／ましたか。 　　　　　　——はい、…ます／ました。 　　　　　　——いいえ、…ません／ませんでした。
助詞	〈格助詞〉～を（対象）、～が（目的語）、～に（場所）、～に（時間）、 　　　　～に（行き先）、～に（相手）、～で（場所）、～で（手段）、 　　　　～と（相手）、～から（出どころ〈時間、場所〉）、 　　　　～まで（着点〈時間、場所〉）、～より（基準）、 　　　　～φ（時間）、～の（所有格） 　　　◎「住んでいます／勤めています／働いています／結婚しています」はかたまりとして導入 　　　◎「歩いて」はかたまりとして導入 〈とりたて助詞〉～も　〈並列助詞〉～と　〈準体助詞〉～の
疑問詞	誰、何、何○（何時、何年、何歳、何個）、どこ、いつ、どれ・どっち、どう
指示詞	（現場指示）これ／それ／あれ、この／その／あの、ここ／そこ／あそこ、こっち／そっち／あっち
文型	AはBより…です。（比較）　AはBの中でいちばん…です。（最上級） ～（というの）は…（の）ことです。（定義文）
ボイス	～を…たいです。（願望）（主語は1人称）

モダリティ 　たぶん…です／ます。	
その他 　助数詞（つ、個、本、冊）	
初級後半（新 Step2）	
〈産出レベル〉	
「が」（主語）（これ以外の主語には「は」をつける）	
動詞文 　〈中立叙述（cf. 久野 1973）〉　～が…ています。（主語は 3 人称） 　　　　　　　　　　　　　　　～が…ました。（主語は 3 人称）	
全てのタイプの文 　〈排他（cf. 三上 1963、野田 1996）〉 　名詞文 　　～が…です。（＝…は～です。） 　　（田中さんが幹事です。＝幹事は田中さんです。） 　形容詞文 　　—は～が…です。（＝—が…なのは～です。） 　　（牛丼は松屋がうまい。＝牛丼がうまいのは松屋だ。） 　動詞文 　　～が…ます／ました。（…〈plain〉のは～です。）（主語は制限なし） 　　（私がその本を書きました。＝その本を書いたのは私です。）	
助詞 　〈とりたて助詞〉～しか（…ない）、～なら（相手が導入した主題） 　〈並列助詞〉～や（名詞の複数形） 　〈終助詞〉～ね、～よ、～でしょ（確認）	
フィラー 　あのー、えーと	
形式名詞 　こと、もの	
文型 　…たり…たりします。（動詞の複数形）	

ボイス
　…ことができます（可能）
　…く／…に／…V〈dic〉ようになります（変化）
　…てもらいます（恩恵、使役）、受身（有情物主語）

アスペクト
　…ています（進行中）
　（もう）…ました（完了）、まだ）…ていません（未完了）
　…たことがあります（経験）

モダリティ（認識）
　…と思います（断定緩和）、…かもしれません（可能性）

モダリティ（当為）
　…たほうがいいですよ（当為）（主語は2, 3人称）、
　…てもいいですか（許可求め）（主語は1人称）

モダリティ（対人）
　…てください（依頼）（主語は2人称）、
　…たいんですが（願望・許可求め）（主語は1人称）、
　…ましょう（勧誘）（主語は1人称複数）

複文・接続詞
　…ながら（付帯状況）、
　…て（継起）、…て（理由）、…て（並列）、
　（図書館に行って、本を借りました。／物価が上がって、大変です。
　　／この本は面白くて、役に立ちます。）
　…てから（継起）／…。それから、
　…とき（時間）、／…。そのとき、
　…たら（条件）
　…ので（理由）／…。それで、
　…から（理由）／…。ですから、
　…けど（逆接）／…。しかし、
　…けど、（前置き）
　…ために／…ように／…ためのN（目的）
　…んです（文末の接続詞）
　どうして…んですか？　──…からです。（文末の接続詞）

〈理解レベル〉

複文
　…{たら／と}、…ました。(異主語による出来事)、
　…のに (逆接)　…ても (譲歩)

モダリティ (当為)
　…ないといけません・なければなりません (当為)(主語は2,3人称)、
　…てもいいです (許可)(主語は2,3人称)

モダリティ (対人)
　…てはいけません (禁止)(主語は2人称)、
　…なさい (命令)(主語は2人称)

その他
　昨日買った本 (はこれです。)(動詞による名詞修飾)、
　林さんが来るかどうか／誰が来るか (を知っていますか。)(間接疑問文)

6.2　注意すべき点（1）—「が」について—

　ここでは、上で提案したシラバスの中で注意すべき点について述べる。

　最初は「が」についてである。

　まず、Step1では対象格の「が」のみを扱う。次に、主語の「が」であるが、これについては、次のように考える。

（2）a.　英語で言う"It is/was A that/who B."の構文（分裂文）で言いたい内容があるときは、それを「AがB。」という形で表せる。この場合の「が」は「排他」（三上1963、野田1996の用語で久野1973の「総記」に当たる）になる。

　　　b.　aのニュアンスがなく、かつ、主語が初出の3人称で、述語が動詞のテイル形／テイタ形、タ形の場合は、主語は「が」で表され、その「が」は「中立叙述」（久野1973）になる。

　　　c.　a, b以外の場合の主語には「は」をつける。

　このうち、(2a) は、指定文「BはAだ。」は同じ意味で「AがBだ。」に置き換え可能であるという三上（1953）の指摘と、それを発展させた西山（2003）の指摘などを踏まえたものである（なお、西山2003では「AがBだ。」

を指定文、「BはAだ。」を倒置指定文と呼んでいるが、（2）との関連から言えば、この西山2003の指定文という用語の方がより適切であると言える）。

6.3　注意すべき点（2）―ボイスについて―

庵（2009、2011）などで提案した地域型と異なるのは、ボイスに含める形式である。具体的には、「～てもらう」と「受身（有情物主語）」をStep2の産出レベルに加える。

このうち、「～てもらう」を加えるのは、この形式が「使役」の代替形式として機能するためである（cf. 庵2012b、2013a）。

一方、Step2に有情物主語の「受身」を加えることの意味については、庵（2014c）、増田（2014）を参照されたい。

7.　おわりに

この論文ではまず、新しい文法シラバスが必要とされる理由を、地域型日本語教育、学校型日本語教育に分けて論じた。次に、地域型初級と学校型初級の共通点と相違点を述べ、新しい学校型初級が満たすべき条件を指摘した。そして、最後に以上のことを全て踏まえた、新しい学校型初級（Step1, 2）のシラバスを提案した。

引用文献

庵功雄（2009）「地域日本語教育と日本語教育文法――「やさしい日本語」という観点から――」『人文・自然研究』3, pp. 126–141, 一橋大学.

庵功雄（2011）「日本語教育文法からみた「やさしい日本語」の構想―― 初級シラバスの再検討 ――」『語学教育研究論叢』28, pp. 255–271, 大東文化大学.

庵功雄（2012a）『新しい日本語学入門（第2版）』スリーエーネットワーク.

庵功雄（2012b）「文法シラバス改訂のための一試案――ボイスの場合――」『日本語/日本語教育研究』3, pp. 39–55.

庵功雄（2013a）「「使役（態）」に言及せずに「使役表現」を教えるには――1つの「教授法」――」『日本語/日本語教育研究』4, pp. 39–55.

庵功雄（2013b）『日本語教育、日本語学の「次の一手」』くろしお出版.

庵功雄（2013c）「「やさしい日本語」とは何か」庵功雄・イ・ヨンスク・森篤嗣（編）『「やさしい日本語」は何を目指すか』pp. 3–13, ココ出版.

庵功雄（2014a）「「やさしい日本語」研究の現状と今後の課題」『一橋日本語教育研究』2, pp. 1–12.
庵功雄（2014b）「これからの日本語教育で求められるもの」『ことばと文字』創刊号, pp. 86–94.
庵功雄（2014c）「日本語母語話者コーパスから見た日本語の受身」『2014 年度日本語教育学会春季大会予稿集』pp. 21–23.
庵功雄（2014d）「言語的マイノリティに対する言語上の保障と「やさしい日本語」——「多文化共生社会」の基礎として——」『ことばと文字』2, pp. 52–58.
庵功雄（2015）「日本語学的知見から見た中上級シラバス」本書所収.
庵功雄監修（2010、2011）『にほんごこれだけ！ 1, 2』ココ出版.
イ・ヨンスク（2013）「日本語教育が「外国人対策」の枠組みを脱するために——「外国人」が能動的に生きるための日本語教育——」庵功雄・イ ヨンスク・森篤嗣（編）『「やさしい日本語」は何を目指すか』pp. 259–278, ココ出版.
岩田一成（2014）「公的文書の書き換え——語彙・文法から談話レベルへ——」『公開シンポジウム「「やさしい日本語」研究の現状とその展開」発表予稿集』pp. 3–8.
尾崎明人（2004）「地域型日本語教育の方法論的試論」小山悟・大友可能子・野原美和子（編）『言語と教育』pp. 295–310, くろしお出版.
久野暲（1973）『日本文法研究』大修館書店.
田中英輝・美野秀弥・越智慎司・柴田元也（2013）「やさしい日本語による情報提供——NHK の NEWS WEB EASY の場合——」庵功雄・イ ヨンスク・森篤嗣（編）『「やさしい日本語」は何を目指すか』pp. 31–57, ココ出版.
西山佑司（2003）『日本語名詞句の意味論と語用論——指示的名詞句と非指示的名詞句——』ひつじ書房.
仁田義雄（1995）「日本語文法概説（複文・連文編）」宮島達夫・仁田義雄（編）『日本語類義表現の文法（下）』pp. 383–396, くろしお出版.
野田尚史（1996）『新日本語文法選書 1 「は」と「が」』くろしお出版.
三上章（1953）『現代語法序説』［くろしお出版から再版（1972）］
三上章（1963）『日本語の論理』くろしお出版.
増田真理子（2014）「教室における日本語の受身の教育——試みのひとつとして——」『2014 年度日本語教育学会春季大会予稿集』pp. 30–32.
南不二男（1974）『現代日本語の構造』大修館書店.

付記

　この論文は、日本学術振興会科学研究費補助金による基盤研究（A）「やさしい日本語を用いた言語的少数者のための言語保障の枠組み策定のための総合的研究」（平成 25 年度〜28 年度）（研究代表者：庵功雄）の研究成果の一部である。

第2章

日本語学的知見から見た中上級シラバス

庵　功雄

1. はじめに

　日本語教育を取り巻く状況の変化に対応するためには、初級だけではなく、中上級もあわせた形で文法シラバスを作り直す必要がある。この論文では、そうした立場から、新しい中上級文法シラバスに必要なことを考え、新しいシラバスを具体的に作っていく。

2. 日本語教育を取り巻く状況の変化と中上級シラバス

　庵（2015）（以下、「前稿」と呼ぶ）では主に「居場所作りのための「やさしい日本語」」という観点から初級文法シラバスを作り直す必要があることを論じたが、ここでは、それ以外の観点から（中上級）文法シラバスを作り直す必要について論じる。

2.1　バイパスとしての「やさしい日本語」

　最初に取り上げるのは、JSL (Japanese as a second language) の児童・生徒、および、ろう児に対する日本語教育という観点である。

　まず、JSLの児童・生徒に関する日本語教育という点から考える。この子どもたちは、親が日本で働くこと、定住することを決めたことにより、日本で生活することを余儀なくされた形になっている。そうである以上、日本が

真に「多文化共生社会」を目指すのであれば、この子どもたちが日本において自己実現できる可能性を保障することは、最優先に考えなければならない課題であるはずである（「多文化共生」に関する筆者の考え方については庵 2013b を参照されたい）。しかし、現状では、日本社会において、自立的に生活する上での基本的資格である高校進学率においても、JSL の生徒の数値は日本人生徒の数値を大きく下回っている（自治体国際化協会のポータルサイトなどを参照）。まずは、この数値を日本人生徒の数値に近づけない限り、「多文化共生社会」の前提条件は満たされたことにならないと言える。

　こうした観点から考えた場合、日本語自体の習得にかける時間はできる限り短くし、できるだけ早い段階で日本語を用いて教科内容を理解できるようにしていく必要がある。そうした観点から考えた場合の「やさしい日本語」を「バイパスとしての「やさしい日本語」」と呼ぶ（cf. 庵 2014b、2014c）。

　この「バイパスとしての「やさしい日本語」」はろう児の書記日本語習得においても同様に当てはまる。ろう児は「手話」を第一言語とし、「書記日本語」を第二言語とするので、第一言語で獲得している概念（ソシュールの言うシニフィエ（所記））と、それが第二言語でどのように表されるか（同じくシニフィアン（能記））を結びつけるかが課題である（cf. 岡 2014）が、ここでも「バイパスとしての「やさしい日本語」」という考え方は重要である（cf. 庵 2014c）。

2.2　「留学生センター」を取り巻く状況の変化

　次に取り上げるのは、大学における日本語教育を取り巻く状況の変化である。大学における留学生教育を担当する部局を「留学生センター」と呼ぶことにすると、「留学生センター」で学ぶ学生の多数派は（日本で学位を取ったり、日本の企業で働いたりすることを目的とする）「研究留学生」から、（日本語の学習を必ずしも主な目的または手段とはしない）「交流学生」に変化しつつある。さらに、有力大学においては、留学生教育を日本語ではなく英語で行うことを目的とする「英語シフト」が起こりつつある。

　「留学生センター」を取り巻くこうした状況の変化に際し、「留学生センター」が生き残るためには、「日本語で教育を行っても、英語で行うのとそ

れほど変わらない時間で専門教育を行うことが可能になる」ことや、「学習者の日本語学習に対する動機付けを高め、維持することができる」ことを最大の目的としてコース設計を行う必要がある。新しい文法シラバスはこうした点からも必要とされるのである（cf. 庵 2014a）。

このうち、学習者の動機付けを高める方策としては、初級から産出できる文法項目を増やすということが挙げられる。

例えば、「AはBです。」という文型は初級の第1課で次のような形で扱われ、その後扱われることはないのが普通である。

（1）　わたしは　マイク・ミラーです。　　　　　　（みんなの日本語）

このような形で（のみ）扱うと、学習者はこの文型を学部や大学院のゼミでは使えない。しかし、同じ文型でも次のようにしたらどうだろうか。

（2）　日本政治の課題は財政再建です。

これも同じく「AはBです。」という文型を使った文だが、この文なら、初級を終わった程度の学習者がゼミで使っても稚拙という印象を与えることはないと思われる。そして、「交流学生」は、（英語が母語であるか否かにかかわらず）英語でなら、日本の社会や経済、政治などについて語る内容を数多く持っている場合が多い（だからこそ、「英語シフト」に意味があるとも言える）。そうであるとすれば、自分が英語でなら話せる内容を、簡単な文型を用いて日本語で話しても幼稚だと思われないということがわかれば、日本語学習の大きな動機付けになると考えられる（cf. 庵 2015 予定）。

これは、日本語学習の動機付けが必ずしも高くない学習者の動機付けを高めるためには、「文型を減らし」、「産出レベルの文型に特化する」のが重要であることを示している。言い換えれば、「文法を定数にして、語彙を変数にする」ということ、すなわち、「文法をコントロールして（＝あまり増やさず）、語彙をコントロールしない」ということである。

この「文法をコントロールして、語彙をコントロールしない」という方法は、現行の初級における「語彙をコントロールして、文型をコントロールしない（＝どんどん増やす）」という方法の正反対の考え方である。

確かに、現行の方法論でこれまでうまくいってきた部分は大きい。ただし、それは、学習者が日本語でのキャリア獲得を目指す「日本語エリート」（野田

2005）であったこと、何より、学習者の動機付けが（極めて）高かったことに依存する部分が大きかったと言える。これに対し、現在の「留学生センター」で学ぶ学習者の多数派である「交流学生」は日本語でのキャリア獲得を目指していないのが普通であり、日本語学習の動機付けは必ずしも高くない。そういう学生に対して、現行のやり方を適用した場合、初級が終わった段階で読み書きできる内容がせいぜい小学校中学年程度（したがって、ゼミなどにおいて日本語で発表することは困難）というのは費用対効果が悪いと言わざるを得ず、彼（女）たちの日本語学習の動機付けを維持することは難しい。さらに、現行の「中級」がコースデザインとして達成感を得にくい（「中級」の教科書で学ぶ内容がなぜ必要なのか、それができるようになったらどの程度のことができるのか、といったことが学習者にとって実感しにくい）ものになっていることも学習者の動機付けを維持することを困難にしている。

　こうした状況を改めるためには、初級の段階から、産出レベルの学習項目を中心にし、学習者に達成感を与えることが重要であると考える。

　なお、これは、上級まで早く行ける「魔法の方法」があると主張しているわけではない。日本語でのキャリア獲得ができるレベルの日本語力を身につけるには結局現行と同じ程度の時間が必要である。これが語学というものに（学問一般と同じく）王道はないということである。重要なことは、早い時期から動機付けを高めることで、学習者が自主的に学ぶようになるということである。そして、それを支援する形でe-learningなどの自学教材を充実させることで、自主学習による（大幅な）伸びしろを確保するということが可能になると考えられるのである。英語の諺にあるように、「馬を水飲み場に連れて行くことはできるが水を飲ませることはできない（You can take the horse to the water, but you cannot make it drink.）」。それは事実であるが、少なくとも水飲み場に連れて行かない限り、馬（学習者）が水を飲む（日本語を自主的に学習する）ようにならないとすれば、そのための方策を考えるべきだというのがこの論文の主張である。

2.3　外的状況の変化に対応できる日本語教育に求められること

　以上見てきたような、外的状況の変化に対応する日本語教育を考えた場

合、それは次のような要件を満たす必要がある（cf. 庵 2014a）。
- （３）a. 初級から上級までを見通したシラバスによって設計されている。
  - b. 限られた時間で学べるよう、習得すべき項目が厳選されている。
  - c. 教材において、理解レベルと産出レベルの区別が明確で、各技能に特化した言語知識を導入できる設計になっている。
  - d. 教室で学ぶことを補完する形で、e-learning などの補助教材が充実している。

このうち、文法シラバスに関わるのは a ～ c である。以下では、この点を踏まえて、文法シラバスを設計していく。

3. 中上級文法シラバスに求められること

2. では文法シラバスを改訂する必要について考え、前稿では初級文法シラバスを考える上での留意点について考えた。ここでは、中上級文法シラバスを考える上での留意点について考える。

3.1 形式単位から用法単位へ

まず考えなければならないのは文法項目の選定の仕方である。

白川（2005）、野田（2005）などが指摘しているように、文法項目は「形式」ではなく、「用法」を単位として選定する必要がある。例えば、「形式」を単位とすると、「ている」と「ざるを得ない」は同じく 1 単位（1 項目）となる（つまり、重要度において同じ重み付けになる）が、両者の重要度の違いから考えてこれはナンセンスである。「ている」の用法は 7 つあると考えられるが（cf. 庵 2014d）、そうすると、「ている」は 7 単位で「ざるを得ない」は 1 単位と考えるのが妥当ということである。この論文ではこの考え方にしたがい、「用法」を単位に項目を選定する。

3.2 重要な項目を手厚く扱う

3.1 の内容に連動するが、「用法」を単位とするということは、用法が多いもの（重要度が高いもの）ほど手厚く扱うということでもある。

「使役」を例にこのことを説明する。

現在のシラバスでは、「使役」は「初級」において次のような例で説明されるだけである。

　　（４）　先生は生徒を立たせました。　　　　　　　　（初級日本語）

しかし、こうした「「裸の」使役」（「(さ)せ」が単独で使われるもの。cf. 庵 2013a）は、次のような特徴を持つ点で使役の典型とは言えない。

　　（５）a.　使役主（使役文の主語）が動作主（実際に動作をする人）の上位者でなければならない。
　　　　　b.　話し手自身を主語にした文が不自然になることが多い（cf. 高橋・白川 2006）。

例えば（６）は（通常の文脈では）不自然である。

　　（６）??私は先生に本を読ませました。

ただし、次の図で表されるような出来事の外にいる人間（有情物）が働きかけて出来事が実現するという関係は日本語文法の中で重要なので、それは早い時期から使えるようになる必要がある（（　）の部分の要素がないのが埋め込み文の述語が自動詞の場合、それがあるのが他動詞の場合である）。

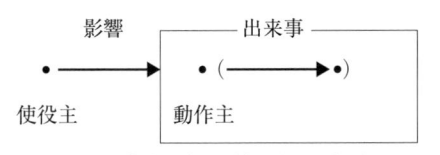

図１　「使役」の基本的な意味

以下、ここで提案するシラバスにおける、使役に関連する導入についての考え方を述べる（cf. 庵 2013a）。

まず、Step2（初級後半）では、図１の関係を表すものとして「てもらう」を導入する。「てもらう」には（５）のような制限はない。

　　（７）　私は田中さんに本を読んでもらいました。（待遇上の問題なし）
　　（８）　私は田中さんに本を読ませました。（「私」と「田中さん」の関係によっては待遇上の問題あり。）

次に、使役形を含むものとして、Step3（初中級）で「させてください」を「てください」との関連で導入する。

（9）　（あなたが）この本を読んでください。（動作主＝あなた）
　（10）　（あなたが）私にこの本を読ませてください。（動作主＝私）
　この２文を対置することで、「（さ）せ」がつくと、動作主が交替するということが理解できる。
　このレベルではもう１つ使用頻度が高いものとして「使役受身」を導入する。使役受身には、（11）のように主語が迷惑を感じる場合と、（12）のように出来事が思考や感情の起因になることを表す場合があるが、産出レベルで必要なのは頻度が高い前者の用法であり、後者は理解レベルでよい。
　（11）　私はカラオケで歌を歌わされた。
　（12）　私はこの災害でいろいろなことを考えさせられた。
　（11）の用法の使役受身は、出来事の真偽を表すレベルでは、（13）のような「され」（一段活用の場合は「させられ」）を除いた文と同じである。
　（13）　私はカラオケで歌を歌った。
　（11）と（13）の違いは、使役受身は、ある行為（（11）では「歌う」）をすることが迷惑であると主語が感じていることを表すという点にある。
　Step4（中級）では、「私」が使役主である場合（Step2）に次いで（平叙文で）使役を使う動機付けが高い、「私」が動作主である場合を扱う。

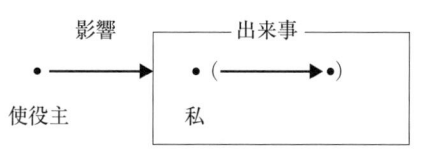

図２　「私」が関わる場合

　この場合、「「裸の」使役」は不自然で、「てもらう／てくれる」をつける必要がある。
　（14）　??田中さんは私にパソコンを使わせた。（強制でなければ不自然）
　（15）　田中さんは私にパソコンを使わせてくれた。
　（16）　私は田中さんにパソコンを使わせてもらった。
　最後に、Step5（中上級）で「「裸の」使役」を扱う。この場合、使役主と

動作主の関係によって、「強制」と「許可／許容」に分かれる（庵 2012）。

(17) 田中さんは弟を買い物に行か<u>せ</u>た。（強制）

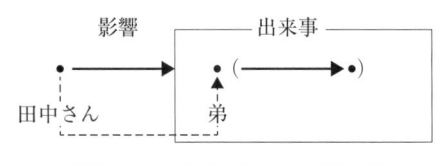

図3 「裸の」使役（1）——「強制」——

(18) （弟が泳ぎたいと言うので）私は弟を川で泳が<u>せ</u>た。（許容）

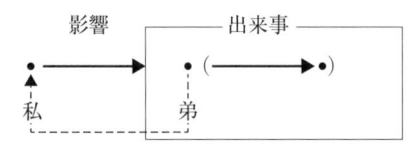

図4 「裸の」使役（2）——「許可」——

なお、書きことばでは（特に漢語の場合）、使役は「他動詞」を作るために使われることが多い（cf. 森 2012、庵・宮部 2013）。このシラバスではStep6（上級）において、使役を他動詞を作る手段として導入する。

(19) 田中さんは駅に車を走ら<u>せ</u>た。
(20) 彼は自国の経済を発展<u>させ</u>た。
(21) *彼は自国の経済を発展した。

以上の段階を踏めば、学習者にとって、産出できるようになる必要がある順序にそった形で「使役」を使えるようになることが期待できる。一方、現行シラバスのように、初級で「「裸の」使役」だけを扱っても、必要な形で使役が産出できるようにはならず、非用を生むだけである（cf. 山内 2009）。

4. 複数のコーパスを用いた中上級シラバス

ここまで見てきたような問題意識にもとづいて、新しい中上級の文法シラ

バスを考えるわけだが、この論文では、次の原則にしたがって文法項目を配置していくことにする。

(22) a. 現代日本語書き言葉均衡コーパス（BCCWJ）中納言の長単位検索で品詞が「助詞」「助動詞」であるもの全てを文法形式として採用する。あわせて、この条件で抽出される形式と等価である項目も採用する（例えば、「のだ」が「助動詞」として採用されるので、それと機能上等価と考えられる「わけだ」「からだ」「はずだ」なども項目として採用する）。また、指示詞と接続詞の一部も加えた。その選定基準は庵・三枝（2012）にもとづいている。
b. aの方法で拾えないもの（ex. 連体修飾、ハーガ文）の中で重要なものは採用する。
c. 文法項目は形式単位ではなく、用法単位で選定する。
d. Step3以降は原則としてコーパスでの出現頻度およびそのコーパスにおける特徴度をもとに項目を選定する（Step1, 2はコーパスでの頻度以外の要因も考慮する）。
e. 以上の原則以外に、教育的判断からStepを前後させることがある。

4.1　新しい文法シラバスと4技能

このように、この論文では新しい中上級文法シラバスを、基本的にコーパスでの出現頻度にもとづいて決めていくが、その前に、新しいシラバスと4技能の関係について見ておく。

まず、4技能の性質を確認しておく。

表1　4技能の特徴

	産出	理解
音声	話す	聞く
文字	書く	読む

前稿およびここまでの議論において明らかなように、新しい文法シラバスでは、まずは産出レベルの項目を重視するということがある。さらに、「読む」の場合には、文法項目の意味はそれほど重要ではない。「は」と「が」、「ている／ていた」、受身、使役、自動詞と他動詞、こういった項目は産出レベルでは難しい項目であるが、文章を読むという点では、これらの内容がわかっていないと文章が読めないということはあまりないからである。さらに、現行の中上級文法シラバスと言える旧日本語能力試験 1, 2 級の文法項目は、多くの場合、意味が 1 通りに決まっていることが多く (ex. ～を通して、～ことなしに)、また、その多くが複合格助詞か、(周辺的な) 接続助詞相当形式、モダリティ形式であるため、その意味が正確にわからなくても読解に支障はない。

以上のことから、次のように言うことができる。

(23) 読解においては文法項目の重要度は低い。特に、「読む」のみで必要な項目は語彙的意味さえわかっていれば十分である。

さらに、次のようにも言える。

(24) 「読む」のみで必要な文法項目については、産出レベルの練習は不要である。

ここで言う「産出レベルの練習」には類義表現との違いの練習も含まれる。「読む」のみで必要な項目は (23) のような性質を持つものであり、産出する必要がない以上、類義表現との違いを練習する必要はないのである。

4.2 学習レベルと 4 技能

以上のことを考えた上で、文法シラバスを策定するために、この論文で考える学習レベルと 4 技能の関係について述べる。この論文では、4 技能と学習レベルの間に次のような関係を設定する。

まず、「読む」だけで必要な文法項目は理解レベルとして扱えばよいし実質的には語彙的に扱えば十分である。そうした項目は最後の Step6 (上級) に回す。次に、「読む」の次にできるようになるのが遅くてもよいのは「書く」であると考える。そうすると、その次のレベルでは「読む」以外に「書く」も必要であることになる。このレベルを Step5 (中上級) とする。次に、

「書く」以外でも必要ということは話しことばで必要ということである（cf. 表1）。ここで、このシラバスでは「話す」ことを「聞く」ことより先行させるので（**2.**での議論を参照）、「読む、書く」に加えて「聞く」だけでよいか、「聞く」に加えて「話す」も必要かでレベルが分かれる。「読む」「書く」に加え、「聞く」が必要なレベルをStep4（中級）とする。最後に、4技能全てが必要なレベルが残るが、これがStep1〜3に当たる。このうち、Step3（初中級）は文体の違い（話しことば−書きことば、親疎、フォーマル−インフォーマルなど）を扱うレベルとして位置づける。以上を図示すると次のようになる。

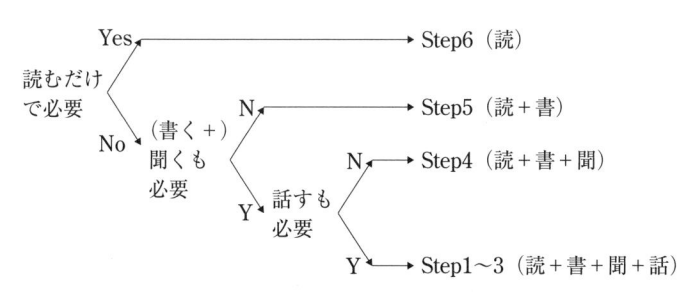

図5　4技能と学習レベル
（*読：読む　書：書く　聞：聞く　話：話す）

4.3　4つのレベルとコーパスの種類

4.2の議論を受けて、各Stepに文法項目を割り振るが、その際に参照するコーパスとして次の4つを選んだ（＜＞内は略称。コーパスの詳細は論文末を参照）。

(25) a.　BCCWJ（書籍・コア）＜BCCWJ＞
　　 b.　新書コーパス＜新書＞
　　 c.　新聞コーパス＜新聞＞
　　 d.　名大会話コーパス＜名大＞

まず、BCCWJ（書籍）は書きことばであり、かつ、学習者が必ずしも書く必要がない内容が多いと判断してStep6（上級）に対応するものと見なした。

次に、新書コーパスは、内容的に「論文」を書く必要がある学習者には必要と判断してStep5（中上級）に対応するものと見なした。新聞コーパスは、「講義」や「ニュース」のような一方向的な聴解に関連する情報が含まれていると考え、Step4（中級）に対応するものと見なした。最後に、名大会話コーパスは、全ての技能において必要なものと判断してStep3（初中級）以下に対応するものと見なした。以上を図示すると次のようになる。

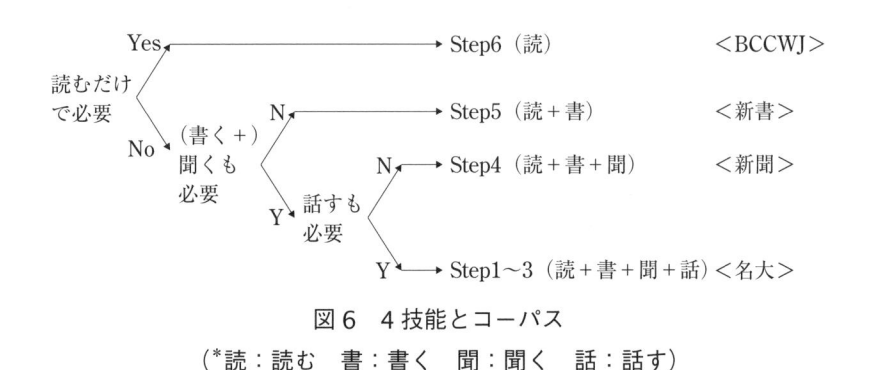

```
         Yes ─────────────────→ Step6（読）        <BCCWJ>
読むだけ
で必要       N ───────→ Step5（読＋書）        <新書>
         No  (書く＋)
            聞くも    N ───→ Step4（読＋書＋聞）  <新聞>
            必要  話すも
                  必要
                  Y ───→ Step1～3（読＋書＋聞＋話）<名大>
```

図6　4技能とコーパス
（*読：読む　書：書く　聞：聞く　話：話す）

5. コーパスにおける出現頻度

5.では、4つのコーパスにおける出現頻度を見る。5.のデータは基本的に庵・宮部・永谷（2014）に対応するが、庵・宮部・永谷（2014）提出後に追加した項目などもある。同論文とこの論文の異同は個々に注記しない。

5.1　4つのコーパスにおける総出現頻度

まず、各コーパスのサイズ（形態素数）は次の通りである。

表2　各コーパスのサイズ

名大	新聞	新書	BCCWJ
1,101,817	1,354,428	2,014,729	169,730

総頻度（100万語換算）上位30位までの項目は次の通りである。

表3 総頻度による上位項目（100万語換算）

総頻度順位	項目	品詞	名大	新聞	新書	BCCWJ	総頻度
1	の	格助詞	19,225	93,654	56,601	57,892	227,372
2	だ／です／で(も)ある	助動詞	59,133	29,106	41,369	39,304	168,912
3	に	格助詞	17,940	56,874	38,415	37,100	150,329
4	は	とりたて助詞（係助詞）	17,187	51,746	37,711	43,104	149,748
5	た	助動詞	27,342	57,229	23,307	39,433	147,311
6	を	格助詞	6,603	58,349	29,260	38,496	132,708
7	が	格助詞	17,796	43,393	25,578	30,372	117,139
8	て	接続助詞	27,273	37,513	35,291	16,980	117,057
9	と	格助詞	19,242	35,140	29,878	21,511	105,771
10	で	格助詞	19,646	32,511	12,424	13,993	78,574
11	も	とりたて助詞（係助詞）	18,207	15,954	13,981	18,082	66,224
12	ている	助動詞	8,050	10,910	9,900	16,002	44,862
13	(ら)れる	助動詞	2,886	12,614	10,832	9,592	35,924
14	ない	助動詞	11,900	7,456	7,445	7,553	34,354
15	ね	終助詞	27,062	515	180	1,078	28,835
16	から	格助詞	2,991	9,583	4,084	4,819	21,477
17	か	とりたて助詞（副助詞）	10,787	2,272	3,561	3,971	20,591
18	か	終助詞	11,386	2,106	2,251	3,682	19,425
19	ます	助動詞	2,945	3,607	3,227	9,580	19,359
20	ようだ	助動詞	1,161	8,469	4,398	4,725	18,753
21	って	とりたて助詞（副助詞）	17,280	289	137	737	18,443
22	のだ	助動詞	4,809	537	3,531	8,826	17,703
23	から	接続助詞	9,945	866	2,475	2,451	15,737
24	よ	終助詞	13,432	580	206	1,214	15,432
25	や	とりたて助詞（副助詞）	451	7,440	3,249	2,899	14,039
26	が	接続助詞	206	4,619	4,444	4,596	13,865
27	と	接続助詞	2,533	3,684	2,798	3,005	12,020
28	など	とりたて助詞（副助詞）	92	6,824	2,375	2,280	11,571
29	けど	接続助詞	8,830	333	232	672	10,067
30	ば	接続助詞	1,475	2,000	3,210	2,822	9,507

次に、各コーパスの特徴項目を抽出するが、その際次の指標を設定した。
　(26)　そのコーパスにおける頻度の割合が40%を越える。
これは各コーパス間の出現頻度の割合の差からそのコーパスの特徴項目を取り出すというものである（(26)以外に、「総頻度順位と当該コーパスの順位が40以上であり、かつ、当該のコーパスでの比率が各コーパス間で最も高い」という指標も設定したが、これのみを満たす項目はなかった)。
　以下、各コーパスにおける特徴項目を挙げていく。
　なお、以下の各表における順位は、原則として、その項目の形式としての順位である。例えば、「ている形」の各用法の順位は「ている形」全体のものを記している。ただし、「のに」「ために」のように、用法ごとに順位を求めているものもある。

5.2　名大コーパスにおける特徴項目

表4　名大コーパスにおける特徴項目

名大比率順位	項目	品詞	名大比率	総頻度順位	名大順位	総頻度順位－名大順位
1	ようかな	終助詞	97.4	175	85	90
2	さ	終助詞	96.9	34	20	14
3	のだったら	接続助詞	94.7	196	98	98
4	ね	終助詞	93.9	15	4	11
5	って	とりたて助詞（副助詞）	93.7	21	11	10
6	の	終助詞	91.5	41	23	18
7	かな／かね	終助詞	89.4	70	39	31
8	でも	接続詞	89.3	46	25	21
9	それで	接続詞	89.0	89	50	39
10	けれど	接続助詞	87.7	29	18	11
11	よ	終助詞	87.0	24	13	11
12	なんて／なんか	とりたて助詞（副助詞）	85.2	57	29	28
13	な	終助詞	82.9	36	22	14
14	みたいだ	助動詞	82.0	72	42	30

15	だから	接続詞	78.5	52	28	24
16	ようか	終助詞	72.5	129	70	59
17	わ	終助詞	72.1	82	52	30
18	たら	接続助詞	71.4	33	24	9
19	くらい	とりたて助詞（副助詞）	66.9	59	37	22
20	ましょうか	終助詞	64.8	234	141	93
21	から	接続助詞	63.2	23	17	6
22	たって	接続助詞	61.4	195	108	87
23	ようね／ようよ	意向形	61.3	199	117	82
24	てある	助動詞	60.7	102	59	43
25	か	終助詞	58.6	18	15	3
26	ちゃ	接続助詞	58.4	136	79	57
27	ようと｛思う／考える｝	意向形	58.1	143	83	60
28	し	接続助詞	57.5	58	38	20
29	からか	終助詞	56.2	247	182	65
30	かしら	終助詞	54.3	158	94	64
31	か	とりたて助詞（副助詞）	52.4	17	16	1
32	らしい	助動詞	51.5	101	62	39
33	たら／ば｛といい	助動詞	49.2	91	58	33
34	のか／のですか	終助詞	48.9	49	35	14
35	からではない	助動詞	48.1	231	147	84
36	かもしれない	助動詞	47.6	86	57	29
37	そうだ	助動詞	46.1	96	63	33
38	てあげる	助動詞	45.2	172	102	70
39	てしまう／ちゃう	助動詞	44.3	47	36	11
40	のに（逆接）	接続助詞	44.3	75	55	20
41	ではない／じゃない	助動詞	44.1	32	27	5
42	かい	終助詞	42.0	244	171	73
43	ておく／とく	助動詞	41.7	87	60	27
44	てもいい	助動詞	40.8	118	78	40
45	それから	接続詞	40.2	126	87	39
46	ぜ	終助詞	40.2	211	137	74

5.3 新聞コーパスにおける特徴項目

表5 新聞コーパスにおける特徴項目

新聞比率順位	項目	品詞	新聞比率	総頻度順位	新聞順位	総頻度順位－新聞順位
1	と見られ（てい）る	助動詞	87.0	157	72	85
2	をめぐる	格助詞	84.8	138	66	72
3	によると／によれば	格助詞	83.0	71	31	40
4	ために（理由）	接続助詞	71.0	166	92	74
5	につき	格助詞	66.5	245	193	52
6	一方	接続詞	63.0	115	63	52
7	など	とりたて助詞（副助詞）	59.0	28	18	10
8	ようと	意向形	58.8	128	71	57
9	際に	格助詞	56.1	191	132	59
10	たところ	接続助詞	55.8	148	85	63
11	と考えられ（てい）る	助動詞	54.9	152	95	57
12	てほしい	助動詞	54.1	111	65	46
13	や	とりたて助詞（副助詞）	53.0	25	17	8
14	について	格助詞	52.3	61	33	28
15	とともに	接続助詞	51.2	135	82	53
16	へ	格助詞	50.6	43	22	21
17	をはじめ	格助詞	50.1	182	128	54
18	を通じて	格助詞	49.7	165	110	55
19	ものの	接続助詞	48.3	171	117	54
20	ようだ	助動詞	45.2	20	15	5
21	から	格助詞	44.6	16	14	2
22	つつ	接続助詞	44.3	140	94	46
23	を	格助詞	44.0	6	2	4
24	上で	接続助詞	43.7	153	105	48
25	にわたる／にわたり／にわたって	格助詞	43.5	160	109	51
26	による／により／によって	格助詞	43.0	42	24	18

27	ずつ	とりたて助詞（副助詞）	42.5	147	103	44
28	ただ	接続詞	42.3	95	61	34
29	たい	助動詞	41.9	48	25	23
30	で	格助詞	41.4	10	9	1
31	の	格助詞	41.2	1	1	0

5.4 新書コーパスにおける特徴項目

表6　新書コーパスにおける特徴項目

新書比率順位	項目	品詞	新書比率	総頻度順位	新書順位	総頻度順位−新書順位
1	それにしては	接続詞	85.1	248	241	7
2	につれて／につれ	接続助詞	77.0	221	167	54
3	したがって	接続詞	69.4	145	81	64
4	において／における	格助詞	67.4	83	41	42
5	にしたがって／にしたがい	接続助詞	67.0	222	172	50
6	とも	接続助詞	64.3	167	108	59
7	つまり	接続詞	64.1	100	52	48
8	このように	指示詞	63.5	142	82	60
9	すなわち	接続詞	63.3	156	95	61
10	に関わらず	接続助詞	63.0	243	219	24
11	それゆえ	接続詞	62.1	239	215	24
12	に過ぎない	助動詞	61.6	170	115	55
13	もっとも	接続詞	61.3	187	138	49
14	までもない	助動詞	59.6	183	137	46
15	なぜなら	接続詞	59.5	217	177	40
16	に際して／に際し	格助詞	58.8	236	213	23
17	ているところだ	助動詞	58.5	233	205	28
18	ところで	接続詞	58.1	184	140	44
19	あるいは	接続詞	57.2	107	70	37
20	と思われ（てい）る	助動詞	55.6	154	104	50
21	その結果	接続詞	55.6	205	164	41
22	にせよ	接続助詞	55.0	213	173	40

23	をもって	格助詞	54.3	204	165	39
24	ようとしても／ようとも	意向形	53.1	226	193	33
25	にも関わらず	接続助詞	52.9	186	145	41
26	まい	助動詞	52.5	174	134	40
27	にしても	接続助詞	51.0	146	98	48
28	上に	接続助詞	51.0	241	223	18
29	なお	接続詞	50.5	193	154	39
30	としたら／とすれば／とすると	接続助詞	50.3	131	88	43
31	こうして	指示詞	48.4	168	130	38
32	しかし	接続詞	46.2	60	37	23
33	に至るまで	格助詞	45.9	216	188	28
34	ことに／となる	助動詞	45.7	73	45	28
35	からといって	接続助詞	45.6	206	176	30
36	に違いない	助動詞	45.4	169	135	34
37	と同時に	接続助詞	45.1	194	163	31
38	からだ	助動詞	44.8	85	54	31
39	なければならない／なきゃ	助動詞	44.7	97	68	29
40	に限らず	とりたて助詞（副助詞）	44.7	227	203	24
41	からこそ	接続助詞	44.6	202	175	27
42	たところで	接続助詞	43.9	229	214	15
43	だけでなく	とりたて助詞（副助詞）	43.6	130	94	36
44	さらに	接続詞	43.2	92	63	29
45	かと思うと	接続助詞	42.9	246	235	11
46	それに	接続詞	42.5	141	106	35
47	とともに	接続助詞	42.4	135	102	33
48	ためだ	助動詞	41.4	155	125	30
49	さて	接続詞	41.0	162	131	31
50	または	接続詞	40.6	180	153	27
51	さえ	とりたて助詞（副助詞）	40.5	120	87	33
52	ほど（〜ば〜ほど）	とりたて助詞（副助詞）	40.5	210	186	24

53	のみ	とりたて助詞（副助詞）	40.4	149	118	31
54	ただし	接続詞	40.4	189	159	30
55	に対する／に対して／に対し	格助詞	40.3	65	42	23

5.5 BCCWJ（書籍・コア）における特徴項目

表7　BCCWJ（書籍・コア）における特徴項目

BCCWJ比率順位	項目	品詞	BCCWJ比率	総頻度順位	BCCWJ順位	総頻度順位－BCCWJ順位
1	AようがAまいが／AだろうがBだろうが	意向形	88.4	218	168	50
2	もの	終助詞	83.4	219	175	44
3	のではない	助動詞	78.3	105	64	41
4	おかげで	接続助詞	73.6	237	215	22
5	といっても	とりたて助詞（係助詞）	63.2	201	169	32
6	はずがない	助動詞	61.1	223	196	27
7	という／といった	格助詞	57.7	31	17	14
8	どころ	とりたて助詞（副助詞）	57.1	181	142	39
9	のみならず	とりたて助詞（副助詞）	55.9	230	214	16
10	それでは／（それ）じゃ	接続詞	55.4	164	125	39
11	ようとすると／ようとしたら	意向形	55.0	235	221	14
12	のに（目的）	接続助詞	54.9	198	174	24
13	ように（間接引用）	格助詞	54.2	125	97	28
14	にしろ	接続助詞	54.0	220	194	26
15	と考え（られ）る	助動詞	53.5	121	89	32
16	そして	接続詞	53.4	68	44	24
17	さて	接続詞	52.5	162	124	38
18	やら	とりたて助詞（副助詞）	52.4	179	145	34

19	すら	とりたて助詞（副助詞）	51.7	177	141	36
20	そのため	接続詞	51.0	192	162	30
21	のだ	助動詞	49.9	22	15	7
22	ます	助動詞	49.5	19	14	5
23	に至るまで	格助詞	49.5	216	193	23
24	のだから	接続助詞	49.0	132	106	26
25	せいで	接続助詞	48.2	225	208	17
26	わけがない	助動詞	48.1	240	228	12
27	てくださる	助動詞	47.8	110	88	22
28	ては	接続助詞	47.7	134	109	25
29	に違いない	助動詞	46.8	169	136	33
30	だろうか	終助詞	46.6	80	57	23
31	のに（逆接）	接続助詞	46.6	108	86	22
32	ようとしない	意向形	46.2	224	207	17
33	わけだ	助動詞	46.1	74	53	21
34	すると	接続詞	46.1	185	157	28
35	それにしても	接続詞	46.0	209	187	22
36	ところだ	助動詞	45.8	150	121	29
37	はずだ／です	助動詞	45.4	116	94	22
38	ことができる	助動詞	45.3	81	63	18
39	のだろうか	終助詞	45.0	122	103	19
40	からには	接続助詞	44.6	238	229	9
41	そこで	接続詞	44.1	103	82	21
42	てやる	助動詞	43.3	151	126	25
43	なり	とりたて助詞（副助詞）	42.9	215	203	12
44	または	接続詞	42.8	180	156	24
45	からといって	接続助詞	42.7	206	185	21
46	たところだ／たばかりだ	助動詞	42.4	203	188	15
47	こうして	指示詞	42.2	168	140	28
48	わりに	接続助詞	42.1	228	223	5
49	かい	終助詞	42.0	244	235	9
50	ようにする	助動詞	41.7	139	116	23
51	ところが	接続詞	41.6	117	99	18

52	さえ	とりたて助詞（副助詞）	41.4	120	100	20
53	なら（主題）	接続助詞	41.2	124	108	16
54	なければならない／なきゃ	助動詞	41.1	97	76	21
55	それから	接続詞	40.9	126	110	16

6. 新しい中上級文法シラバス

　以上の議論を踏まえて、新しい中上級文法シラバスを提案する。

　まず、Step3は文体に関する問題（話しことば－書きことば、親疎、フォーマル－インフォーマルなど）を整理するレベルとする。Step4～6はそれぞれ中級、中上級、上級に対応する。

　このシラバスの策定基準は次の通りである。

(27) a. Step3は名大コーパス、Step4は新聞コーパス、Step5は新書コーパスにおける頻度順で上位の項目を優先的に含める。

b. Step4, 5には、新聞コーパス、新書コーパスの特徴項目を含める。ただし、aの基準を優先する。

c. 各項目は原則として産出レベルだが、一部は理解レベルとする。

d. 当該のStepにおいて表現機能上必要な項目は頻度順とは関係なくそのStepに含める。また、そのレベルで産出することが不要と考えられる項目は下位のStepに移すこともある。

　ここで、(27c)について注釈しておく。前稿で理解レベルと産出レベルの区別が重要であることを強調したにもかかわらず、このシラバスではほとんどの項目を産出レベルとするのはそれと矛盾するようだが、そうではない。(27c)で言いたいことは、産出が必要な項目は上級までのどこかのレベルで産出できるようにする、ということである。一方、現行の初級シラバスはここで取り上げているようなシンタクスに関わる項目を全て初級でのみ扱い、初級で産出させようとしているが、それは無理であり、結果として、誤用や非用を生んでいる。その問題を解決するために、この論文では、すぐに産出することが難しい項目は後のStepで産出レベルにする形を取っている。

一方、「読む」のみで必要である項目の多くは産出が不要であるので、どのレベルにおいても理解レベルとして扱っている（以下の表では、そうした理解レベルの項目には*をつけている）。

　以下、各Stepに属する文法項目を挙げる。なお、指示詞は形式をまとめていること、および、用法を区別することが難しいことから頻度は挙げない。また、接続詞は頻度とは別に必要度を定めたため、頻度は参考値として考えている。

6.1　Step3（初中級）に属する文法項目

　このレベルは文体の調整と最低限の文法項目を導入するものなので、項目内容および項目数はこの観点から調整したものとする。

表8　Step3の文法項目

項目	品詞	総頻度順位	名大順位	新聞順位	新書順位	BCCWJ順位
だ／で（も）ある	助動詞	2	1	10	2	4
って	とりたて助詞（副助詞）	21	11	77	132	62
は（対比）	とりたて助詞（係助詞）	4	12	5	4	2
WH～か／かどうか	とりたて助詞（副助詞）	17	16	26	18	21
ている（結果残存、繰り返し）	助動詞	12	19	13	13	11
さ	終助詞	34	20	153	174	132
な	終助詞	36	22	67	127	61
の	終助詞	41	23	111	212	85
たら（事実的）	接続助詞	33	24	47	56	47
のだ（解釈）	助動詞	22	26	53	19	15
だから	接続詞	52	28	133	75	81
（ら）れる（使役受身）	助動詞	13	32	12	12	13
だろう／であろう（推量）	助動詞	38	33	56	32	30
と（事実的）	接続助詞	27	34	20	24	23
てしまう／ちゃう	助動詞	47	36	62	43	35
てくる（方向性）	助動詞	40	41	30	35	37

項目	品詞					
みたいだ	助動詞	72	42	150	189	105
ば	接続助詞	30	46	28	22	25
だけ	とりたて助詞（副助詞）	45	47	36	36	34
ようだ	助動詞	20	51	15	16	19
ていく（方向性）	助動詞	56	54	39	49	45
てくれる	助動詞	66	56	55	97	55
てある（結果残存）	助動詞	102	59	144	156	112
（さ）せる（「（さ）せてください」）	助動詞	50	67	32	39	33
へ	格助詞	43	72	22	38	38
として	格助詞	44	73	29	26	36
という／といった	格助詞	31	89	43	23	17
が	接続助詞	26	93	19	15	20
による／により／によって	格助詞	42	101	24	29	40
なら（主題）	接続助詞	124	114	118	133	108
のに（逆接）	接続助詞	75	55	78	105	77
すると	接続詞	185	157	164	179	157
しかし	接続詞	60	167	59	37	48
なければならない／なきゃ	助動詞	97	195	107	68	76
可能形						
連体修飾（内の関係）						
文脈指示のソとア	指示詞					
こんな／そんな／あんな（現場指示）	指示詞					
こう／そう／ああ（現場指示）	指示詞					

6.2　Step4（中級）に属する文法項目

表9　Step4の文法項目

項目	品詞	総頻度順位	名大順位	新聞順位	新書順位	BCCWJ順位
（ら）れる（無生物主語）	助動詞	13	32	12	12	13
ている（完了）	助動詞	12	19	13	13	11
など	とりたて助詞（副助詞）	28	111	18	28	28
と（条件）	接続助詞	27	34	20	24	23

てくる（アスペクト）	助動詞	40	41	30	35	37
によると／によれば	格助詞	71	168	31	91	153
（さ）せる（「（さ）せてもらう／（さ）せてくれる」）	助動詞	50	67	32	39	33
について	格助詞	61	116	33	48	74
ず	助動詞	53	95	34	40	42
ても	接続助詞	39	45	37	31	27
ていく（アスペクト）	助動詞	56	54	39	49	45
のか（説明を求める疑問文）	終助詞	49	35	41	53	50
に対する／に対して／に対し	格助詞	65	123	48	42	60
のだ（言い換え）	助動詞	22	26	53	19	15
べきだ	助動詞	78	139	54	61	72
さらに	接続詞	92	140	64	63	107
てほしい	助動詞	111	109	65	199	114
をめぐる	格助詞	138	232	66	178	224
ことに／となる	助動詞	73	103	70	45	68
ようと	意向形	128	183	71	147	147
と見られ（てい）る	助動詞	157	235	72	216	220
なら／のなら（条件）	接続助詞	88	99	76	73	73
しそうだ	助動詞	109	77	81	152	131
し	接続助詞	58	38	84	66	59
たところ	接続助詞	148	151	85	141	197
てみる	助動詞	69	65	86	55	56
からだ	助動詞	85	133	87	54	71
ではないか／じゃないか（否定疑問）	終助詞	98	76	88	76	102
ばかり	とりたて助詞（副助詞）	93	74	89	78	91
にとって	格助詞	94	130	91	71	78
ために（理由）	接続助詞	166	138	92	200	230
そうだ（伝聞）	助動詞	96	63	93	99	120
と考えられ（てい）る	助動詞	152	233	95	136	191
だけだ	助動詞	99	82	96	83	92
くらい	とりたて助詞（副助詞）	59	37	98	89	70
だろうか	終助詞	80	106	100	62	57

ずつ	とりたて助詞（副助詞）	147	119	103	168	151
{たら／ば／と}いい	助動詞	91	58	104	123	93
上で	接続助詞	153	196	105	143	155
にわたる／にわたり／にわたって	格助詞	160	216	109	144	160
を通じて	格助詞	165	223	110	158	172
のではないか／んじゃないか	終助詞	123	90	114	114	170
はずだ	助動詞	116	155	119	92	94
ためだ（理由）	助動詞	155	184	121	125	159
なんて／なんか	とりたて助詞（副助詞）	57	29	122	183	87
ておく	助動詞	87	60	123	80	84
てくださる	助動詞	110	84	125	192	88
と考え（られ）る	助動詞	121	156	129	109	89
わけだ	助動詞	74	75	135	58	53
わけで{は／も}ない	助動詞	112	91	137	113	101
しかも	接続詞	114	86	161	84	122
つまり	接続詞	100	148	162	52	95
のではない／んじゃない	助動詞	105	221	177	120	64
と思われ（てい）る	助動詞	154	181	189	104	135
のに（目的）	接続助詞	198	227	192	187	174
からといって	接続助詞	206	218	205	176	185
それとも	接続詞	207	132	216	196	212
それでは／（それ）じゃ	接続詞	164	136	218	155	125
ところで	接続詞	184	176	222	140	176
{の／ん}だったら	接続助詞	196	98	244	245	243
お〜になる（尊敬語）						
ハーガ文（形容詞、名詞）						
この／その（文脈指示・指定指示）	指示詞					
こう／そう（文脈指示）	指示詞					
すなわち*	接続詞	156	234	207	95	138
要するに*	接続詞	173	110	242	150	161
分裂文（情報の受け継ぎ）*						
連体修飾（外の関係）（内容補充）*						

6.3 Step5（中上級）に属する文法項目

表10　Step5の文法項目

項目	品詞	総頻度順位	名大順位	新聞順位	新書順位	BCCWJ順位
ている（経験・記録）	助動詞	12	19	13	13	11
のだ（発見）	助動詞	22	26	53	19	15
（さ）せる（「（さ）せる」）	助動詞	50	67	32	39	33
において／における	格助詞	83	174	152	41	79
一方	接続詞	115	213	63	111	158
か（おかげか／せいか／ためか／わけか／からか／のか）	終助詞	51	43	44	57	41
ようとする	意向形	84	118	73	65	69
ではないか／じゃないか（認識要求）	終助詞	98	76	88	76	102
こそ	とりたて助詞（係助詞）	106	100	102	77	113
逆に	接続詞	176	120	149	151	210
こうして	接続詞	168	163	199	130	140
このように	接続詞	142	215	224	82	128
したがって	接続詞	145	222	238	81	137
さえ	とりたて助詞（副助詞）	120	128	145	87	100
としたら／とすれば／とすると	接続助詞	131	121	163	88	127
だけでなく	とりたて助詞（副助詞）	130	149	113	94	134
にしても	接続助詞	146	126	179	98	139
てはならない／てはいけない	助動詞	127	115	138	100	123
に関する／に関して	格助詞	119	92	101	101	154
とともに	接続助詞	135	214	82	102	209
{の／ん}だろうか	終助詞	122	129	139	107	103
らしい	助動詞	101	62	140	110	111
そして	接続詞	68	112	90	50	44
に過ぎない	助動詞	170	236	183	115	164
ように（間接引用）	格助詞	125	160	142	117	97
ては／ちゃ	接続助詞	134	158	141	119	109
としても	接続助詞	137	135	134	122	118

てもいい（申し出）	助動詞	118	78	151	124	115
のだから（短単位）	接続助詞	132	113	167	128	106
ところだ	助動詞	150	127	198	129	121
その結果	接続詞	205	209	178	164	218
に違いない	助動詞	169	186	195	135	136
までもない	助動詞	183	238	220	137	171
ことにする	助動詞	159	146	126	142	150
にも関わらず	接続助詞	186	201	172	145	181
しかない	助動詞	133	96	108	146	167
そのため	接続詞	192	226	185	171	162
てある（準備）	助動詞	102	59	144	156	112
つつある	助動詞	178	193	136	157	183
と同時に	接続助詞	194	198	171	163	184
それに	接続詞	141	104	155	106	149
につれて／につれ	接続助詞	221	242	191	167	244
ようにする	助動詞	139	124	106	170	116
ていただく	助動詞	163	131	130	184	143
ほど（〜ば〜ほど）	とりたて助詞（副助詞）	210	165	200	186	200
ただ	接続詞	95	88	61	93	117
たがる	助動詞	212	172	201	191	201
わけにはいかない	助動詞	208	177	181	195	202
はずがない	助動詞	223	210	219	220	196
せいで	接続助詞	225	180	204	224	208
てあげる	助動詞	172	102	170	225	148
からではない	助動詞	231	147	237	227	234
わけがない	助動詞	240	220	225	228	228
ましょうか	終助詞	234	141	245	233	241
ただし	接続詞	189	189	160	159	179
おかげで	接続助詞	237	212	233	242	215
もの	終助詞	219	199	211	246	175
ところが	接続詞	117	145	127	85	99
なお	接続詞	193	208	165	154	192
なぜなら	接続詞	217	229	217	177	211
後方照応のコ	指示詞					

こんな／そんな（文脈指示）	指示詞					
こういう／そういう、こうした／そうした、こういった／そういった（文脈指示）	指示詞					
命令形（間接引用）						
なさい						
尊敬語（不規則）						
お～する（謙譲語）						
語順倒置（ハ−ガ）						
連体修飾（外の関係）（内容補充）						
連体修飾（外の関係）（非制限節、相対補充）*						

6.4　Step6（上級）に属する文法項目

表11　Step6 の文法項目

項目	品詞	総頻度順位	名大順位	新聞順位	新書順位	BCCWJ順位
ている（形容詞的）	助動詞	12	19	13	13	11
ている（反事実）	助動詞	12	19	13	13	11
（さ）せる（他動詞化）	助動詞	50	67	32	39	33
そこで	接続詞	103	97	131	86	82
わ	終助詞	82	52	159	209	90
あるいは	接続詞	107	162	176	70	96
さて	接続詞	162	185	196	131	124
かな／かね	終助詞	70	39	158	217	130
どころか	とりたて助詞（副助詞）	181	169	188	169	142
ようか	終助詞	129	70	187	211	152
または	接続詞	180	217	168	153	156
ようと {思う／考える}	意向形	143	83	147	197	163
といっても	とりたて助詞（係助詞）	201	150	186	247	169
ものの	接続助詞	171	207	117	166	173
とはいえ	接続助詞	188	194	157	161	177
もっとも	接続詞	187	224	206	138	178

と見る	助動詞	190	197	154	181	180
ざるを得ない	助動詞	197	239	148	201	182
をはじめ	格助詞	182	237	128	180	186
それにしても	接続詞	209	178	210	190	187
たところだ／たばかりだ	助動詞	203	170	173	206	188
たって	接続助詞	195	108	236	237	190
に至るまで	格助詞	216	241	234	188	193
にしろ	接続助詞	220	179	247	204	194
際に	格助詞	191	225	132	207	195
ようね／ようよ	意向形	199	117	215	240	205
ようとしない	意向形	224	204	212	210	207
にあたって／にあたり	格助詞	214	202	182	198	213
ようとすると／ようとしたら	意向形	235	191	246	229	221
わりに	接続助詞	228	153	228	238	223
ようとしても／ようとも	意向形	226	211	203	193	225
に限らず	とりたて助詞（副助詞）	227	205	194	203	226
からには	接続助詞	238	200	223	231	229
それゆえ	接続詞	239	245	241	215	231
上に	接続助詞	241	246	227	223	232
にしては	接続助詞	242	206	230	226	233
かい	終助詞	244	171	240	244	235
ているところだ	助動詞	233	173	229	205	237
に際して／に際し	格助詞	236	244	208	213	238
たところで	接続助詞	229	161	213	214	239
に関わらず	接続助詞	243	230	231	219	240
かと思うと	接続助詞	246	231	239	235	242
につき	格助詞	245	247	193	234	245
それにしては	接続詞	248	248	248	241	246
にしたがって／にしたがい	接続助詞	222	219	190	172	236
にせよ	接続助詞	213	240	226	173	199
からこそ	接続助詞	202	188	180	175	206
ようかな	終助詞	175	85	221	248	248
連体修飾（外の関係）（非制限節、相対補充）						

謙譲語（不規則）						
てやる*	助動詞	151	122	116	218	126
すら*	とりたて助詞（副助詞）	177	187	169	160	141
ぞ*	終助詞	161	105	143	182	144
やら*	とりたて助詞（副助詞）	179	134	202	185	145
のみ*	とりたて助詞（副助詞）	149	175	120	118	146
つつ*	接続助詞	140	142	94	126	165
まい*	助動詞	174	164	184	134	166
AようがAまいが／Aだろうが Bだろうが*	意向形	218	203	243	239	168
をもって*	格助詞	204	228	197	165	198
なり*	とりたて助詞（副助詞）	215	166	209	202	203
かしら*	終助詞	158	94	124	232	204
のみならず*	とりたて助詞（副助詞）	230	243	235	222	214
とも*	接続助詞	167	159	146	108	216
きり*	とりたて助詞（副助詞）	200	143	156	194	219
ぜ*	終助詞	211	137	175	230	222
にて*	格助詞	232	190	214	221	227
その（文脈指示・代行指示）*	指示詞					

7. おわりに

　この論文では、まず、中上級レベルの文法シラバスを作り直す必要性について論じた。続いて、複数のコーパスを使って、頻度およびそのコーパスにおける特徴項目を中心にStep3〜6に属する文法項目を定めた。

　この論文の内容が今後の日本語教育の展開に少しでも資するところがあれば、望外の喜びである。

使用したコーパス

名大会話コーパス（全 129 ファイル）
朝日新聞データベース 2012 年度版（その中から 24 日分をランダムサンプリングしたもの）
新書コーパス（Castel/J から配布された新書コーパスから 1 ファイルを除いた残り全ファイル）
BCCWJ（現代日本語書き言葉均衡コーパス）の「書籍・コアデータ」

引用文献

庵功雄（2012）『新しい日本語学入門（第 2 版）』スリーエーネットワーク．
庵功雄（2013a）「「使役（態）」に言及せずに「使役表現」を教えるには——1 つの「教授法」——」『日本語／日本語教育研究』4，pp. 39–55．
庵功雄（2013b）『日本語教育、日本語学の「次の一手」』くろしお出版．
庵功雄（2014a）「これからの日本語教育で求められるもの」『ことばと文字』創刊号，pp. 86–94．
庵功雄（2014b）「「やさしい日本語」研究の現状と今後の課題」『一橋日本語教育研究』2，pp. 1–12．
庵功雄（2014c）「言語的マイノリティに対する言語上の保障と「やさしい日本語」——「多文化共生社会」の基礎として——」『ことばと文字』2，pp. 52–58．
庵功雄（2014d）「テイル形、テイタ形の意味・用法の形態・統語論的記述の試み」『日本語文法学会第 14 回大会予稿集』pp. 51–59．
庵功雄（2015）「日本語学的知見から見た初級シラバス」本書所収．
庵功雄（2015 予定）「日本語教育と日本語のわかりやすさ」野村雅昭（編）『わかりやすい日本語』くろしお出版．
庵功雄・三枝令子（2012）『上級日本語文法演習　まとまりを作る表現——指示詞、接続詞、のだ・わけだ・からだ——』スリーエーネットワーク．
庵功雄・宮部真由美（2013）「二字漢語動名詞の使用実態に関する報告——「中納言」を用いて——」『一橋大学国際教育センター紀要』4，pp. 97–108．
庵功雄・宮部真由美・永谷直子（2014）「複数のコーパスを用いた新しい文法シラバス策定の試み」『第 6 回コーパス日本語学ワークショップ予稿集』pp. 31–40．
岡典栄（2014）「ろう児に対する日本語教育と「やさしい日本語」」『公開シンポジウム「「やさしい日本語」研究の現状とその展開」発表予稿集』pp. 29–34．
白川博之（2005）「日本語学的文法から独立した日本語教育文法」野田尚史（編）『コミュニケーションのための日本語教育文法』pp. 43–62，くろしお出版．
高橋恵利子・白川博之（2006）「初級レベルにおける使役構文の扱いについて」『広島大学

日本語教育研究』16，pp. 25–31.
野田尚史 (2005)「コミュニケーションのための日本語教育文法の設計図」野田尚史 (編)『コミュニケーションのための日本語教育文法』pp. 1–20，くろしお出版.
森篤嗣 (2012)「使役における体系と現実の言語使用——日本語教育文法の視点から——」『日本語文法』12 (1)，pp. 3–19.
山内博之 (2009)『プロフィシエンシーから見た日本語教育文法』ひつじ書房.

付記

　この論文は、日本学術振興会科学研究費補助金による基盤研究 (A)「やさしい日本語を用いた言語的少数者のための言語保障の枠組み策定のための総合的研究」(平成 25 年度〜28 年度)(研究代表者：庵功雄)の研究成果の一部である。

　この論文をなすにあたって、データの集計などにおいて、永谷直子、宮部真由美両氏にお世話になった。記して感謝いたします。

第3章

話し言葉コーパスから見た文法シラバス

山内博之

1. はじめに

　筆者がこの論文を執筆した動機は、初級文法項目に関し、山内（2009）と庵（2009、2011）に大きな共通点が見られたということにある。山内（2009）は、学習者の文法形態素の使用状況から初級文法項目を探り出したものである。山内（2009）の初級文法項目は、表1のとおりである。

表1　山内（2009）の初級文法項目

品詞	項目
格助詞	が、を、に、と、から、より、で、の、について
とりたて助詞	は、も、ぐらい、だけ
並立助詞	とか、と
助動詞	です、た、ます、（ませ）ん、ない、たい、ようだ
補助動詞	ている
終助詞	か、ね
接続助詞	て、けど、たら、たり、とき、ため
接続詞	でも、じゃ（あ）、それから、で、だから、たとえば
フィラー	あのー、えーと、えー

山内（2009）では、KYコーパスと『みんなの日本語』（スリーエーネットワーク、1998）を用いてシラバスの作成を行った。『みんなの日本語』で教えられている文法項目のうち、OPIの中級話者が使用しているものを初級の文法項目として妥当なものとし、使用していないものを初級の文法項目として妥当でないものとするという基準で、『みんなの日本語』で扱われている文法項目をそぎ落としていった。このようにして浮かび上がった初級の文法項目が、前ページの表1である。なお、山内（2009）では、『みんなの日本語』では扱われていないが、中級話者による使用が目立った項目もピックアップされているので、そのような項目には下線を付して表1に掲載した。

　表1の項目の中には、動詞の普通形を作って接続するものが少なく、『みんなの日本語』で扱われている助動詞、補助動詞、接続助詞の大部分、つまり普通形を作らなければ接続できない形態素の大部分を中級話者が使用していなかったことから、山内（2009）では、初級話者にとっての文法とは「丁寧形の文法、つまり普通形を作らなくても済む文法」であると結論づけている。ちなみに、山内（2009）で挙げられている、中級話者の使用が見られなかった助動詞、補助動詞、接続助詞は、表2のとおりである。なお、下線を付した項目は、KYコーパス全体の中での使用数が少なく、中級話者のみでなく、上級・超級話者でも使用が少なかったことから、初級の項目であるか否かが不明であるとされている。

表2　中級話者による使用が見られなかった項目

品詞	項目
助動詞	のだ、受身、使役、はずだ、そうだ（様態）、そうだ（伝聞）、つもりだ、ばかりだ、ところだ
補助動詞	てくる、てしまう、てみる、てある、ておく、すぎる
接続助詞	から、が、し、ながら、と、ば、ので、のに、なら

　一方、庵（2009、2011）の初級文法項目は、若干の修正はあるものの、当初から大きく姿を変えることなく本書所収の庵（2015）に受け継がれている。庵（2015）には、学校型の文法項目として、Step1、Step2という2つの段階

のリストが提示されているので、ご覧いただきたい。

庵（2015）に示されている2つのStepの文法項目のうち、山内（2009）との類似性が見られたのがStep1である。庵（2015）の原型となっている庵（2009）と山内（2009）は、奇しくも同じ時期に、まったく独立して行われた研究である。ゼロから始める初級の文法項目について、庵氏と筆者は、ほぼ同じ時期に、ほぼ同じ判断を下したということである。

庵（2015）では、Step1・2の特徴について、次のように述べている。
（1）Step1はすべて産出レベルで、活用がない。
（2）Step2では普通形が現れ、理解レベルの項目もある。

山内（2009）では、OPIのデータを分析することにより、初級の文法を「丁寧形の文法、つまり普通形を作らなくても済む文法」であると結論づけた。一方、庵（2015）では、Step1とStep2の境界を「活用の有無」に置いている。つまり、山内（2009）と庵（2009、2011、2015）の初級文法項目に類似性が生まれた原因は、主に、庵氏が「活用の有無」という基準でStep1とStep2を区分したことにあると言える。

以上を鑑み、この論文の目的を次の2点とする。
（3）動詞を活用させなければ使用できない形態素を、OPIの初級話者と中級話者がどの程度使用しているのかを明らかにする。
（4）庵（2015）のStep1の文法項目をすべて用い、その提出順序を明確に示した初級文法シラバスを作成する。

山内（2009）と庵（2009、2011、2015）では、動詞の活用を必要とせずに使用できる文法項目を、初級もしくはStep1の文法であると位置づけている。しかし、現実には、初級学習者、あるいは、初級を終えて中級レベルに達したばかりの学習者が、動詞の活用を必要とする文法形態素をまったく使用していないというわけではない。そこで、どのような形態素をどの程度使用しているのか、その実態をとらえることを、この論文の1つめの目的とした。それが上記の（3）である。**2.** から **4.** では、（3）について述べる。まず、**2.** で、KYコーパスにおける文法形態素をレベル別に概観し、**3.** では、動詞の活用を必要とする文法形態素に焦点を当ててその使用状況を概観する。さらに、**4.** では、**3.** で初級・中級話者の使用が顕著であったテ形と

「こと・事」「の・ん」に的を絞って、その使用実態を明らかにする。

2つめの目的である（4）については、**5.** で述べる。**2.** から **4.** において、KYコーパスの被験者が使用している形態素を観察した結果、山内（2009）及び庵（2009、2011、2015）で示された初級文法シラバスの考え方に概ね問題がないことが明らかになったので、庵（2015）のStep1の文法項目をすべて使用し、それらの提出順序や課の構成を具体的に示した初級文法シラバスを作成した。それをこの論文の結論として、**5.** で示す。

2. KYコーパスにおける文法形態素の使用実態

2. では、KYコーパスにおける文法形態素の使用実態を観察することにより、動詞の活用を必要とする文法形態素が初級話者・中級話者にどの程度使用されているのかを探っていく。

使用データはKYコーパスなのであるが、テキストファイルのKYコーパスではなく、すでに形態素解析が施されたものを李在鎬氏（筑波大学）より譲っていただき、それを使用した。非母語話者の話し言葉データに「茶筌」などで形態素解析を施すと解析ミスが非常に多くなってしまうのだが、李在鎬氏から譲っていただいたデータは、氏がタグ付きKYコーパスを作成する際に使用したものであり、解析ミスが修正されたものである。実際、今回使用させていただくにあたり、筆者も解析ミスには気を配って観察したのであるが、その数は非常に少なく、今回の分析に影響を与える可能性はほぼゼロであろうと判断した。（データを提供してくださった李在鎬氏には、記して感謝の意を表したい。）

分析を行う前に、まず、非活用型文法形態素と活用型文法形態素を、それぞれ次の（5）（6）のように定義づける。

（5）　動詞を活用させることなく使用できる文法形態素
（6）　動詞を活用させなければ使用できない文法形態素

2. では、これら非活用型文法形態素と活用型文法形態素とが、初級から超級までの話者にどの程度使用されているのかを探るが、そのためには、これら両者が、形態素解析を施されたKYコーパスのどのタグに相当するのかを特定しておく必要がある。それを示したのが、表3である。

表3　非活用型文法形態素と活用型文法形態素のタグ

非活用型文法形態素	活用型文法形態素
「フィラー」「感動詞」「助詞－格助詞－一般」「助詞－格助詞－引用」「助詞－格助詞－連語」「助詞－係助詞」「助詞－終助詞」「助詞－副助詞」「助詞－副助詞／並立助詞／終助詞」「助詞－並立助詞」「助詞－連体化」「接続詞」「名詞－代名詞－一般」「連体詞」	「形容詞－非自立」「助詞－接続助詞」「助動詞」「動詞－接尾」「動詞－非自立」「名詞－接尾－助動詞語幹」「名詞－特殊－助動詞語幹」「名詞－非自立－一般」「名詞－非自立－形容動詞語幹」「名詞－非自立－助動詞語幹」

　表3のように、「フィラー」「感動詞」等のタグが付された形態素を非活用型文法形態素であるとみなし、「形容詞－非自立」「助詞－接続助詞」等のタグが付された形態素を活用型文法形態素であるとみなすことにした。
　非活用型文法形態素の具体例を、次の（7）に挙げておく。

（7）　フィラー：「あの」「えーと」など
　　　感動詞：「はい」「あー」「えー」など
　　　助詞－格助詞－一般：「が」「を」「に」など
　　　助詞－格助詞－引用：「と」「って」など
　　　助詞－格助詞－連語：「について」「に対して」など
　　　助詞－係助詞：「は」「も」「こそ」「さえ」など
　　　助詞－終助詞：「ね」「よ」など
　　　助詞－副助詞：「くらい」「でも」「まで」など
　　　助詞－副助詞／並立助詞／終助詞：「か」など
　　　助詞－並立助詞：「とか」「と」「や」「たり」など
　　　助詞－連体化：「の」（名詞に接続するもの）
　　　接続詞：「そして」「だから」「で」など
　　　名詞－代名詞－一般：「私」「それ」「何」など
　　　連体詞：「この」「そういう」「どんな」など

　（7）で挙げた例のみでなく、表3で指定したすべての非活用型文法形態素をチェックしてみたが、動詞の活用を必要とする形態素は「助詞－並立助

詞」の「たり」のみであった。したがって、表3で指定したタグが付された形態素の中には、動詞の活用を必要とするものは実際にほぼないということである。次の（8）は、活用型文法形態素の具体例である。

　（8）　形容詞－非自立：「いい」「にくい」「やすい」など
　　　　助詞－接続助詞：「けど」「て」「から」「し」など
　　　　助動詞：「です」「ます」「た」「ない」「らしい」など
　　　　動詞－接尾：「させる」「られる」など
　　　　動詞－非自立：「いる」「みる」「もらう」「くださる」など
　　　　名詞－接尾－助動詞語幹：「そう」
　　　　名詞－特殊－助動詞語幹：「そう」
　　　　名詞－非自立－一般：「の」「ん」「こと」「方」など
　　　　名詞－非自立－形容動詞語幹：「みたい」「ふう」など
　　　　名詞－非自立－助動詞語幹：「よう」

　（8）で挙げた例のみを見ても明らかであるが、表3で活用型文法形態素として指定した形態素の中には、動詞の活用を必要としないもの、つまり、動詞の丁寧形に接続し得るものや名詞に直接接続し得るものなどがかなり含まれている。たとえば、「助詞－接続助詞」の「けど」「から」「し」や「助動詞」の「です」などである。また、普通、日本語学習者は、動詞は丁寧形から習うので、動詞の連用形に接続する「助動詞」の「ます」や、「〜ました」「〜でした」という形で使用することのできる「助動詞」の「た」なども、動詞の活用を前提とせずに使用することが可能な形態素であると言える。

　つまり、表3で指定した文法形態素のうち、非活用型の方は、「助詞－並立助詞」の「たり」という一例の例外を除き、実際に動詞の活用を必要としないものばかりであるが、活用型の方は、動詞の活用を必要とするものとしないものの両方が含まれているということになる。

　このような前提を踏まえた上でということになるが、KYコーパス90人の被験者の非活用型文法形態素と活用型文法形態素の使用頻度をレベル別に示したものが、次ページの表4である。

表4　各レベルの延べ文法形態素数

	初級	中級	上級	超級
非活用型	2,755 (69%)	16,909 (66%)	26,610 (61%)	15,580 (59%)
活用型	1,244 (31%)	8,860 (34%)	16,722 (39%)	10,829 (41%)
合計	3,999	25,769	43,332	26,409

　各レベルの被験者の数は、初級15人、中級30人、上級30人、超級15人である。被験者の数が違い、また、それぞれのインタビューの長さも違うため、出現数自体をレベル別に比較することはできないので、括弧の中の、それぞれのレベルの中での非活用型と活用型の使用比率を示した数字を見ていただきたい。初級から超級までの使用比率の推移を見ると、非活用型は、レベルが上がるにつれて使用比率が少しずつ減っており、逆に、活用型は、少しずつ増えていることがわかる。また、誤差の範囲かもしれないが、どちらも、中級と上級の間の差が少し大きいように見える。

　前ページで述べたように、活用型の方には、動詞の活用を必要としない形態素がかなり含まれてしまっているのではあるが、表4を見る限りにおいては、山内（2009）及び庵（2009、2011、2015）における「初級文法は動詞の活用を必要としない文法である」という判断は、その方向性としては、概ね正しいものであるように思われる。

　山内（2009）における考え方は、中級話者が身に付けていない文法項目は、初級で教えても身に付くことはないのだから、教えても意味がないというものである。この場合の「中級話者」というのは、上級に近い中級話者のことではなく、典型的な中級話者か、あるいは、初級に近い中級話者のことである。そこで、表4の「中級」の中から、「中級－上」の話者を除き、「中級－下」と「中級－中」の話者のみで再度数を数えたところ、表4の中級の活用型の使用数である「8,860」から減り、「6,085」となった。初級の活用型の使用数は「1,244」であるので、これらを合計すると、「7,329」となる。

　山内（2009）と庵（2009、2011、2015）の「初級文法は動詞の活用を必要としない文法である」という判断が概ね正しいものであるとしても、この「7,329」は、その例外となるものである。もちろん、先にも述べたように、

表3で指定した活用型文法形態素の中には、実際には動詞の活用を必要としないものもかなり含まれているので、詳細に観察すれば、山内（2009）と庵（2009、2011、2015）の例外となる、この「7,329」という数字は減っていくものと思われる。そこで、次の **3.** では、この「7,329」の形態素の中身を詳細に見ていくことにする。

3. 初級話者・中級話者が使用している活用型文法形態素

3. では、初級話者と「中級－下」「中級－中」の話者がどのような活用型文法形態素をどの程度使用しているのかを観察する。表5は、初級話者と「中級－下」「中級－中」の話者の活用型文法形態素数を品詞タグ別に示したものである。被験者数は、初級は15人、「中級－下」は9人、「中級－中」は14人である。

表5　初級と中級下・中の活用型文法形態素の使用数

品詞タグ	初級	中級下・中	合計
助動詞	943	4,089	5,032
助詞－接続助詞	190	1,227	1,417
動詞－非自立	82	316	398
名詞－非自立－一般	23	347	370
動詞－接尾	2	38	40
形容詞－非自立	2	20	22
名詞－非自立－助動詞語幹	1	20	21
名詞－非自立－形容動詞語幹	0	17	17
名詞－特殊－助動詞語幹	0	11	11
名詞－接尾－助動詞語幹	1	0	1
合計	1,244	6,085	7,329

表5を見ると、「助動詞」「助詞－接続助詞」「動詞－非自立」「名詞－非自立－一般」の使用数が多く、これら4つの使用数を合計すると「7,217」

となり、この 4 者だけで、全体の合計数である「7,329」のうちの 98% を占めていることがわかる。そのため、ここから先の分析では、「助動詞」「助詞－接続助詞」「動詞－非自立」「名詞－非自立－一般」についてのみ見ていくことにする。

次の表 6 は、初級と「中級－下」、「中級－中」における「助動詞」の使用数を示したものである。

表 6　助動詞の使用数（上位 10 位まで）

助動詞	初級	中級下・中	合計
ます	381	1,420	1,801
です	324	1,170	1,494
た	108	749	857
だ	21	237	258
ない	28	211	239
（ませ）ん	47	159	206
たい	7	54	61
ござる	10	35	45
う	9	31	40
ある	4	6	10
合計	939	4,072	5,011

表 6 では、使用数の多いものから順に並べているが、表 6 を見ると、上位 6 位までの助動詞の使用数が多いことがわかる。6 位までの「ます」「です」「た」「だ」「ない」「ん」のうち、「ない」以外は動詞の普通形を考えることなく使用できる形態素である。したがって、これらの使用は、山内（2009）及び庵（2009、2011、2015）の考え方と矛盾はしない。

表 6 の「ない」は、いわゆる見出し語としての「ない」であり、その表層形としてはいくつかの形が考えられるが、実際にどのような表層形で出現していたのかを示したものが、次の表 7 である。

表7 「ない」の表層形

	初級	中級下・中	合計
ない	27	172	199
なく	0	19	19
なけれ	0	10	10
なかっ	0	8	8
なきゃ	0	1	1
なくっ	0	1	1
な	1	0	1
合計	28	211	239

　表7を見ると、表層形のほとんどが「ない」であることがわかる。初級と「中級－下」「中級－中」の被験者38人で239回という使用数は決して少ないとは言えないが、その大部分が「ない」であるので、それらは「～ません」で言い換えられる可能性がある。つまり、「～ない」という形を発話する学習者は少なくはないが、「～ません」で代替が効くものであるなら、とりあえず、初級では丁寧形のみを教えればよいのではないか。

　次ページの表8は、初級と「中級－下」「中級－中」における「助詞－接続助詞」の使用数を示したものである。表8を見ると、「て」の使用が非常に多いことがわかる。また、「で」は、「読んで」「飛んで」の「で」であるので、「て」と「で」の使用数を足し合わせると「914」となり、初級と「中級－下」「中級－中」の被験者38人が、1人平均24回使用していることになる。OPIの初級から「中級－中」ぐらいまでのインタビュー時間は、概ね15分から25分ぐらいであろうと思われるので、各被験者が1分に1回以上テ形を発していることになる。この数字は無視できないので、実際にどのような動詞のテ形が使用されているのかということを、次の4.で調べてみることにする。

　表8で他に使用数が多いのは「から」「けど」であるが、これらは丁寧形にも接続可能であるので、山内・庵の考え方との間に矛盾はない。

表 8　助詞－接続助詞の使用数（上位 10 位まで）

助詞－接続助詞	初級	中級下・中	合計
て	113	681	794
から	25	150	175
けど	0	171	171
で	36	84	120
が	9	31	40
と	5	30	35
し	0	30	30
ば	0	26	26
ので	1	15	16
ながら	0	5	5
合計	189	1,223	1,412

次の表9は、「動詞－非自立」の使用数を示したものである。

表 9　動詞－非自立の使用数（上位 10 位まで）

動詞－非自立	初級	中級下・中	合計
いる	62	213	275
くださる	9	15	24
てる	0	19	19
くる	1	13	14
ある	1	10	11
しまう	4	4	8
来る	3	4	7
なる	0	6	6
くれる	0	4	4
もらう	0	4	4
合計	80	292	372

表9では、「いる」の使用数の多さが目立つが、これは動詞のテ形に接続するものであるので、表8で見た接続助詞「て・で」の使用数の多さと同根の問題であるということになる。なお、「てる」は「ている」の縮約形であり、内部に「いる」を含んだ形になっている。表9で挙げられている形態素は、「なる」以外は、すべてテ形に接続するものである。初級・中級のテ形の出現数の多さについては、**4.**で考察を行う。なお、「なる」とは、「～なければならない」などという形で使用される「なる」のことである。

次の表10は、「名詞−非自立−一般」の使用数を示したものである。

表10　名詞−非自立−一般の使用数（上位10位まで）

名詞−非自立−一般	初級	中級下・中	合計
こと	8	112	120
ん	4	84	88
の	3	54	57
もの	2	31	33
方	1	25	26
ほう	3	15	18
事	0	12	12
つもり	1	4	5
者	0	2	2
通り	0	2	2
合計	22	341	363

表10を見ると、「こと」「ん」「の」の使用数が比較的多いことがわかる。「ん」と「の」は、それぞれ、「んです」の「ん」、「のだ」の「の」である可能性がある。つまり、同一形態素の異形態である可能性がある。また、「事」もKYコーパスの表記が違うだけであって、「こと」と同一の形態素であるとも考えられる。これら「こと・事」「の・ん」には、動詞の普通形が前接し得るが、「いろいろなこと」「そういうの」など、動詞の普通形以外が前接

することもある。この点を **4.** で探ってみたい。

　以上、**3.** では、活用型文法形態素のうち、特に「助動詞」「助詞－接続助詞」「動詞－非自立」「名詞－非自立－一般」の使用に注目して、初級・中級での使用頻度が顕著な項目を洗い出してきた。検討した項目の中で、「助詞－接続助詞」の「て」、つまり動詞のテ形と、「名詞－非自立－一般」の「こと・事」「の・ん」は、初級・中級における使用頻度が高く、山内（2009）及び庵（2009、2011、2015）の結論と矛盾する可能性を持つものであることが明らかとなった。そこで、続く **4.** においては、具体的にどのような動詞のテ形がどの程度使用されているのかということと、「こと・事」「の・ん」の前にどの程度動詞の普通形が接続しているのかということを探っていくことにする。

4. テ形と「こと・事」「の・ん」に関する分析

　4. では、次の 2 つのことを明らかにする。

　　（9）　初級話者と「中級－下」「中級－中」の話者が、どのような動詞のテ形をどの程度使用しているのか。

　　（10）　初級話者と「中級－下」「中級－中」の話者が使用する「こと・事」「の・ん」の前には、どの程度動詞の普通形が接続しているのか。

　まず、（9）についてであるが、「助詞－接続助詞」の「て・で」に前接する動詞をリストアップし、その数を数えていった。「動詞－一般」というタグが付された動詞を最初にリストアップし、さらに、その動詞が「する」で、直前に「名詞－サ変接続」が接続している場合には、「勉強する」「練習する」などのように、「名詞－サ変接続」に「する」を付加した形でリストアップした。なお、その際、「誤用」というタグが付されているものは、取り出さなかった。

　次ページの表 11 は、「て・で」に前接する動詞の出現頻度を示したものである。より詳細に観察するために、表 11 では、「中級－下」と「中級－中」の数値を分けて示した。

表11　動詞のテ形の使用回数

初級（15人）	中級下（9人）	中級中（14人）	合計
125	135	509	769

　表11における初級及び「中級-下」「中級-中」のテ形の合計使用回数は、769回である。表8の「て」「で」の合計使用回数は914回であったので、それに比べると少し数が減ってはいるが、それでも、相当数の動詞のテ形が使用されていることがわかる。ちなみに、各レベルの1人当たりの平均使用回数は、初級8.3回（125回／15人）、中級下15回（135回／9人）、中級中36.4回（509回／14人）であり、初級段階の話者や、中級にようやく手の届いた「中級-下」の話者ですら、かなり安定してテ形を使用していることが窺える。
　ここで、初級話者と「中級-下」の話者に絞って考えると、合計使用回数は260回となる。つまり、初級と「中級-下」の話者が使用した延べ語数は260語なのであるが、異なりをカウントすると66語であった。その66語を、使用回数別にまとめたものが、次ページの表12である。
　表12を見ると、まず「住む」の使用回数が突出していることが目につく。「住む」のテ形「住んで」は、初級と「中級-下」の計24人の話者に、57回も使用されている。つまり、1人平均2.4回使用していることになる。一方、使用回数の合計が1回の動詞は、29語もある。このように、表12の各行を上から下に向かって見ていくと、異なり語数が少なくて使用回数が多い行から、異なり語数が多くて使用回数が少ない行へと順に並んでいるということがわかる。
　表12の動詞のうち、使用回数が4回以上の動詞は15語であり、その15語で、全体の使用回数の69%（179回／260回×100）を占めている。使用回数が3回以上の動詞は23語であり、その23語で、全体の使用回数の78%（203回／260回×100）を占めている。つまり、テ形を作るルールを覚えることなく、20種類あまりのテ形をかたまりとして覚えてしまえば、中級になるために必要なテ形のかなりの部分を賄えることになる。
　実際の授業においては、テ形というものが存在することや、中級になるた

めに必要なテ形の用法を教える必要はあるだろう。また、テ形の作り方のルールを説明することが、学習者に安心感を与えることもある。しかし、表12を見る限りにおいては、どの学習者も使用するであろう、使用頻度の高いテ形は限られている。テ形を教える際のポイントは、テ形の作り方のルールを教え、どんな動詞のテ形でも作れるようにすることではなく、使用頻度の高い20～30種類の動詞のテ形を、かたまりとして身につけ、使用できるようにさせることなのではないかと考えられる。

表12　テ形を作る動詞の使用回数

使用回数	テ形を作る動詞（66語）
57	住む（1語）
19	持つ（1語）
17	見る（1語）
11	食べる、話す（2語）
10	入れる（1語）
9	する、教える、乗る（3語）
6	知る（1語）
5	思う（1語）
4	行く、勉強する、忘れる、来る（4語）
3	飲む、起きる、教える、仕事する、読む、入る、買う、歩く（8語）
2	押す、曲がる、混む、作る、書く、乗り換える、待つ、貸す、探す、着る、電話する、働く、流れる、練習する（14語）
1	かける、しまう、つける、パンクする、もらう、やる、愛する、案内する、巻く、干す、研究する、言う、降りる、困る、使う、手伝う、終わる、助ける、焼く、寝る、吹く、説明する、相撲する、釣れる、売る、聞く、変わる、磨く、誘う（29語）

次に、「こと・事」「の・ん」にどの程度動詞の普通形が前接しているのかという問題について述べる。次の表13は、動詞の普通形が前接している

「こと」「事」「の」「ん」の使用数を示したものである。表11と同様、「中級−下」と「中級−中」の数値を分けて示した。

表13　動詞の普通形が前接している「こと」「事」「の」「ん」

名詞−非自立−一般	初級 （15人）	中級下 （9人）	中級中 （14人）	合計
こと	4	19	53	76
事	0	0	12	12
の	0	1	26	27
ん	0	1	28	29
合計	4	21	119	144

　表10と比べると、表13ではかなり数字が減ったものの、「中級−中」では1人平均8.5回（119回／14人）も、動詞の普通形が前接する「こと」「事」「の」「ん」を使用しており、これは無視していい数字であるようには思われない。ただし、「中級−下」の使用回数はかなり少ない。動詞の普通形が前接する「こと」「事」「の」「ん」は、ほとんど使用しなくても何とか中級になれるが、中級話者としての安定感を増し、上級への足掛かりとするためには、ある程度以上の使用が求められるものだと言えるのではないかと思われる。

　4. で見た、動詞のテ形と動詞の普通形が前接する「こと」「事」「の」「ん」の共通点は、「中級−下」での使用はそれほど目立たないが、「中級−中」での使用が目立つということである。どちらも初級話者が中級になるために必要であるというよりも、中級話者が上級になるために必要なのだということであろう。また、両者とも、初級と「中級−下」においては、ルールを習得して動詞を活用させているのではなく、かたまりとして身につけたものを使用している可能性がある。話す教育を念頭におくのであれば、ゼロから始まる初級の教育においては、やはり普通形を積極的に教える必要はないのではないかと思われる。

5. おわりに

2.から**4.**での検討により、「必要な動詞のテ形をかたまりとして身につけさせる」ことに留意しさえすれば、山内（2009）及び庵（2009、2011、2015）で提案のあった「ゼロから始める初級においては、動詞の活用を必要とする文法形態素は教えなくてよい」という主張は、概ね正しいのではないかということが明らかになった。そこで、この論文の結論として、庵（2015）のStep1の項目を用いて、それらの提出順序や課の構成を示した初級文法シラバスを作成してみた。それが、次の表14である。庵（2015）のStep1の項目を忠実に用いてはいるが、第6課の「…ませんか（勧誘）」のみは、筆者の判断で加えることにした。

表14のシラバスでは、課のタイトルが、その課の目標を表している。タイトルに書かれていることができるか、あるいは、それについて述べられるようになればよいということである。以下のシラバスを、教材作成等の参考にしていただければと思う。

表14　初級文法シラバス（庵・山内バージョン）

第1課【自己紹介】 《名詞文》 ～は…です。～は…ですか。～は…じゃないです／じゃありません。 《名詞文の応答》 ～は…ですか。　―はい、そうです。 ―いいえ、違います／そうじゃないです／そうじゃありません。 《かたまり》「住んでいる」「勤めている」「働いている」「結婚している」
第2課【私の家族】 《ナ形容詞文》 ～は…です。～は…ですか。～は…じゃないです／じゃありません。 《ナ形容詞文の応答》 ～は…ですか。　―はい、…です。 ―いいえ、…じゃないです／…じゃありません。

《イ形容詞文》
〜は…です。〜は…ですか。〜は…くないです／くありません。
《イ形容詞文の応答》
〜は…ですか。　―はい、…です。
―いいえ、…くないです／くありません。
《格助詞》〜の（所有格）
《疑問詞》何○（何歳）

第3課【学校案内】
《指示詞：現場指示》これ／それ／あれ、この／その／あの、ここ／そこ／あそこ、こっち／そっち／あっち
《疑問詞》誰、何、どこ、どれ・どっち

第4課【私の部屋】
《存在文・所有文》
〜に〜がいます／あります。〜は〜にいません／ありません。
〜には〜がいます。
《疑問詞》何○（何個）
《助数詞》つ、個、本、冊

第5課【私の一日】
《動詞文》
〜は…ます。〜は…ますか。〜は…ません。
《動詞文の応答》
〜は…ますか。　―はい、…ます。　―いいえ、…ません。
《格助詞》〜を（対象）、〜に（場所）、〜に（時間）、〜に（行き先）、〜に（相手）、〜で（場所）、〜で（手段）、〜から（出どころ：時間、場所）、〜まで（着点：時間、場所）、〜φ（時間）
《疑問詞》何○（何時）、いつ
《かたまり》「歩いて」

第6課【食べたい！買いたい！】
《ボイス》〜を…たいです。（願望）

《モダリティ》…ませんか。(勧誘)
《文型》ＡはＢより…です。(比較)　ＡはＢの中でいちばん…です。(最上級)
《格助詞》～が(目的語)、～より(基準)
《とりたて助詞》～も　《並列助詞》～と　《準体助詞》～の
《疑問詞》どう

第7課【楽しかった旅行】
《動詞文》
～は…ました。～は…なかったです／ませんでした。
《動詞文の応答》
～は…ましたか。　―はい、…ました。　―いいえ、…ませんでした。
《ナ形容詞文》
～は…でした。～は…じゃなかったです／じゃありませんでした。
《ナ形容詞文の応答》
～は…でしたか。　―はい、…でした。
―いいえ、…じゃなかったです／じゃありませんでした。
《イ形容詞文》
～は…かったです。　～は…くなかったです／くありませんでした。
《イ形容詞文の応答》
～は…かったですか。　―はい、…かったです。
―いいえ、…くなかったです／くありませんでした。
《格助詞》～と(相手)

第8課【高校時代】
《名詞文》
～は…でした。～は…じゃなかったです／じゃありませんでした。
《名詞文の応答》
～は…でしたか。　―はい、そうでした。
―いいえ、そうじゃなかったです／そうじゃありませんでした。
《モダリティ》たぶん…です／ます。
《文型》～(というの)は…(の)ことです。(定義文)
《疑問詞》何○(何年)

調査資料

KYコーパス，鎌田修・山内博之，version 1.2, 2004.

引用文献

庵功雄 (2009)「地域日本語教育と日本語教育文法 ── 『やさしい日本語』という観点から ──」『人文・自然研究』3, pp. 126–141.
庵功雄 (2011)「日本語教育文法から見た『やさしい日本語』の構想 ── 初級シラバスの再検討 ──」『語学教育研究論叢』28, pp. 255–271.
庵功雄 (2015)「日本語学的知見から見た初級シラバス」本書所収.
山内博之 (2009)『プロフィシェンシーから見た日本語教育文法』ひつじ書房.

第4章

書き言葉コーパスから見た文法シラバス

橋本直幸

1. はじめに

　この論文では、日本語学習者による書き言葉のデータを資料として、それぞれの形態素や表現の出現頻度をもとに、学習者に指導すべき項目について検討を行う。学習者コーパスをもとにシラバスの再考を試みたものとして山内 (2009) がある。山内 (2009) は、話し言葉を考察対象とし、OPI の文字化資料である KY コーパスをレベルごとに形態素解析した後、それぞれのレベルにおける機能語の出現頻度から、初級シラバスを再考したものである。この論文では、山内 (2009) に倣い、対象を書き言葉に変え、同様の手法でシラバスを検討する。まず 2. で分析対象とする日本語学習者の書き言葉コーパスについて説明する。次に 3. で分析の方法について説明する。そして、4. でそれぞれの形態素や表現の出現頻度をもとに、分析を行う。5. では、各タスクごとの特徴について述べる。最後に 6. で結論を述べる。

2. データについて

　学習者コーパスをもとにシラバスを検討する場合、そのコーパスが学習者の能力別、またはレベル別に構成されていることが前提となる。日本語教育においても、近年、学習者の書き言葉コーパスが次々と構築、公開されるようになってきているが、この論文では、金澤 (編) (2014) で公開された

「YNU 書き言葉コーパス」(以下、「YNU コーパス」とする)を使用する。「YNU コーパス」は、横浜国立大学(Yokohama National University = YNU)に在籍する留学生(韓国語母語話者30名、中国語母語話者30名)および日本人大学生(30名)を対象として、それぞれの被調査者に、場面や読み手の異なる12の作文タスクを課したものである。その後、それぞれの作文を一定の基準に基づき評価した後、達成できたタスクの数に応じて、総合評価として被験者を3分の1ずつ「下位群」、「中位群」、「上位群」という3つのグループに分けている。従って、個別の作文タスクの評価については、あくまで「作文」という書かれた生成物に対する評価であり、それを学習者の日本語レベルと捉えることはできないが、総合評価に関しては学習者がもつある一定の書き言葉の能力を表していると考えることもできよう。ただし、YNU コーパスでは、もともとある程度のまとまった文章が書けるレベルの学習者を対象としており、その中で、下位群、中位群、上位群と分けている。従って、ここで「下位群」とされている学習者は、いわゆる「初級」レベルの日本語学習者というわけではなく、それよりも高い能力をもっていると考えられる。これは、コーパスという資料が、分析に堪えうるだけの語数の収集を前提としていることによるもので、とくに学習者の書き言葉コーパスなどではよくあることであろう。YNU コーパスも例外ではない。以上のような事情から、下位群、中位群、上位群について、「レベル」という語は使用せず、「グループ」という語を使用することにする。

　この論文では、山内(2009)の手法に合わせて、下位群、中位群、上位群それぞれのグループの機能語や表現の出現頻度を見ることによって、各グループの特徴を出す。YNU コーパスが12のタスクから構成されていることは既に述べたが、この論文では、まず、総合評価としてのタスク全体を通した使用数を見た後、とくに目立った特徴が見られるタスクについて個別にその詳細を見ていくこととする。なお、学習者に課した12のタスクは、表1に示したとおりである。紙幅の都合上、ここではタスクの内容を簡単に記すに留める。詳しいタスクの内容や、タスクの課し方などは、金澤(編)(2014)を参考にされたい。また、YNU コーパスは、それぞれのタスクで読み手に応じたスタイル選択や表現の配慮ができているかを確かめるため、読

み手が特定の相手かどうか、また親しいかどうかにも配慮したタスクの構成となっている。この点については、具体的な言語形式とも関わってくることが予想されるため、表1に挙げておく。

表1　YNUコーパスにおけるタスク一覧

	読み手	タスクの内容
タスク1	特定／疎／目上	面識のない先生に図書を借りる（メール）
タスク2	特定／親／同	友人に図書を借りる（メール）
タスク3	不特定	レポートでデジカメの販売台数に関するグラフを説明する
タスク4	特定／疎／目上	学長に奨学金増額の必要性を訴える（メール）
タスク5	特定／親／同	入院中の後輩に励ましの手紙を書く
タスク6	不特定	市民病院の閉鎖について投書する
タスク7	特定／疎／目上	ゼミの先生に観光スポット・名物を紹介する（メール）
タスク8	特定／親／同	先輩に起こった事件を友人に教える（携帯メール）
タスク9	不特定	広報誌で国の料理を紹介する
タスク10	特定／疎／目上	先生に早期英語教育についての意見を述べる（メール）
タスク11	特定／親／同	友人に早期英語教育についての意見を述べる（メール）
タスク12	不特定	小学生新聞で七夕の物語を紹介する

最後に、この作文の評価基準と言語形式との関係について述べておく。作文は、あくまでタスク達成の可否を基本に評価、判定を行い、それに加え、タスク達成に必要な情報の有無、誤用の有無、読み手への配慮の有無、スタイルの適否などから判定をしている。従って、具体的な言語形式の使用、不使用という観点からの評価は行っていない。つまり、「ある形態素が出たら上位群」というような評価はしていないということである。従って、それぞ

れの作文からグループごとにその形態素を観察するというこの論文での分析方法に問題はないと考える。

3. 分析の方法

　分析は山内（2009）に倣い、形態素解析器を用いて対象となるコーパスを形態素に分けた後、それぞれの形態素の出現頻度をタスク別、グループ別に観察する。形態素解析には UniDic-1.3.12（MeCab 版）を使用した。ただし、UniDic では同一形態素の用法の違いまでは判断できないため、必要に応じて文字列検索で該当する形式を拾った後、用法について観察した。また従来から言われているとおり、いわゆる中級以降の日本語教育では複合表現が重要となることから、この点にも着目する。ただし、短単位での解析を行う UniDic では、複合表現の抽出は不可能なので、適宜、文字列検索を行うことで対象となる表現を抽出し、その出現頻度を数えた。なお、各グループの総形態素数は、下位群 40,738、中位群 50,556、上位群 54,660 である。この論文では、出現頻度は相対頻度ではなく、純粋に使用された数で示すことにする。YNU コーパスでは、すべての学習者にまったく同じ課題を課しており、書かれた作文が短いということは、その分、必要な情報が欠けている可能性を示しており、そこにも意味があると考えるからである。

4. 分析の結果

　4. では、形態素解析の結果に基づき、品詞ごと、また文法カテゴリーごとに、下位群、中位群、上位群での出現頻度を見ていく。基本的には 12 のタスクすべてを対象とした頻度を観察する。その中で、とくに個別のタスクで差が顕著なものがあれば、そのタスクにおける下位群、中位群、上位群の出現頻度を見ることとする。

　まず、格助詞の出現頻度について示したものが、以下に挙げる表 2 である。「まで」は、UniDic の品詞タグでは「副助詞」となっているものであるが、主に到着点を表す格助詞としての用法のもののみ表 2 に入れている。どの格助詞も、概ね下位群から中位群、上位群へと上がるにつれ、作文の長さが長くなることと連動し、格助詞の使用も増えていることがわかる。

表2　各グループにおける格助詞の出現頻度

	下位群	中位群	上位群
が	938	1,196	1,259
に	1,230	1,700	1,859
を	1,104	1,436	1,570
へ	48	66	66
と	880	1,040	1,158
で	571	734	871
から	174	235	288
より	42	68	65
まで	94	99	100
の	1,616	2,022	2,235
について	66	94	92
にとって	18	22	19
において	0	8	9
に関して	8	4	10
として	43	46	55

　ここで、山内（2009）の話し言葉の結果と比較し、違いが顕著な点について述べておきたい。山内（2009）では、格助詞のうち、「へ」のみが、中級から上級、超級へとレベルが進むにつれて、出現数が減っていることに注目し、初級で「へ」を教えることに疑問を投げかけている。一方、YNUコーパスでは、「へ」の使用数の減少は見られない。これは、話し言葉と書き言葉の違いが反映されているものと考えられる。「に」との出現頻度の差は明らかであるが、それでも話し言葉との差が確実に見てとれることは興味深い。また、YNUコーパスにおける「へ」の使用についてさらに細かく見てみると、表3に示すとおり、中位群、上位群では、「留学生への奨学金」「家族への申し訳なさ」のように「の」と結合した例や、「100千台へと上昇しつつある」のように「と」と結合した例が見られる。

表3 「…への…」「…へと…」の出現頻度

	下位群	中位群	上位群
への	4	11	11
へと	0	0	4

　次に、とりたて助詞の出現頻度について表4に示す。これも格助詞と同じように下位群から中位群、上位群へと上がるにつれ、その使用が増えている。表2の格助詞にも言えることであるが、中位群、上位群の間には、下位群、中位群の間ほどの差はない場合が多い。

表4　各グループにおけるとりたて助詞の出現頻度

	下位群	中位群	上位群
は	1,423	1,657	1,674
も	555	684	710
ぐらい・くらい	46	41	47
だけ	50	65	64
など	40	62	99
しか	18	27	27
ほど	10	22	19

　このうち、「など」の出現頻度は、下位群と上位群で倍以上の開きがあり、とりたて助詞の中では比較的差が大きい。とくに表5に示すとおり、タスク7、タスク9で下位群と中位群の間にやや大きい差がある。

表5　タスク7、タスク9におけるとりたて助詞「など」の出現頻度

	下位群	中位群	上位群
タスク7　観光スポット紹介のメール	5	12	19
タスク9　広報誌での料理紹介	12	30	41

「など」は、本来的には、「AやBなど」「AやBやCなど」のように、複数の候補となる語を挙げた後に使用されるものであることから、語彙の豊富な上位群の学習者が、タスク7ではさまざまな観光スポットや、そこでの特産品の列挙の後に、また、タスク9では複数の食材名を列挙した後に使用している例が多いようである。

（1）　中国東北部は高麗人参、木耳、木の子、松子<u>など</u>の名産地です。
（タスク7-上位群-中国語母語話者C047）

（2）　味付けが甘く、干したなつめや蓮の実、葡萄<u>など</u>が宝石のように散り嵌められていることから、八宝飯と名づけられたのです。
（タスク9-上位群-中国語母語話者C001）

　次に、並立助詞の出現頻度について表6に示す。並立助詞については、山内（2009）では、「や」が中級以外でほとんど見られないこと、また、「と」が上級、超級において使用が増えていないことを指摘し、その一方で「とか」の使用が超級で上昇していることから、「や」や「と」が、「とか」に取って代わられてしまっているのではないかと述べている。これに対し、YNUコーパスでは表6に見るように、「とか」の使用は下位群、中位群、上位群と進むにつれ、減少している。

表6　各グループにおける並立助詞の出現頻度

	下位群	中位群	上位群
や	49	79	103
と	120	127	154
とか	53	22	17

　これも格助詞の「へ」と同じように、話し言葉と書き言葉というスタイルの違いに起因するものと考えられる。表7に、YNUコーパスの中でグループごとの差が顕著だったタスク5、タスク8、タスク9での「とか」の出現頻度を示す。このうち、タスク5、タスク9は全体の傾向と同じように上位群へと進むにつれ、その使用が減っている。一方、タスク8は、全体の数は少ないながら上位群が最も「とか」の使用が多い。携帯メールという話し

言葉に近い書き言葉の特性を上位群の学習者が理解している結果と考えられる。その一方で、タスク5の励ましの手紙もかなり話し言葉に近い文体と考えることができるが、上位群での使用は少ない。「手紙」と「携帯メール」という媒体の違いから来る改まり度の差を理解していることがうかがえる。

表7　タスク5、タスク8、タスク9における「とか」の出現頻度

	下位群	中位群	上位群
タスク5　後輩に対する励ましの手紙	19	9	6
タスク9　広報誌での料理紹介	12	1	1
タスク8　携帯メールによる事件報告	0	1	4

次に、助動詞について文法カテゴリーごとに表に示す。以下ではUniDicの品詞タグで「助動詞」とされたものを中心に見ていくが、単一の形態素としての助動詞だけでなく、「のではないか」や「なければならない」のように、同一の文法カテゴリー内で類義の表現として扱われる複合表現についても、適宜、分析の対象とする。

表8　各グループにおけるボイスに関わる助動詞の出現頻度

	下位群	中位群	上位群
(さ)せる	58	94	127
(ら)れる	97	135	160
(さ)せられる	2	4	4

山内（2009）では、OPIの初級で「(ら)れる」が非常に少なかったことから、受身を初級で教えても使いこなせるようにはなっていないと考え、初級文法として教える必要があるのか問題を投げかけている。YNUコーパスでは最初に述べたとおり、下位群とされた学習者であっても一定以上の作文が書ける能力を持っていることから、「(ら)れる」の使用も97例と比較的多い。ただし、タスク別に見ると、タスク4では、下位群が8、中位群が16、上位群が21と、下位群と上位群の差が比較的大きい。タスク4は、「留学

生会の代表として学長に奨学金増額を依頼するメールを書く」というタスクである。上位群では 21 例中 9 例が（3）のような「行われる」というかたちで現れている。

(3) 近頃行われた留学生会議で、留学生奨学金を設けたほうがよいのではないかという意見が上がりました。

(タスク 4-上位群-中国語母語話者 C039)

　この「行われる」という表現は、下位群、中位群ではともに 0 例である。また、「行われる」をはじめ、動作主の明示を避けるいわゆる「非情の受身」は、下位群では「開かれる」「開催される」の 2 例のみで、その他は、「選ばれる」「選抜される」「ストレスがかかられている（誤用）」のような典型的な受身と考えられるものである。中位群の結果もこれに近い。このことから、非情の受身は代表的な日本語教科書でも初級後半の指導項目として挙がっていることが多いが、実際はなかなか使用に結びついていないことが考えられる。

　次に、テンス・アスペクトに関わる表現の出現頻度を表 9 に示す。非過去時制を表す「る」などについては、無標の形式であることから形態素解析器での抽出はできなかった。また、「ている」「てある」「てしまう」「ておる」「ておく」については、UniDic では、接続助詞「て」と動詞「いる／ある／しまう／おる／おく」に分けられるため、文字列検索で抽出した。

表 9　各グループにおけるテンス・アスペクトに関わる表現の出現頻度

	下位群	中位群	上位群
た	1,062	1,379	1,493
ている	365	454	488
てる	70	85	64
てある	3	4	8
てしまう	31	57	47
ておる	16	48	84
ておく	11	18	43
とく	2	3	1

この中でとくにグループ別の差が顕著なのが、「ておる」「ておく」である。ともに、中位群と上位群の間に比較的大きな差が見られる。「ておる」は主に、タスク4（奨学金増額依頼のメール）に多くの使用例が見られる。「ている」の丁寧なかたちとして使用されているものであるが、下位群では「お世話になっております」や「返信おまちしております」のような定型表現で使用されている例が多いのに対し、上位群ではすべての「ている」に置き換わるかたちで「ておる」を使用している者もいる。

　　（4）　留学生会の例会でも、この問題がしばしば取り上げられております。2009年、「留学生30万人受け入れ計画」が日本政府により打ち出されて以来、2年が経っており、苦しい財政状況の中で、大学側も多々事情はあるかと思いますが、より多くの留学生に本学に入学してもらうという点においても、少しでも奨学金の枠を増やしていただければと考えております。
　　　　　　　　　　　　　　　（タスク4-上位群-中国語母語話者C001）

　また、「ておく」は、（5）（6）のようにタスク9での料理紹介に用いられているものが多い。これについても中位群と上位群との差が大きく、下位群2例、中位群6例、上位群12例である。

　　（5）　切り口同士がくっつけないようにほぐしておいてください。
　　　　　　　　　　　　　　　（タスク9-上位群-中国語母語話者C039）
　　（6）　ご飯の上に用意しておいた具材を載せます。
　　　　　　　　　　　　　　　（タスク9-上位群-韓国語母語話者K006）

　次に、モダリティに関わる表現の出現頻度を表10（次ページ）に示す。
　「らしい」が下位群10、中位群11、上位群28であり、下位群、中位群と上位群との間の差が大きいが、これはほとんどがタスク8（携帯メールによる事件報告）で、伝聞的に使用されているものである。表には挙げていないが、タスク8では、伝聞として使用される「んだって」もグループごとに顕著な差を示しており、下位群2、中位群5、上位群12である。用例を（7）に示す。

　　（7）　その後は結局救急車で病院まで運ばれて、翌日になってや意識が戻ったんだって。　　　（タスク8-上位群-韓国語母語話者K010）

「らしい」「んだって」のように伝聞を表す形式は、下位群、中位群での使用が難しい項目であることがうかがえる。なお、YNU コーパスにおける伝聞表現の分析は、金庭 (2014) が詳しい。

表10　各グループにおけるモダリティに関わる表現の出現頻度

		下位群	中位群	上位群
認識のモダリティ	だろう	11	20	19
	でしょう	32	54	55
	かもしれない	22	20	30
	にちがいない	0	2	1
	はずだ	10	10	10
	ようだ	11	17	16
	みたいだ	13	9	17
	らしい	10	11	28
	(し)そうだ	3	6	11
	(する)そうだ	15	9	12
	のではないか	7	7	40
評価のモダリティ	方がいい	25	18	29
	べきだ	14	19	16
	なければならない	26	22	14
	なくてはならない	7	11	11
	たらいい	6	7	8
説明のモダリティ	のだ	54	64	86
表出・働きかけのモダリティ	よう	12	7	11
	たい	96	114	100
	つもり	3	2	1

このほか、モダリティ形式のうち、際立って特徴的な値を示しているのは、認識のモダリティの中の「のではないか」という形式である。下位群、

中位群と、上位群の間の差が極めて大きい。「のではないか」という表現は、言い切りで使用される場合、「かな」や「だろうか」のような疑いの形式が付加される場合、「と思う」を付けて述べ立て文として使用される場合とで、相手に対する働きかけの度合いが異なってくるもので、コミュニケーション上、重要な違いがある。表11は、この「のではないか」が具体的に文脈の中でどのような形で使用されているかを示したものである。

表11 「のではないか」の出現形式

	下位群	中位群	上位群
のではないか。 んじゃないか。／んじゃない。	3	0	14
のではないかな。 んじゃないかな。	0	1	6
のではないでしょうか。 んじゃないでしょうか。	1	1	4
のではないか（な）と思う。 んじゃないか（な）と思う。	2	5	11
のではないかというN	1	0	5

興味深いのは、「のではないか（な）」という話者の判断を、「思う」という思考引用のかたちで述べ立て文として表現する「のではないか（な）と思う」という形式の使用が上位群で目立つことである。用例を（8）に示す。

(8) また、小学生3年生からだと子供の感性で楽しく学ぶこともでき、よりはやく英語に親しむことができるのではないかと思います。　　　　　　　　（タスク10-上位群-中国語母語話者C049）

読み手との「いま・ここ」でのやりとりができない典型的な書き言葉では、相手への働きかけの度合いが強い「のではないか」（「んじゃないか」）という形式よりも、相手の応答を要求しない述べ立て文で表現されることが一般的であり、上位群の学習者はそのことを理解しているものと考えられる。

これと同様に、希望を表す「たい」について、その出現形式を見たものが表12である。

表12 「たい」の出現形式

	下位群	中位群	上位群
たい (な)。	5	3	2
たいです。	11	10	6
たいと思う。	17	43	43

　ここでは、中位群、上位群で「と思う」を付加した述べ立て文としての使用が多いことがわかる。(9)が言い切りの例、(10)が述べ立て文として使用された例である。

(9)　この件について、ちょっと私の意見を言いたい。
　　　　　　　　　　　　(タスク6-下位群-中国語母語話者 C020)
(10)　○○市○○にある市民綜合病院を閉鎖する件について、意見を述べたいと思います。　　(タスク6-上位群-韓国語母語話者 K018)

　これは、山内(2009: 56)でも同様の指摘があり、「中級話者の発話は「表出」的であり、上級話者の発話は「述べ立て」的である」と述べられている。このことから、「述べ立て」的な表現は、話し言葉、書き言葉ともに高度であり、だからこそより洗練された表現であることを印象付ける重要なポイントであると考えることができよう。

　次に、接続助詞の出現頻度を表13(次ページ)に示す。

　接続助詞については、「けれど」の上位群での使用が目立つ。中でもタスク8(携帯メールによる事件報告)では、下位群7、中位群9、上位群23と、下位群、中位群と上位群の差が大きい。より詳細にその出現形式を見てみると、このうち、「んだけど」の使用が下位群0、中位群2、上位群9となっている。上位群で使用されている「んだけど」は(11)(12)のようなものである。

(11)　私もつい最近○○さんから聞いたんだけど、新歓で飲まされたせいなのか、その後カラオケで盛り上がってる最中倒れたって。
　　　　　　　　　　　　(タスク8-上位群-中国語母語話者 C058)
(12)　この前、内定先の新入社員歓迎会やったみたいで、そこで先輩の社員たちにどんどんお酒飲まされてさ、二次会でカラオケ行った

らしいんだけど、そこで歌っている途中でいきなり倒れちゃって、救急車で病院まで運ばれて、目がさめたら病院のベッドの上で朝 10 時ぐらいだったって。

(タスク 8-上位群-韓国語母語話者 K037)

表 13　各グループにおける接続助詞の出現頻度

	下位群	中位群	上位群
て・で	1,741	2,008	2,013
けれど	78	74	157
たら・だら	163	161	175
たり・だり	20	26	33
とき	37	64	51
から	157	128	132
が	136	245	223
し	49	36	36
ながら	22	31	36
と	82	143	116
ば	121	159	141
ので	93	112	159
のに	25	24	35

　この「んだけど」は、前提となることがらを提示する際に使用されるもので、とくにタスク 8 の携帯メールのように、限られた分量で相手の知らないストーリーを簡潔に述べる際に、本題に入る前の前提部分を表す表現として、非常に便利なものである。

　次に、接続詞の出現頻度を表 14 に示す。

表14　各グループにおける接続詞の出現頻度

	下位群	中位群	上位群
でも	54	23	20
では	21	36	314
それから	11	11	24
それで	30	39	41
そして	57	68	43
ですから	9	6	2
しかし	44	75	92
また	28	26	49
で	7	7	10
さて	2	8	20
しかも	1	6	10
さらに	4	7	7
および	0	3	9

　YNU コーパスにおける接続詞の実態については、金（2014）で、「そして」を中心に詳しく述べられている。金（2014: 284）では、「下位群と中位群では「そして」を多用している反面「また」の使用が少ないこと、逆に、上位群では「そして」の使用が減り「また」の使用が増える」ことを指摘している。さらに、タスク別に使用状況を見た結果、上位群の学習者は、「そして」が使用できる文章のジャンルについての理解がじゅうぶんであるが、中位群や下位群の学習者では、「そして」を文をつなぐ時のとりあえずの手段として使用していると結論づけている。YNU コーパスのような、いわゆる「中級」以降と思われる学習者を対象とした分析では、このような「過剰使用」についての研究も重要になってくると考えられる。なお、「でも」が上位群に向かうにつれ使用が減っていることは、「へ」や「とか」と同様、話し言葉と書き言葉の違いによるものであろう。

5. タスクごとの分析

4. では、各グループにおける主な形態素や表現に関して、その全体的な使用傾向を話し言葉の分析である山内（2009）と比較するかたちで確認した。実際には **4.** で見た以外にもさまざまな表現があり、いわゆる中級以降になると、単独の形態素という単位ではなく、既習の語を結合させた複合表現が、円滑にコミュニケーションをとるうえで、また、与えられたタスクを達成するうえで非常に重要となってくる。和栗（2005: 744）では、中級レベルの文法指導について「初級において学習するのは単純で応用範囲の広い表現である。しかし、中級に進むとより複雑で微妙、かつ個別的な表現が加わってくる。数多く現れる中級文型（機能語）を含む接続表現と文末表現などである。」と説明している。また、砂川（2003: 815）では、中級文型の種類として、「①既習の文型を組み合わせたり拡張したりして、より複雑な表現を可能にするもの、②さまざまな使用状況に応じた類義表現、③話し手の微妙な気持ちを伝える表現、④談話の展開にあずかる接続表現や前置き表現など」の4つを挙げている。**4.** で個別に指摘した、格助詞「へ」の他の格助詞との結合や、「のではないか」「んだけど」のような複合表現、「とか」や「ておる」などスタイルにあった形式の選択などがこれらに相当するものであろう。そしてこのような特定の場面や文体においてとくに使用される形式、言い換えると汎用性の低い表現は、当然ながら、適切な場面や文体とともに指導していくことが重要となる。そこで、**5.** では、YNUコーパスの「タスク別」という特徴を生かし、それぞれのタスクの中で、とくに下位群、中位群、上位群の間でその出現頻度に差が見られるものを挙げ、中級以降における書き言葉の指導項目選定のためのヒントとしたい。

表15 各タスクにおいてグループごとの出現頻度に差がある項目

	タスク	表現	下位群	中位群	上位群
1	図書貸与希望のメール（先生）	たいと思う	3	10	8
		〜まして、	6	15	11
		〜ておる	4	11	20
2	図書貸与希望のメール（友人）	かな	4	5	14
3	レポートでのグラフ説明	です・ます（文体）	50	11	4
4	奨学金増額依頼のメール	〜ておる	8	21	32
5	後輩に対する励ましの手紙	のではないか	8	8	42
6	病院閉鎖についての投書	など	2	5	11
7	観光スポット紹介のメール	など	5	12	19
8	携帯メールによる事件報告	んだけど	0	2	9
		んだって	2	5	12
9	広報誌での料理紹介	〜ておく	2	6	12
10	英語教育についての意見(先生)	〜ば嬉しい／幸いです	0	8	9
		のではないかと思う	1	1	9
11	英語教育についての意見(友人)	かな	1	13	16
12	小学生新聞での物語紹介	とくになし			

　個別の形態素という単位ではないので、**4.**の中で触れられていない項目もいくつかある。例えば、タスク1の「〜まして、」は(13)のようなものである。丁寧を表す「ます」のテ形というだけであるが、下位群では使いこなせていない。

(13)　実は、今、論本執筆をしておりまして、そのために『環境学入門』という本を参考にしたく、学校の図書館で探してみましたが、どうやらないようです。

（タスク1-上位群-中国語母語話者 C058）

また、タスク3は、レポートの一部としてグラフを説明するタスクであ

るが、下位群では20人中半数の10人が、です・ます体を使用している。です・ます体は一般にレポートで用いられる文体ではない（ちなみにタスク3では、作文の指示文に「下記の文章に続けて」として普通体で冒頭の一文を挙げている。文体の統一という点から考えても、です・ます体の使用は不適切と言える）。

　タスク10の「〜ば嬉しい／幸いです」という表現も、下位群ではまったく使用されていない形式である。

　　　（14）　以上、あまり役に立たない意見かもしれませんけれども、どうか先生の調査に少しは参考にしていただければ嬉しいです。
　　　　　　　　　　　　　　　　　（タスク10-上位群-韓国語母語話者K004）
　　　（15）　どうかお役に立てたら幸いです。
　　　　　　　　　　　　　　　　　（タスク10-上位群-韓国語母語話者K039）

　ここで見たような表現は、特定の場面に特化したものであったり、文体に関わるものであったりと、確かにこれまでの「文法」という観点には収まりきらないものであろう。しかし、それぞれのタスクを達成する上では非常に重要な文型である。中級の文法は、先に見た和栗（2005）や砂川（2003）のように、「複雑な」「個別的な」表現と説明されることが多いが、より具体的に学習者が必要とする言語活動に着目し、その言語活動を達成するための文法、表現を従来の枠にとらわれずに地道に拾い上げて行く作業が今後必要であろう。また、「書く」という言語活動は「話す」以上にその目的がはっきりしている。だからこそ、その目的を達成するための語彙や文法、表現の取捨選択は行いやすいと考えられる。これを可能にするためのさまざまなバリエーションの書き言葉コーパスの構築も必須であろう。

6.　おわりに

　この論文では、書き言葉コーパスを資料として、機能語や複合表現などの出現頻度を見ることにより、書き言葉として指導すべき項目について検討してきた。ここまで述べてきたことをまとめると、次の(16)から(18)のようになる。

　　　（16）　話し言葉コーパスと書き言葉コーパスとを比較した場合、「へ」

「とか」「でも」のように、文体により出現の傾向が異なるものがあるため、シラバスを考える際には注意が必要である。
(17) ある一定以上の能力をもつ学習者を対象としたシラバスを考える場合には、従来の文法という概念にとらわれず、複合形式や、汎用性が低くてもタスク達成に必要な項目を広く取り挙げる必要がある。
(18) 「書く」という活動は、「話す」活動に比べその目的が明確なので、シラバスを考える場合には、場面や読み手、書く媒体などがじゅうぶんに考慮されたデータを使用する必要がある。

　シラバスを構築する際に、それが話し言葉を対象としたものか、書き言葉を対象としたものかという点は明確に分けられるべきである。初級では汎用性の高い基本的な形式を一から教えていくことになるので、この区別はさほど重要ではないかもしれない。しかしレベルが上がるにつれ、学習者の属性や学習目的を反映したシラバスを準備する必要がある。当然、話し言葉としての日本語を学びたいのか、書き言葉としての日本語を学びたいのか、あるいはその両方なのかといったことも、シラバスに反映されなければならない。
　この論文は、あくまで YNU コーパスの結果に基づくものであり、別の書き言葉コーパスを用いると、また異なる結果になることもじゅうぶんありうる。汎用性の高い大規模コーパスの構築はもちろん重要であるが、その一方で、汎用性は低くてもコーパスの使用目的や内容が明確で統制がとれたものが、数多く準備されていることが望ましい。

調査資料

YNU 書き言葉コーパス（金澤裕之（編）（2014）『日本語教育のためのタスク別書き言葉コーパス』ひつじ書房）

引用文献

金澤裕之（編）（2014）『日本語教育のためのタスク別書き言葉コーパス』ひつじ書房．
金庭久美子（2014）「伝達表現と談話――「YNU 書き言葉コーパス」のタスク 8 に見られる伝達表現――」金澤裕之（編）『日本語教育のためのタスク別書き言葉コーパス』pp.

379-401，ひつじ書房．

金蘭美（2014）「「YNU書き言葉コーパス」における日本語非母語話者の接続詞の使用——「そして」の多用に注目して——」金澤裕之（編）『日本語教育のためのタスク別書き言葉コーパス』pp. 267-286，ひつじ書房．

砂川有里子（2003）「中級文型」小池生夫・河野守夫・田中春美・水谷修・井出祥子・鈴木博・田辺洋二（編）『応用言語学事典』p. 815，研究社．

山内博之（2009）『プロフィシェンシーから見た日本語教育文法』ひつじ書房．

和栗雅子（2005）「文法指導」日本語教育学会（編）『新版日本語教育事典』p. 744，大修館書店．

第5章

出現頻度から見た文法シラバス

岩田一成・小西　円

1. はじめに
1.1 シラバスを議論する必要性

　野田（編）（2005）が出版されてから、日本語教育文法という分野では文法シラバスを再検討すべきであるという提案が広がりを見せている（森・庵（編）2011、野田（編）2012など）。初級文法（この論文では国際交流基金・日本国際教育支援協会2002が定める4級を含む3級文法のことをこう呼ぶ）は指導項目が非常に多く、それらの取捨選択を考える時期にきていると言える。また岩田（2014）では、主要教材におけるその教育目標（話し言葉の習得を目指す／4技能の基礎を学ぶなど）と採択文法形式の関係を分析し、「教育目標は各教材が別々に設定しているが、採択文法はどれも変わらない」という指摘をしている。つまり、教育目標が話し言葉かその他かに関わらず文法シラバスはどれも変わらないのが現状である。

　日本語教育文法の先行研究は、個別の文法形式をテーマにしていることが多い。しかし、現場の日本語教師の方に研究成果を届けるには、ここで一度網羅的・体系的に文法シラバスを見直す必要があると考えている。具体的には、各文法形式の出現頻度を出して比較をしてみる。こういったデータの積み重ねが、初級として指導すべき文法、指導項目から削除してもかまわない文法の仕分け作業に貢献すると考えている。

1.2 先行研究

文法シラバスの各形式を網羅的・体系的に扱った先行研究としてはすでに、江田・小西 (2008) がある。小規模ではあるが、会話コーパス・小説コーパス・新書コーパスをそれぞれ 15 万字で作って検索をかけ、初級文法の出現頻度を公開している。また、書き言葉に特化しているが、森 (2011) では 2009 年度モニター公開版 BCCWJ (934,655 語) を用いて初級文法の出現頻度を抽出して公開している。学習者コーパスを扱ったものには山内 (2005) がある。こういった先行研究を踏まえると、森 (2011) と同じくらいの規模で日本語母語話者の話し言葉を扱ったものがまだないことになる。よってこの論文では話し言葉を分析する。

2 研究方法・研究目的・研究結果
2.1 研究方法―名大会話コーパスの分析―

この研究では、分析するためのデータとして「名大会話コーパス」を用いる。「名大会話コーパス」とは雑談を収録しているコーパス（自分の趣味や経験、将来の展望を相手に伝えている）である。名大という名前が付いているが、発話者はさまざまな出身者から構成され、また学生に限定しているわけではない。雑談は話し言葉の中の一部を切り取るに過ぎないが、調査データとして全く見当はずれだとは考えていない。例えば、小磯他 (2015) では会話行動の実態を解明するために、219 名の言語生活の記録を取っている。結果として、調査対象者の職業に関わらず、雑談が全体の 5 割以上を占めていると指摘している。また、西口 (2008) では、在日外国人に期待されているのは「実用日本語」ではなく雑談のような「おしゃべり日本語」である可能性が指摘されている。

この調査で用いた名大会話コーパスの使用データは、Data1–86 までの 68 時間分である (1,026,675 語)。これは形態素解析した際、エクセルの限界である 104 万行に収まる範囲での最大量である。使用したのは、①形態素解析済みのファイルと②語彙素だけをテキスト化して改行削除したファイルの二つである。コーパスを実際に操作する前に、前作業として 10 時間分の雑談を目で読んで頻出項目にチェックを付けている。

2.2　研究目的

　ここまでの議論を踏まえ、この論文の研究目的は会話における初級文法の各形式の出現頻度を明らかにし、リストを作成することである。なお、この論文では初級文法の中でも動詞に接続する形式に絞って議論を行いたい。初級文法には 160 項目の文法形式があり、そのすべてを対象にするのは範囲が広すぎることと、指示詞や疑問詞といった項目の出現頻度を調べても多くて当然で建設的な議論にはならないことが理由である。また、形式の設定基準は国際交流基金・日本国際教育支援協会 (2002) に準拠する。例えば、「のだ／んだ」は同一形式として扱われているが、「ので／んで」の「んで」は初級文法にない。そのためこの論文でも別形式として扱っている。

　まず、**3. 4.** で、日本語の話し言葉の現状を明らかにしたい。具体的には初級文法を参照しつつ会話コーパスに頻出する文法形式を洗い出す。続いて **5.** で、先行研究の書き言葉における出現頻度データと照らし合わせ、口頭表現出現率を出したい。森 (2011) のコーパスは、この論文のデータとサイズが同規模のため、両者の出現数が比較可能であると考える。こういったデータを提示することで、来るべきシラバス再編に貢献したい。

2.3　研究結果―高頻度項目―

　ここでは、この論文で扱うデータから、初級文法の枠内で高頻度のもの（表 1、次ページ）と初級文法では扱われていないけれど高頻度のもの（表 2、91 ページ）に分けて概観したい。

　表 1 の見方をここで解説する。「〜のだ／んだ」は、「〜ので／んで」293 ／ 401 例を除いた数を示している。「［動詞のて形］、」と言うのは、「動詞の［て／で］に活用するパターン」が「、」に前接するものをすべて抽出した数である。可能の各形式とは、「読める、書ける」といった五段動詞（可能動詞）1,929 例、一段動詞・サ変動詞は 497 例（ら抜き 209 を含む）、「できる」が 1,019 例である。「〜れる／られる（受身）」の数は用例を目で見て判定している。

表1　初級文法内で高頻度項目

〜のだ／んだ	10,112
〜から	7,953
[動詞のて形]、	4,531
可能の各形式	3,445
〜たら	3,406
〜と思う	2,522
〜と	2,008
〜とき	1,800
〜てくる	1,786
〜れる／られる（受身）	1,597
〜し	1,532
〜でしょう	1,436
〜ば	1,183
〜たい	1,080

　表2の見方をここで解説する。ここでの項目の認定は考察対象となっている初級文法と同機能のものに限っている。「〜けれど／けど」は6,715例中6,490例が「けど」である。「って」という形態素は12,607例あるが、ここでは'言う'の前に用いられている4,975例（確実に引用を表している例）、名詞に後接して文が続く「Nって〜」3,326例（「〜は」と置き換えられる提題が多い例）、文末の「〜って。」1,797例を分けてカウントしている。これらは位置の違いにより機能の違いがある程度予測できるからである。「〜わけだ」は初級文法ではなく2級レベルとされている（国際交流基金・日本国際教育支援協会2002）。

表2 初級文法外で高頻度出現項目

～てる	11,058
～けれど／けど	6,715
～って［言う］	4,975
Nって～	3,326
［動詞のて形］。	3,214
～ちゃう	2,114
～って。	1,797
～みたいだ	1,404
～かな	1,302
～わけだ	1,114

3. 各論①—伝達機能別に見る文法形式—

　ここでは伝達機能別に使われている文法形式を見ていきたい。ただ出現頻度情報を提示するだけでなく、教育志向で書かれている関連先行研究を参照しつつ論を進める。なお、各表にある下線付きの形式は初級文法にないものを表す。

3.1　時間に関わる情報／出来事の状態に関わる情報を伝える

　ある話題を提供するとき、その時間設定は重要である。いつの話なのかわからないことには、聞き手も内容をつかめない。またいくつかの出来事が連続する際には、その前後関係を示さねばならない。そういった形式をここでは見ていきたい（表3）。

表3　時間・順序に関わる形式

［動詞のて形］、	4,531
～とき	1,800
～てから	227
～ながら	220
～まえに	47
～たあとで	8

頻度が高いのは、「[動詞のて形]、」「～とき」といった多機能形式である。国際交流基金・日本国際教育支援協会（2002）では、「[動詞のて形]、」に以下の3機能を認めている。

（1）　あさおきて、新聞をよみます。（単純接続）
　　　　　かぜをひいて、学校を休みました。（理由）
　　　　　この本を使って勉強します。（副詞的に方法等を述べる）

「～とき」の時間設定についても、（2）のように、接続する動詞を活用させることで前後関係を示すことができる。（3）のような条件として用いることも可能である。

（2）　ごはんを食べるとき、「いただきます」って言う？
　　　　　ごはんを食べたとき、皿を洗ってる？
（3）　雨が降ったとき、運動会は休みになるよ。

「[動詞のて形]、」「～とき」の各機能をそれぞれ数えてみないことには詳しいことは言えないが、出現頻度の差は歴然としている。前後関係や同時関係を伝える特定形式「～てから」「～ながら」「～まえに」「～たあとで」より、多機能形式を多く使っているのではないかと考えられる。

表4　出来事の段階・状態に関わる形式

～てる	11,058
～ちゃう	2,114
～ている	669
～てある	496
～とく	361
～てしまう	131
～ておく	113
～ところだ	12

※関連副詞　ちょうど153、もう3,784、まだ（まだまだの18例を含む）691

次に表4を見る。出来事の段階や状態に関わる形式（いわゆるアスペクト形式）を見ると、初級文法にはない形式が上位を占めていることがわかる。

頻度の低い形式については、話し言葉「てある」の半数は「書いてある」であること（中俣 2011）や、「〜ているところだ」は役人の答弁と役所が発行する白書に多く、「言い訳」という文脈に偏っていること（中俣 2012）など、使用場面が限られていることが指摘されている。

表 5　出来事の繰り返し・並列に関わる形式

〜てる	11,058
[動詞のて形]、	4,531
〜し	1,532
〜たり	747
〜ている	669

次に表 5 を見る。繰り返しと言っても、「毎日恵比寿まで通って（い）る」という同じ行為の場合もあれば、「飲んだり食べたりした」のような場合もある。「〜し」は、国際交流基金・日本国際教育支援協会（2002）では、「あの人は頭もいいし、体も丈夫です」の並列用法だけ扱われているが、後で述べるように因果関係の用法もある。また、「コーヒーを飲んで話した」のような様態に近いものもここには含んでいる。中俣（2010）では、「P たり Q たりする」と言うのが教科書に出てくる規範であるが、話し言葉コーパスの結果では、出現頻度中最大の 46% が「P たりする」という形式で「P たり Q たりする」は 16% に過ぎないと指摘している。

3.2　話している内容がどの程度確実／正しいことなのか伝える

表 6 では、「〜と思う」が上位に来ているが、そのうち直前に意向形が来ている教科書定番形式は 284 例である。「〜でしょう」については確認と推量の用法がある。会話において推量の出現頻度は少なく、かつ専門家口調になるため注意が必要であると指摘されている（庵 2009）。また、「〜はずだ」「〜つもりだ」は言い切りの形で使わないため、教える際に工夫が必要なことも指摘されている（小林 2005、太田 2011）。推量形式と言われているものが初級文法にはたくさんあるが、どれも出現頻度が低いことを確認しておきたい。

表6　意志や推量に関わる形式

～と思う	2,522
～でしょう	1,436
～みたいだ	1,404
～かな	1,302
～ようだ	925
～だろう	871
～かもしれない	566
～そうだ（推量）	513
～らしい（名詞に接続しないもの）	410
～かも	182
～はずだ	87
～つもりだ	64

＊関連副詞　たぶん660、ぜったい394

表7　情報の出処を伝える形式

～って［言う］	4,975
～って。	1,797
～みたいだ	1,404
～ようだ	925
～らしい（名詞に接続しないもの）	410
～そうだ（伝聞）	41

　表7でも出現頻度上位は、初級文法以外の形式が占めている。「～みたいだ」は話し言葉の形式であり、技能別に考えるなら「～らしい、～ようだ」よりもこちらを採用すべきだという指摘はすでにある（野田2005）。また、「～そうだ」が会話に低頻度で出現することは小西（2011）にあり、「～んだって」が代わりに使われていることも指摘されている。表7からは、「～って言ってた」のような形式も「～そうだ」を補完している可能性があ

る。「〜そうだ」の使用場面を論じている研究もあり（中俣 2014）、「明日は雨が降るそうです」のような天気の話題としては使わず、「○○というお店があるそうです」という耳寄り情報を紹介することが主な機能であると指摘している。

3.3 ある二つ以上の事柄が因果関係・条件関係にあることを伝える

表 8 因果関係を表す形式

〜のだ／んだ	10,112
〜から	7,953
［動詞のて形］、	4,531
〜し	1,532
〜んで	401
〜ので	293

　理由や原因と言われる形式を表 8 にまとめている。このカテゴリーでは、古くから「〜から」と「〜ので」の使い分けが議論の対象となってきた。「〜から」を学習者が多用することを問題視し、丁寧な「〜ので」を使うべきであることはフォード丹羽（2005）を始め指摘が多い。そもそも学習者が「〜から」を使うのは、学習順序が先になっているからであるという指摘もある（大関 2008）が、表 8 からは、話し言葉における圧倒的なインプットの差も認められる。ここではむしろ、「〜から」「〜ので」以外の形式に注目してみたい。

　「〜のだ／んだ」の用法の一つとして理由を表すことができる（庵 2001）。また、（1）の例文のような［動詞のて形］による理由の表示も可能である。「お腹すいたし、もうお昼にしよう」のような「〜し」による理由用法もあるが、この理由用法は初級文法ではないため教材ではあまり扱われていない。会話に特化するなら、「〜んで」という形式も「〜ので」より高頻度である。

表9　条件関係を表す形式

〜たら	3,406
〜と	2,008
〜とき	1,800
〜ば	1,183
〜なら	269

　次に表9を見る。条件と言えば「と、ば、たら、なら」がセットで扱われるが、類似機能を持つ形式を初級で四つも扱う必要があるのかという疑問が白川（2005）で提示されている。表9を見ると、「〜なら」以外はある程度の出現頻度があるとわかる。「〜たら」と「〜ば」については地域によって容認度に差があり、大阪では「〜たら」が優勢、福岡では「〜ば」が優勢であると指摘されている（庵2001）。出現頻度を基に安易に結論を導くことはできないが、口頭コミュニケーションは瞬間反応が重要であるため、形式が多いと迷う可能性はある。

　低頻度の「〜なら」については、前接部分に偏りがあることが書き言葉コーパスを基に指摘されている（中俣2013）。そこでは名詞と代名詞が過半数を占めており、名詞は人を表すもの、代名詞は「それなら」が高頻度であるとされている。表9の話し言葉データでも同じく、269例中169例が名詞（準体助詞「の」を含む）・代名詞である。(3)のように「〜とき」が条件を表しうることは確認しておきたい。

3.4　影響を与えたり受けたりすることを伝える

表10　影響の授受（使役・受身など）に関する形式

〜れる／られる（受身）	1,597
〜て＋授受	1,067
〜せる／させる（使役）	346
〜せられる／される（使役受身）	71

ここでは、表10を見る。使役や受身についてコーパスデータから教育提言を行っている先行研究は多い（森2012、庵2013他）ため、話し言葉コーパスを用いているものに絞って紹介する。教材で採用されている自動詞・他動詞の違いからニ格・ヲ格を区別させるような練習は負担が大きいので避けるべきである（高橋・白川2006、岩田2012）とされている。表10から使役は相対的に出現頻度が低いこともわかる。「お母さんがうるさいから塾に行くのよ」のように「から」が使役を代用している可能性がある（「お母さんが私を塾に行かせたのよ」は自分が主語ではないので少し硬くなる）。

受身に関しては出現頻度がある程度あるが、前接する動詞を見ると「言う」が608例、「する」が285例で、両者を足すと過半数になる。動詞との組み合わせにさほどバリエーションがないことがわかる。

3.5 相手に働きかける

表11　相手への働きかけ（確認・許可・禁止・依頼・勧誘）に関わる形式

［動詞のて形］。	3,214
～でしょう	1,436
命令形（例　帰れ）	420
～てください	210
～てもいい	203
～たほうがいい	161
～なさい	113
～ましょう	95
～なくてもいい	44
～てはいけない	15
～ないでください	7
～なければならない	1

表11の各形式は、低頻度のものが並んでいる。［動詞のて形］で終止する

ものがすべて依頼の例と言うわけではないが、頻度は高い。使用コーパスが雑談データである制約もあるが、相手に働きかけるような文法項目はあまり使われていないことがわかる。ただし、もっと広い言語活動を収録しているコーパスでも高出現頻度項目は変わらないことを **5.2** で述べる。

　先行研究で、「〜ましょう」は使用条件が難しいこと（フォード丹羽 2005）、「〜てもいいです、〜てはいけません」（野田 2005）や「〜ないでください」（清 2012）はあまり使われていないことも指摘されているが、表 11 はそれらを数値で支持している。また、「〜たほうがいい」は、言い切りで使わないことも指摘されている（フォード丹羽 2005）。

　「〜なければならない」の出現頻度があまりに低いが、これは小西（2008）が指摘している通り、他の形式が使われているからである。今回のデータでは、「なきゃいけない 219 ／なきゃならない 13 ／なければいけない 3 ／なくてはいけない 0」という出現頻度になっている。

3.6　ここまでのまとめ

　ここまで伝達機能別に文法形式を見てきた。ここまでの議論をまとめて、話し言葉シラバスのためのポイントをまとめたい。

　まずは、初級文法で扱われていないけれど会話で頻出する形式がたくさんあることを明らかにした。教育目標を話し言葉に定めている教材は、それらを積極的に採用していく必要がある。「〜てる／〜ちゃう／〜とく／〜みたいだ／って。」などがその例である。また「〜し」の理由を表す用法は初級文法ではないのでそれもここに入るだろう。

　次に、多機能を持つ形式を積極的に採用し、一機能多形式の場合はなるべく一つに絞るべきである。前者については「[動詞のて形]、／〜とき／〜し／〜でしょう」などの形式が当てはまり、後者は、「と／ば／たら／なら」や「と思う／ようだ／そうだ／らしい／つもりだ／はずだ」の絞込み作業を言っている。こういった指摘は、田中（2005）で「て」ストラテジー／「たら」ストラテジーと呼ばれる現象とも一致し、学習者の習得という観点からも支持される。

　最後に、コーパス研究が盛んになるにつれて、ある形式とそれに結びつく

動詞のバリエーションが明らかになりつつある。「〜てある」の半数は「書いてある」であること、「〜なら」の前には名詞・代名詞が過半数を占めること、受身は「言う／する」で過半数を占めること、こういった情報は有効に活用されるべきである。

4. 各論②―その他の注意事項―

ここまで伝達機能別に、話し言葉に必要な文法形式を見てきた。ここでは収集したデータを基に、伝達機能別ではなく違う角度から話し言葉と文法形式に関わる議論を少し提示したい。

4.1 書き言葉形式／話し言葉形式

まず、一般に書き言葉形式／話し言葉形式と呼ばれているものが、どういった出現頻度で現れるかを表12に示した（出現頻度が高いほうに下線を引いてある）。ここからわかることは、一般に話し言葉形式であると言われるものが、必ずしも話し言葉で優勢ではないということである。「〜かもしれない：かも／〜ていく：てく」などは出現頻度が逆転している。

表12 書き言葉形式と話し言葉形式の比較

〜ている：てる	669：11,058
〜てしまう：ちゃう	131：2,114
〜ようだ：みたいだ	925：1,404
〜ていく：てく	566：374
〜かもしれない：かも	566：182
〜ので：んで	293：401
〜ておく：とく	113：361

4.2 名詞述語文の普通体

国際交流基金・日本国際教育支援協会（2002）は「名詞＋だ」を普通体としている。しかも、普通体の疑問文が提示されていないため、丁寧体から類推して「名詞＋か」で理解する学習者がいる。こういった現状は、この論文

のコーパスデータに合わない。名詞述語文を見るため、「だ。」となる文字列をカウントしてみると1,217例あり、その中で「名詞＋だ。」となるのは206例であった。内訳の上位を見ると「本当だ」(41例)、「駄目だ」(10例)、「～そう(伝聞)だ」「～わけだ」(共に7例)であり、抽象名詞やナ形容詞が名詞としてカウントされ使われている。ここから普通名詞で「私は学生だ」「彼は従兄弟だ」「これはマウスだ」のような使い方は多くないことがわかる。一方、「名詞。」で文が終わるものは6,422例あり、圧倒的に多いことがわかる。同様に「？」の前に来る終助詞を見ると、「の」1,592例、「か」136例と「の」が多い。この論文で用いているデータは文末「。」が78,394例あり、そのうち最後もしくは最後から2番目に「です・ます」が来るのは5,301例である。つまり、6.8%のみが丁寧体で進行しており、ほとんど普通体である。名詞述語文の普通体の形式として提案するなら、「名詞。」「名詞＋の？」という形式になる。

4.3 「て／で」の理解に向けて

　三つ目に音声言語の視点から議論を提示したい。この論文のデータでは「て／で」という音を含む文法形式が非常に多く出てきている。

表13　「て／で」の音を持つ代表的な形式

って	12,607
[動詞のて形]	20,963
接続詞　で	2,077

「って」は多機能である。「って」が「言う」という動詞に続くものだけでも4,975例あり、これらは引用のマーカーとして使われている。「Nって」となると提題や「という」の意味になり、3,326例ある。「って。」という文末形式になると1,797例で、引用や強調などいろいろな意味になる。動詞のて形にしても単なる文末形式から、依頼形式までさまざまな機能を持つ。学習者は「て／で」という音が相当聞こえており、瞬時にその意味を判断しなければならない。日本語学習者の母語は、有声音／無声音の区別をしない言語

が多いことも勘案すると、「て／で」の理解は相当難しいのではないかと考える。こういった視点でのシラバス作りも必要であろう。

4.4　話し言葉の文末とは

最後に話し言葉の文末について議論したい。文末がどういう形で会話が進行するのか、データを基に考えたい。表14には文末形式が多い順に並んでいる。これは「〜けれど／［動詞のて形］／〜って／〜から」などの接続形式が含まれており、これらは文末として機能していることを示唆している。田（2013）では「けど」類に関して、全く同じ主張をしており、話し言葉の文法を現在より柔軟に設定する必要があるだろう。

表14　「。」の前に来る上位形式

ね	11,589	た	2,467
うん	5,025	な	2,118
よ	4,136	けれど	1,907
か	3,393	って	1,797
［動詞のて形］	3,214	です	1,704
の	2,701	から	1,626
だ	2,529		

5.　会話における初級文法各形式の出現頻度

5.1　口頭表現出現率—書き言葉データと話し言葉データの比較—

ここまで分析に用いてきた名大会話コーパスの出現頻度を、この論文のデータと同規模の書き言葉のデータ（森2011）を用いて比較してみたい。その際、初級項目を全部提示すると非常に多くなるため、岩田（2014）を参考にコア文型に絞って提示する。コア文型には国際交流基金・日本国際教育支援協会（2002）の調査結果に基づき、当時の教材に採択率が高かったもの（採択6以上）、かつ90年以降の教科書採択率が高いものだけを抽出している。

表15の見方をここで解説する。口頭表現出現率とは、［話し言葉の出現

頻度÷話し言葉と書き言葉の出現頻度の和]で計算したものである。下線付きの数字は森(2011)で扱っていないため今回筆者が森氏からお借りしたデータを基に抽出して補てんしたものである。一形式が複数機能を持ち機能別にそれらの頻度を抽出している場合、「〜そうだ(兆候)」のように括弧の中に機能を示してある。

表15　コア文型の出現頻度と口頭表現出現率

順位	項目	話し言葉	書き言葉	計	口頭表現出現率	話し言葉代換形式
1	〜のだ／んだ	10,112	2,263	12,375	81.7%	
2	〜ている	669	7,624	8,293	8.1%	てる 11,058
3	〜から	7,953	299	8,252	96.4%	
4	[動詞のて形]、	4,531	2,344	6,875	65.9%	
5	〜れる／られる（受身）	1,597	4,972	6,569	24.3%	
6	可能の各形式	3,445	3,068	6,513	52.9%	
7	〜たら	3,406	584	3,990	85.4%	
8	〜と	2,008	1,553	3,561	56.4%	
9	〜と思う	2,522	843	3,365	74.9%	
10	〜ようだ	925	2,362	3,287	28.1%	みたいだ 1,404
11	〜てくる	1,786	1,085	2,871	62.2%	
12	〜ば	1,183	1,376	2,559	46.2%	
13	〜とき	1,800	451	2,251	80.0%	
14	〜でしょう	1,436	762	2,198	65.3%	
15	〜し	1,532	297	1,829	83.8%	
16	〜たい	1,080	649	1,729	62.5%	
17	〜て＋授受	1,067	544	1,611	66.2%	
18	〜せる／させる	346	852	1,198	28.9%	
19	〜が	132	999	1,131	11.7%	けれど／けど 6,715
20	〜たり	747	189	936	79.8%	
21	〜てみる	479	344	823	58.2%	
22	〜かもしれない	566	194	760	74.5%	かも 182
23	〜ので	293	432	725	40.4%	んで 401
24	〜のに	665	59	724	91.9%	

25	～なら	269	410	679	39.6%	
26	～てある	496	106	602	82.4%	
27	～てください	210	368	578	36.3%	
28	～そうだ（兆候）	513	38	551	93.1%	
29	～てから	227	129	356	63.8%	[動詞のて形]、4,531
30	～ながら	220	79	299	73.6%	[動詞のて形]、4,531
31	～ことができる	42	253	295	14.2%	
32	～ておく	113	146	259	43.6%	とく 361
33	～てもいい	203	43	246	82.5%	
34	～たことがある	173	73	246	70.3%	
35	～たほうがいい	161	77	238	67.6%	
36	～てしまう	131	71	202	64.9%	ちゃう 2,114
37	～ましょう	95	104	199	47.7%	
38	～かどうか	91	105	196	46.4%	
39	～れる／られる（尊敬）	93	101	194	47.9%	
40	～はずだ	87	64	151	57.6%	
41	～なければならない	1	126	127	0.8%	なきゃいけない 219
42	～なさい	113	8	121	93.4%	
43	～せられる／される	71	49	120	59.2%	
44	お～になる	73	28	101	72.3%	
45	～ところだ	12	83	95	12.6%	
46	～つもりだ	64	28	92	69.6%	
47	～なくてもいい	44	22	66	66.7%	
48	～ことにする	22	36	58	37.9%	
49	～てはいけない	15	29	44	34.1%	
50	～そうだ（伝聞）	41	2	43	95.3%	って言う 4,975、他
51	～ないでください	7	5	12	58.3%	

　この表から、合計出現頻度が 100 以上で、かつ口頭表現出現率が 70％ 以上のものには、「～のだ／んだ」「～から」「～たら」「～と思う」「～とき」「～し」「～たり」「～かもしれない」「～のに」「～てある」「～そうだ（兆候）」

「〜ながら」「〜てもいい」「〜たことがある」「〜なさい」「お〜になる」がある。これらは書き言葉と比較したときに話し言葉としての重要度が高い項目である。

5.2 使用コーパスの検証

　この論文の結果の妥当性を確認するために、江田・小西（2008）の結果を表15に流し込んで比較してみた。『名大会話コーパス』（「名大」）は雑談を収録しているため出現形式に偏りが出るのではないかという批判を検証するためである。江田・小西（2008）では『男性のことば・職場編』（「職場」）を用いている。職場の発話を録音したものであり、会議・打ち合わせ・報告だけでなく、雑談も含まれている。発話者は男性であるが、周りには女性もいるので女性の発話も録音されている。先行研究と比較するに当たり、項目の統一作業を行い、お互いが扱っていないデータは削除した。この論文は動詞に関わる文型で教科書採択率の高いものだけを対象としているが、江田・小西（2008）では格助詞や終助詞も扱っている。一方、江田・小西（2008）では、当時の技術的な限界から、「[動詞のて形]、」「〜し」といった一拍の動詞接続形式を扱っていない。これらお互いが扱っていないものを削除し、文型の集計方法を統一した。江田・小西（2008）に合わせて、「〜てしまう」に「ちゃう」、「〜ている」に「〜てる」を加算した。また、「〜て＋授受」は「あげる／もらう／くれる」に分けて出現頻度を抽出している。こういった統一作業を経た出現頻度の高い上位15項目が以下の表16になる。

　下線が付いた「〜ようだ」「〜ので」はこれらの研究で結果が一致しない項目である。その他はすべて一致している。会話の場面によらず上位15項目はほとんど変わらないことがわかるだろう。「〜ので」が「職場」に多いのは、フォーマルな場面が多いことから説明ができる。

表16　研究結果と江田・小西（2008）の比較（上位15項目）

この論文での頻出文法（名大）	先行研究での頻出文法（職場）
～ている（てる）	～のだ／んだ
～のだ／んだ	～ている（てる）
～から、（理由）	～から、（理由）
可能動詞＋～れる／られる（可能）	～ので（んで）、
～たら、	～たら、
～と思う	～てしまう（ちゃう）
～てしまう（ちゃう）	～と、
～と、	～ば、
～とき、	～でしょう
～てくる	～と思う
～れる／られる（受身）	可能動詞＋～れる／られる（可能）
～でしょう	～れる／られる（受身）
～ば、	～とき
～たい	～てくる
～ようだ	～たい

6. 長期目標と短期目標

　この論文の 3. 4 .5. で提示してきた基礎データから、話し言葉シラバス構築に向けた議論が可能であろう。具体的には、3. 4. で、初級文法にさらに追加すべき文法形式を見てきた。5. では初級文法の出現頻度を話し言葉と書き言葉に分けて提示した。これらは既存の初級文法項目について取捨選択の材料として使えるはずである。口頭表現出現率の高いものを採用すればよい。こういったシラバス再編に向けた基礎データの提供は、言わば長期目標とでも言うべきものである。一方、短期的にも基礎データは有用であると考える。

　この論文で提示するデータは、明日の授業から使えるものであると考えている。初級の教育現場では、選んだ教科書のトータル課数を学習時間数で割って教えることが多いのではないだろうか。つまり、教材自体の輪切りが実質上のカリキュラムとなっている（可能性がある）。ここまで見てきた出

現頻度情報から、じっくり時間をかけるべき項目、ドリルもなしでさらっと終わってしまう項目の区別が可能になる。また、「これは話し言葉ですよ」という指導の際にも、どの程度話し言葉寄りなのかという程度を口頭表現出現率から読み取れる。ただし、表15の「～そうだ（伝聞）」のように出現頻度が低い場合、口頭表現出現率が高くてもあまり意味がないということは注意が必要である。

7. おわりに

この論文では、名大会話コーパスを用いて、日本語母語話者が話し言葉で用いる文法形式を一覧にして基礎データを提示した。しかし、そもそも母語話者の発話を規範にしてシラバスを作ることの意味は何なのか考えておかねばならない。母語話者がこういう話し方をするからと言って、必ずしも学習者が真似をする必要はない。出現頻度とは、学習者が耳にする確率を表している程度に過ぎないからである。ただし、話し言葉で使われている形式の洗い出しや、話し言葉／書き言葉の比較においてはある程度意味を持つのではないかと考えている。

日本語の話し言葉と書き言葉が絶望的にかけ離れていることを理由に、当時の文部大臣森有礼が英語採用論を展開したのは、ほんの百数十年前である。「現在でも話し言葉と書き言葉は完全に同一ではない」という認識をここで再確認しておきたい。この論文の基礎データが現場の教師の方にとって意義のあるものだと信じている。

調査資料

名大会話コーパス，国立国語研究所（https://dbms.ninjal.ac.jp/nuc/index.php?mode=viewnuc）
　　　［2014年9月アクセス確認］

引用文献

庵功雄（2001）『新しい日本語学入門』スリーエーネットワーク.
庵功雄（2009）「推量の「でしょう」に関する一考察――日本語教育文法の視点から――」『日本語教育』142, pp. 58–68.

庵功雄 (2013)「公用文書書き換えコーパスの統語論的分析 —— 受け身を中心に —— 」『人文・自然研究』7, pp. 4–21. 一橋大学 大学教育研究開発センター.

岩田一成 (2012)「初級教科書における使役の「偏り」と使用実態」『日本語／日本語教育研究』3, pp. 21–37.

岩田一成 (2014)「初級シラバス再考 —— 教材分析とコーパスデータを基に —— 」第 9 回国際日本語教育・日本研究シンポジウム大会論文集編集会 (編)『日本語教育と日本研究における双方向性アプローチの実践と可能性』pp. 647–656, ココ出版.

大関浩美 (2008)「学習者は形式と意味機能をいかに結びけていくか —— 初級学習者の条件表現の習得プロセスに関する事例的研究 —— 」『第二言語としての日本語の習得研究』11, pp. 122–140.

太田陽子 (2011)「学習者の産出例から運用のために必要な情報を考える —— ハズダの共起表現と類義表現に着目して —— 」森篤嗣・庵功雄 (編)『日本語教育文法のための多様なアプローチ』pp. 129–151, ひつじ書房.

小磯花絵・土屋智行・渡部涼子・横森大輔・相澤正夫・伝康晴 (2015)「均衡会話コーパス設計のための一日の会話行動に関する調査 —— 中間報告 —— 」『第 7 回コーパス日本語学ワークショップ予稿集』pp. 27–34, 国立国語研究所.

国際交流基金・日本国際教育支援協会 (2002)『日本語能力試験出題基準　改訂版』凡人社.

小西円 (2008)「実態調査からみた「義務の表現」のバリエーションとその出現傾向」『日本語教育』138, pp. 73–82.

小西円 (2011)「使用傾向を記述する —— 伝聞の［ソウダ］を例に —— 」森篤嗣・庵功雄 (編)『日本語教育文法のための多様なアプローチ』pp. 159–181, ひつじ書房.

小林ミナ (2005)「コミュニケーションに役立つ日本語教育文法」野田尚史 (編)『コミュニケーションのための日本語教育文法』pp. 23–41, くろしお出版.

江田すみれ・小西円 (2008)「3 種類のコーパスを用いた 3 級 4 級文法項目の使用頻度調査とその考察」『日本女子大学紀要』57, pp. 1–28.

白川博之 (2005)「日本語学的文法から独立した日本語教育文法」野田尚史 (編)『コミュニケーションのための日本語教育文法』pp. 43–62, くろしお出版.

清ルミ (2012)「日本語教師には見えない母語話者の日本語コミュニケーション」野田尚史 (編)『日本語教育のためのコミュニケーション研究』pp. 43–62, くろしお出版.

高橋恵利子・白川博之 (2006)「初級レベルにおける使役構文の扱いについて」『広島大学日本語教育研究』16, pp. 25–31.

田中真理 (2005)「学習者の習得を考慮した日本語教育文法」野田尚史 (編)『コミュニケーションのための日本語教育文法』pp. 63–82, くろしお出版.

田昊 (2013)「「言いさし」の「けど」類の使用実態に関する一考察 —— 日本語教育文法の視点から —— 」『日本語教育』156, pp. 45–59.

中俣尚己（2010）「現代日本語の「たり」の文型 —— コーパスからみるバリエーション ——」『無差』17，pp. 101–113.

中俣尚己（2011）「コーパス・ドライブン・アプローチによる日本語教育文法研究——「てある」と「ておく」を例として——」森篤嗣・庵功雄（編）『日本語教育文法のための多様なアプローチ』pp. 215–233，ひつじ書房．

中俣尚己（2012）「「ている」と「ているところ だ」」『日本語教育国際研究大会名古屋 2012 パネルセッション「実質語との共起に着目するコーパスを用いた文法研究 —— 明日から教室で使える情報を取り出す方法 ——」発表資料』

中俣尚己（2013）「日本語教育における例文作りのためのコーパス研究 —— 条件の「なら」を例として ——」『京都教育大学国文学会誌』40，pp. 1–11.

中俣尚己（2014）「伝聞の「そうだ」が伝えるもの —— 機能語と実質語のコロケーション研究 ——」『京都教育大学国文学会誌』41，pp. 1–17.

西口光一（2008）「市民による日本語習得支援を考える」『日本語教育』138，pp. 24–32.

野田尚史（2005）「コミュニケーションのための日本語教育文法の設計図」野田尚史（編）『コミュニケーションのための日本語教育文法』pp. 1–20，くろしお出版．

野田尚史（編）（2005）『コミュニケーションのための日本語教育文法』くろしお出版．

野田尚史（編）（2012）『日本語教育のためのコミュニケーション研究』くろしお出版．

フォード丹羽順子（2005）「コミュニケーション能力を高める日本語教育文法」野田尚史（編）『コミュニケーションのための日本語教育文法』pp. 105–125，くろしお出版．

森篤嗣（2011）「『現代日本語書き言葉均衡コーパス』コアデータにおける初級文法項目の出現頻度」森篤嗣・庵功雄（編）『日本語教育文法のための多様なアプローチ』pp. 57–78，ひつじ書房．

森篤嗣（2012）「使役における体系と現実の言語使用 —— 日本語教育文法の視点から ——」『日本語文法』12 (1)，pp. 3–19.

森篤嗣・庵功雄（編）（2011）『日本語教育文法のための多様なアプローチ』ひつじ書房．

山内博之（2005）「日本語教育における初級文法シラバスに関する一考察」『實踐國文學』67，pp. 1–11.

第6章

生産性から見た文法シラバス

中俣尚己

1. はじめに

　近年、コーパスを使った研究が広く行われ、その中には前接動詞に注目したものもある（清水 2009、田 2013）。そして文法項目の中には、前接動詞に著しい偏りを見せるものが存在する。例えば「てある」は話し言葉では「書いてある」だけで5割近い割合を占め、「置いてある」がさらに1割を占めることがわかっている（中俣 2011）。

　このような偏りは教育において重要な意味を持つ。つまり、初級で「てある」の授業を行う時は、「書いてある」「置いてある」を重点的に教えるべきで、「開けてある」「冷やしてある」のように様々な動詞を使ってドリル練習をしても効果は薄いということになる。他方、「ている」などは色々な動詞と接続するため、ドリル練習は効果があると言えるだろう。

　そうすると、次のような疑問が浮かび上がる。どの項目がドリル練習をしたほうがよい項目で、どの項目がしなくてもよい項目なのか。この疑問を明らかにするためには、「どれだけの種類の動詞と結びつくか」という度合いを数値化して比較する必要がある。

　この論文ではこの「どれだけの種類の動詞と結びつくか」という度合いを「生産性」（productivity）と呼び、初級文法項目を対象にその数値化を行う。さらに、生産性が学習難易度と関係していることを示し、それを元に初級シ

ラバスを再考する。

　以下、**2.** で生産性の先行研究を概観する。**3.** ではこの論文での生産性の計算方法を、**4.** では使用したデータについて説明する。**5.** ではランキングと性質を論じる。そして **6.** で生産性が難易度と関係していることを示し、それを元に **7.** でシラバスに対する提案を行う。**8.** はまとめである。

2.　先行研究
2.1　生産性と2種類の頻度

　この論文の主題である「生産性」(productivity) という用語はもともと形態論の分野、特に接辞の研究において使われていた。議論の対象は主に欧米の言語における過去接辞の規則変化 (play–played) と不規則変化 (sing–sang)、あるいは複数接辞の規則変化 (cup–cups) と不規則変化 (ox–oxen) などである。規則変化は文法規則による生成、不規則変化はレキシコンへの貯蓄という2通りの方法で処理されるとする生成文法家 (Pinker & Prince 1994) と、ネットワークモデルによる統一的な説明を試みる認知言語学者 (Bybee 1985、1995) の論争があった。

　ここで Bybee (1995) は生産性について重要な指摘を行っている。生産性を決めるのはその形式の Token 頻度ではなく、Type 頻度であるということである。Token 頻度はテキストに出現した総語数のことで、Type 頻度とは異なり語数のことである。例えば、「私の家の犬」は、Token 頻度は5、Type 頻度は4となる。

　Croft & Cruse (1999) から例を挙げると、過去接辞 -ed は flew や blew などにしか使われない過去接辞 -ew よりもはるかに Type 頻度が多い。すなわち、-ed で終わる動詞の種類が多い。そのため -ed のスキーマの方が強く強化され、あらゆる場面に適用され、生産性が高くなるのである。逆に -ew が不規則的な変化に見えるのは、Type 頻度が少ない結果と言える。

　このように、欧米の言語の接辞研究の文脈で生産性という概念が用いられてきた。しかし、Type 頻度やスキーマという概念は日本語の種々の文法項目とそれに接続する動詞にも当てはまるものである。この論文では従来の生産性という概念を日本語の初級文法項目にまで拡張することを試みる。ただ

し、先行研究が規則動詞と不規則動詞のような、生産性の高低が直感でわかるような形式から出発しているのに対して、この論文はシラバスへの応用を前提とするため、直感ではとらえられないレベルの生産性の違いを可視化することが必要である。そのため、生産性の計算方法についても先行研究以上の工夫が必要となる。

2.2 Type 頻度は直接比較できない

コーパス調査を行い、実際にデータを集めると、単純に Type 頻度を比較するわけにはいかないということに気づく。表 1 は 4. で述べる調査で得られた「た後」と「ておく」の Token 頻度と前接動詞の Type 頻度である。

表 1 「た後」と「ておく」の Token 頻度と前接動詞の Type 頻度

	前接動詞の Type 頻度	Token 頻度
た後	2,409	9,711
ておく	2,425	31,801

この 2 項目の生産性はほぼ同じであると主張してよいだろうか。この場合は Token 頻度が小さい「た後」の方が生産性が高いと考えられる。もう少しモデル化して考えると、同じ Type 頻度が 10 であっても、Token 頻度が 10 の時の Type 頻度 10 と Token 頻度が 100 の時の Type 頻度 10 では意味合いが異なる。前者は Token 頻度があと 10 増えれば Type 頻度も大きく増加する可能性が高い。一方、後者では Token 頻度があと 10 増えても Type 頻度が 2 倍近く増加するということは考えにくいだろう。

つまり、生産性を数値化する際は Token 頻度に配慮して Type 頻度を比較する必要があるということである。

2.3 Token 頻度の影響を受けすぎてもいけない

Token 頻度に配慮して Type 頻度を比較する際に、最初に思いつくのは Type 頻度を Token 頻度で割った値、コーパス研究でよく用いられる TTR (Type-Token Ratio) という値を利用することである。この指標を使って試

みに 4. で述べる調査で得られた「ている」と「てある」の生産性を計算すると表2のようになる。

表2　TTRによる「ている」「てある」の生産性の計算

	Token 頻度	前接動詞の Type 頻度	TTR	上位10語の割合
ている	985,113	20,907	0.021	24.91%
てある	15,088	1,217	0.081	55.37%

　「てある」は他動詞にしか接続せず、「ている」は自動詞と他動詞に接続することから、「ている」の方が圧倒的に生産性が高いことが予想される。上位10語の割合も「ている」の方が小さく、これは「ている」が様々な種類の動詞と結びついていることを示している。しかし、TTRの欄を見ると、「ている」の方が値が小さくなっており、これは事実に反する。このような結果になるのは「ている」のToken頻度があまりにも多いため、TTRに影響を与えすぎてしまうからである。TTRはToken頻度の影響を受けすぎることがすでに指摘されており（石川2011）、単純にToken頻度で割るという処理ではうまくいかないのである。

3.　生産性の計算方法

　2. での考察から、求められる生産性の計算方法は、Token頻度に適切に配慮しながらType頻度を比較できるものでなければならない。しかし、ア・プリオリにどのような計算方法がよいかということはわからないので、7つの候補を立て、実際に大規模データを使ってそれぞれの計算方法を試し、その結果から最適な計算方法を選び出すという経験的な手法をとった。7つの候補は以下の通りである。

　　（1）　Guiraud Index
　　（2）　HardenのC
　　（3）　上位10語のカバー率
　　（4）　標準化TTR
　　（5）　修正 Perplexity

（6）ジニ係数
（7）エントロピー

各候補の計算方法や1つの指標を選び出すプロセスの論証に関してはやや専門的になるので別稿（中俣 2015b）に譲る。検討の結果、（1）Guiraud Index と同じ式を使うのが最も優れた指標であることがわかった。これは以下の式で示される。

$$p = \frac{\text{Type}}{\sqrt{\text{Token}}}$$

この論文で扱う文法項目に則して書き直すと以下のようになる。

$$生産性指数 = \frac{前接動詞の種類数}{\sqrt{項目の出現数}}$$

この計算方法には以下のようなメリットがある。
・結果が0から30という扱いやすい範囲に収まる。
・初級項目 103 項目がほぼ正規分布する。
・Token 頻度の影響が小さい。
・後述する難易度に対する U 字効果が顕著である。
・計算が容易である。

4. 使用したデータ

ここでは、調査に使用したデータについて説明する。基本的には中俣（2014）を作成したときと同じデータを使用している。庵ほか（2000）の見出しから、動詞に接続する 103 項目を調査対象とした。

次に、『現代日本語書き言葉均衡コーパス』(BCCWJ) の検索アプリケーション『中納言 1.1.0』を用い、長単位検索モードを使って文法項目の直前に接続する動詞と、文法項目の前に助動詞を1つ挟んで接続する動詞を全て検索、ダウンロードした。具体的には以下の通りである。

「食べ／ている」「食べる」は「ている」の前接動詞としてカウント。
「言わ／れ／ている」「言う」は「ている」の前接動詞としてカウント。
「殴／られ／続け／ている」「殴る」は「ている」の前接動詞としてカウントしない。

ダウンロードした用例は103項目で延べ4,819,084例である。

長単位検索モードを用いた理由は、「かもしれない」のように、多くの初級文法項目が1単位としてカウントされているため検索が容易であることと、短単位検索では「勉強する」「失敗する」などのサ変動詞が2語に分割され、結果、「する」の数が増えるなどType頻度に大きな影響を与えてしまうためである。また、前接語の品詞を動詞のみに絞った理由は、名詞を対象に入れると、「ている」のように動詞のみと接続する形式と、「かもしれない」のように動詞、形容詞、名詞＋コピュラと接続する形式で基準が異なってくるからであり、また、名詞は動詞と比較して、頻度が少ない語が大量に出現するという傾向をとるからである。

5. 生産性の高低

以上の方法により、初級文法項目103項目の生産性を計算した。平均値は15.95であった。全体の結果は、**6.** で生産性と難易度の関係を吟味した後、**7.** で提示することにし、ここは、生産性の高い語と低い語にはどのような特徴・傾向が見られるのかを考察することにする。

まず、生産性の高い15項目を表3に示す。なお、◆の記号はその項目の1つ前の動詞のみを調査したことを示す（以下の表でも同様）。

表3　生産性の高い15項目

文法項目	生産性	文法項目	生産性	文法項目	生産性
たり	27.10	るとき	22.40	ようになる◆	21.91
た後	24.45	たら	22.29	ている	21.06
のに	23.98	から	22.22	てしまう	20.58
ことになる	23.09	させる	22.13	ながら	20.40
ようにする◆	22.93	たとき	22.03	と	20.36

最も生産性が高い項目は並列を表す「たり」(27.10)であり、2位の「た後」(24.45)と比べても比較的大きな差がある。並列はその内容に特に意味的制約を持たないため、生産性が高くなることが予測される。また、「PたりQたり」のように複数で使われることも多くその際PとQは異なる動詞でなければならないため、このことも動詞のバラエティの増大につながったと考えられる。なお、中俣(2015a)は「たり」と「し」では「たり」の方が意味的制約が緩いとしており、今回の調査結果でも「たり」(27.10)は「し」(19.68)よりも生産性が高かった。

また、「た後」(24.45)「るとき」(22.40)「たら」(22.29)「ながら」(20.40)など時間に関係する節を作る要素も生産性が高い。これも意味的制約が少ないからである。アスペクト形式「ている」(21.06)「てしまう」(20.58)はやや数値が低いが、これはやや意味的制約を持つためであると解釈できる。「ことになる」(23.09)「ようにする」(22.93)「ようになる」(21.91)も時間の変化に関わる複合形式である。

日本語教育の観点から言えば「たら」(22.29)が「と」(20.36)よりも高い点も注目に値する。書き言葉のコーパスということもあり、Token頻度は圧倒的に「と」が多いのであるが、「たら」の方が汎用的と言える。これはコーパスに基づいても「たら」の方が基本的な表現であると主張する根拠になりうる。

また、ヴォイスの「させる」(22.13)は実際には他動詞化標識として使われている(森2012)こともあり、生産性が高い。なお、同じくヴォイス形式の「られる」は生産性指数が19.09である。しかもこの値は可能と受身を区別しておらず、「受身」の「られる」はこれよりも数値が低いと考えられ、「させる」と「られる」では「させる」の方が若干生産性が高いと言えそうである。

また、表3では3位に「のに」(23.98)があるが、これは「送ったのに届かない」のような逆接の「のに」と「書くのに使う」のような目的の「のに」の区別ができておらず、各用法の実際の数値はこれよりも低い。

まとめると、生産性の高い項目は並列の「たり」、理由の「から」、他動詞化標識の「させる」を除くとほぼ全て時間に関わる表現が並ぶ。時間の表現

は動詞の意味内容に関係なく、単に時間軸上の位置を示すだけなので、どのような動詞とも共起すると考えられる。

次に、生産性の低い15項目を表4に示す。◆の記号はその項目の1つ前の動詞のみを調査したことを示す。また、▼の記号は短単位検索モードを利用したことを示す。

表4　生産性の低い15項目

文法項目	生産性	文法項目	生産性	文法項目	生産性
てあげる	11.65	たことがない◆	9.52	ませんか	7.25
しようか◆	11.64	ないか◆	9.11	終える◆	6.50
てください	10.58	ましょうか	8.88	お〜になる（尊敬）▼	5.94
ないでください	10.08	すぎる▼	8.05	お〜する（謙譲）▼	2.46
てある	9.91	終わる◆	7.91	やむ◆	0.53

生産性が低い文法項目では、「終わる」(7.91)「終える」(6.50)「やむ」(0.53) など終了を表すものが目立つ。これらは終了が問題になるタイプの動詞としか結びつかないため、生産性が低くなっていると考えられる。なお、開始を表す「始める」(17.23) は文法的には「終わる」とほぼ等しいにもかかわらず、生産性に関しては対照的に平均値よりも高い数値を示している点も興味深い。

しかし、生産性が低い項目にはもう1つ顕著な共通点がある。「しようか」(11.64)「てください」(10.58)「ましょうか」(8.88)「ませんか」(7.25)「お〜になる」(5.94)「お〜する」(2.46) は全て対人モダリティ、あるいは具体的な聞き手が必要となる表現であり、全て書き言葉というよりも、むしろ話し言葉でよく用いられる表現であるということである。

このことの傍証として、各用例のサブコーパスの比率に着目してみたい。表5は各項目のサブコーパスごとの比率のうち、話し言葉的な特徴を持つと考えられる「Yahoo! 知恵袋」「Yahoo! ブログ」「国会会議録」とその3つの合計、さらに最も固い書き言葉であると考えられる「白書」の割合を示したものである。表の後半の生産性の低い項目は、表の前半の生産性の高い6

項目と比べて、話し言葉的な特徴を持つ 3 サブコーパスの合計が高く、どれか 1 つが突出しているものが多い。また、「白書」の割合も低い。

表 5　生産性の高低とサブコーパスの比率の割合

文法項目	生産性指数	知恵袋	ブログ	国会	合計	白書
たり	27.10	10.6%	17.0%	1.5%	29.1%	0.8%
た後	24.45	10.2%	11.3%	1.8%	23.4%	2.9%
のに	23.98	16.6%	11.4%	1.7%	29.7%	0.6%
ことになる	23.09	4.7%	4.2%	11.8%	20.8%	1.4%
ようにする	22.93	11.5%	4.9%	2.8%	19.2%	2.3%
るとき	22.40	21.3%	11.4%	3.0%	35.8%	0.7%
しようか	11.64	16.1%	23.2%	7.0%	46.3%	0.3%
てください	10.58	58.9%	8.0%	1.5%	68.4%	0.0%
ましょうか	8.88	12.1%	6.0%	25.5%	43.6%	0
ませんか	7.25	54.2%	3.9%	7.3%	65.4%	0.1%
お〜になる（尊敬）	5.94	9.0%	4.5%	27.1%	40.6%	0.0%
お〜する（謙譲）	2.46	35.4%	15.7%	15.1%	66.2%	0.0%

　この傾向は他の文法項目にも見られる。例えば、理由を表す「から」と「ので」は「ので」の方が丁寧であるとされ（日本語記述文法研究会（編）2008: 126）、そのために話し言葉に多く用いられると考えられるが、生産性は「から」22.22 に対して、「ので」13.78 と「ので」の方が圧倒的に低い。逆接に関しても「が」19.77 に対して、「けど」は 12.54 である。異形態であると考えられる「なければならない」と「なければいけない」も、生産性は前者が 19.06、後者が 13.73 でやはり後者の方が生産性が低い。また、モダリティ形式においても「ようだ」18.35 に対して「みたいだ」17.83、「そうだ（伝聞）」17.40 に対して「らしい」16.76 と、やはり話し言葉的とされる文法項目の数値が低いという結果が一貫して見られる。
　これらについてもサブコーパスの比率の比較を行った結果、「そうだ（伝

聞)」:「らしい」のペア以外では生産性が低いものが話し言葉的であることが確認された。

表6　類義表現のサブコーパス比率の比較（%）

文法項目 （生産性）	知恵	プロ	国会	合計	文法項目 （生産性）	知恵	プロ	国会	合計
から (22.22)	13.6	12.0	4.9	30.5	ので (13.78)	27.8	17.7	5.6	51.0
が (19.77)	16.9	7.9	8.5	33.3	けど (12.54)	17.4	21.5	21.4	60.3
なければ ならない (19.06)	2.3	2.5	10.1	14.9	なければ いけない (13.73)	14.1	6.6	20.9	41.6
ようだ (18.35)	20.1	18.4	1.4	39.9	みたいだ (17.83)	29.7	25.0	0.8	55.3
そうだ(伝聞) (17.40)	31.5	24.4	2.1	57.9	らしい (16.76)	14.8	20.0	0.3	35.1

　これは単に書き言葉コーパスには話し言葉特有の要素が出現しないから、という理由では説明がつかない（生産性指数とToken頻度の相関は0.25と低い）。生産性の低い項目でも、「お〜する」「てある」「てください」はいずれも出現数が1万を越える。他方、生産性が2番目に高い「た後」の出現数は9,711であり、出現数の問題だけでは片付かない。現時点で言えるのは、「書き言葉においては、話し言葉的な性質を持つ語は、生産性が低くなる」ということである。ただし、これがBCCWJを使ったためなのかどうかは、今後話し言葉コーパスを用いて検証する必要がある。もっとも、「終える」など、書き言葉的と考えられる語にも生産性の低いものがあり、単一のパラメタで生産性を説明することはできない。現時点では、複数考えられるパラメタの1つに、話し言葉性が存在する、と結論づけたい。

　なお、生産性が低い項目のうち「たことがない」は「見る」「聞く」が、「てある」は「書く」が圧倒的に多くを占める項目であり、日本語教育でも語彙に近い扱いが可能となる項目である。

6. 生産性と難易度

　ここでは、生産性と難易度について論じる。結論から言うと、生産性が高い項目と低い項目は簡単で、生産性が中程度の項目が難しいという関係が存在する。図 1 は KY コーパスにおける学習者の使用と生産性の関係を表した散布図である。

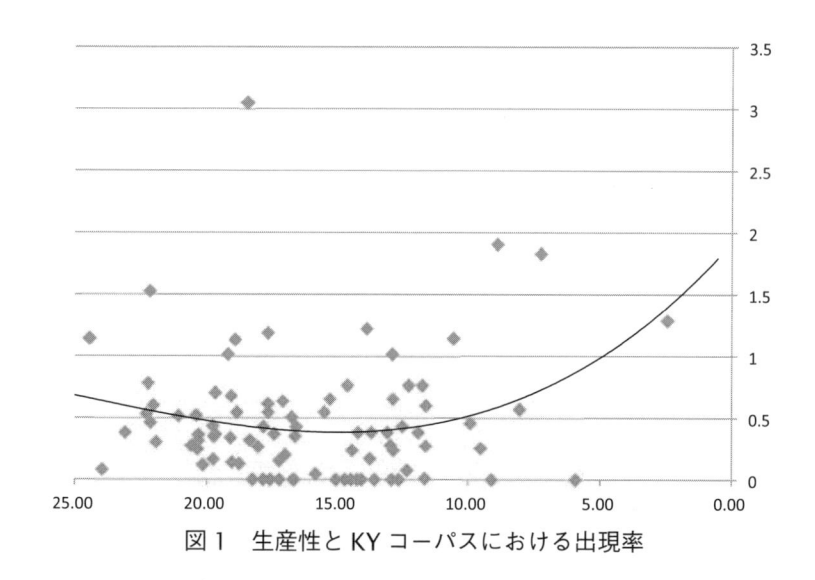

図 1　生産性と KY コーパスにおける出現率

　横軸は生産性を示し、縦軸は超級での出現数を 1 とした時の中級での出現の割合を示している。なお、レベルごとに総形態素数が異なるので、1 万語あたりの調整頻度を元に計算している。この数値が高いということは、中級時点で超級とあまり変わらないレベルでの使用が見られるということで、難易度が低いということを意味する。また、超級でも使わないような項目について難易度を論じても仕方がないので、そのような項目はプロットから外してある。すなわち、使用の割合が 0 である項目は「超級では使用しているが、中級では全く使用していない」項目であり、このような項目は習得難易度が高いと言える。そして、そのような項目は生産性が中程度の部分に集中している。

図2は103項目を1/3ずつ高生産性語、中生産性語、低生産性語に分け、超級を1とした時にどのように使用率が変化していくかの平均を見たものである。やはり、中生産性語が高生産性語・低生産性語と比べて習得が遅れていることがわかる。「中級で0だが、その後使うようになる項目」の数は高→中→低の順に1、10、5であり、中生産性語が多い。低生産性語はそもそも使用頻度が低いため、使用が見られないという効果が混ざっているが、「中生産性語は必要だが難しい」ということである。

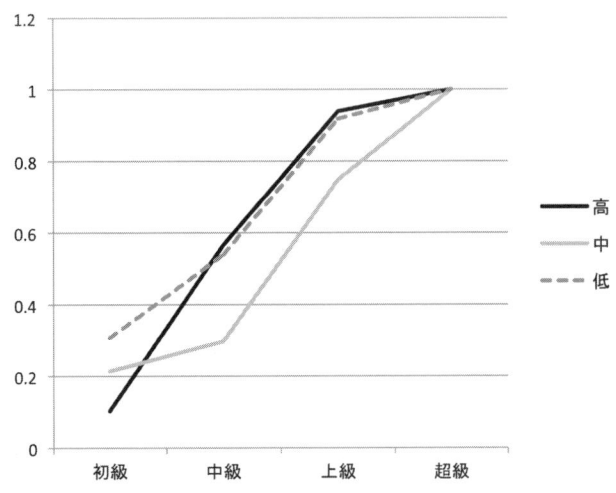

図2　生産性指数で分割したKYコーパスでの出現割合の変化

　なお、初級で高生産性語が少ないのは、最終的な産出量が多いためである。
　では、なぜ中生産性語が難しいのであろうか。これは情報理論におけるエントロピーの概念で説明が可能であるが、わかりやすい喩えとして降水確率を例に挙げる。降水確率が90%であれば傘を持って行くことに迷わないし、降水確率が10%であれば、傘を持って行かないという選択をたやすく下すことができる。一番選択に迷うのは降水確率が50%の時である。これと同様に、生産性が高い語は制約が少ないため、使用しやすいし、生産性が低い語は制約が強すぎるため、逆に使えるフレーズをまる覚えできる。一番難しい

のは中途半端に使えたり使えなかったりする項目であるということである。

7. 生産性から見た文法シラバス
7.1 生産性と難易度のまとめ

ここでは、これまでの議論を元に、初級文法シラバスについて検討する。

6. では生産性と難易度について、中間的なものが難しいという関係があることを見た。まず、**6.** での議論をまとめると、以下のようになる。

表7　生産性と文法シラバスの関係

高生産性語 （19以上）	中生産性語 （13〜19）	低生産性語 （13以下）
習得が容易	習得が難しい	文法というより語彙

なお、19と13という数値はおよそ75%ライン、25%ラインに相当する。

7.2 重要度と難易度

シラバス、特に配列を考える際に必要なのは重要度と難易度という二軸であると考えられる。

コーパス研究でよく使われる出現頻度という指標は重要度に関係すると考えられる。多く出現するということはその語に接する機会が多いことを意味し、また学習者が産出しなければならない機会も多いことを意味する。

一方で、この論文で扱った生産性は **6.** で見た通り、学習者にとっての難易度と関係があると考えられる。意味的制約の少ない語は生産性が高くなることからも、生産性はその形式が持つ様々な制約の多寡を全てまとめてとらえた値であると言うことができる。一方で、生産性の指数を選ぶ際に、Token頻度の影響ができるだけ小さいものを選定基準とした。そのため、生産性は語の重要度ではなく、難易度だけを測定するものであると言える。

この論文の主旨は生産性から初級シラバスを再考することである。しかし、重要度のことを完全に無視するのもバランスを欠く。そこで、まず重要でない項目、具体的には103項目をToken頻度で並び替えた時に下位25%

に相当する頻度6,000に達しない項目を省き、残りの項目を生産性で並べ替える。そして、生産性が高い項目、中程度の項目、低い項目の順に紹介し、最後に頻度が少なかった項目についても紹介する。

7.3 出現頻度が高く、生産性も高い項目

このカテゴリーに属するのは以下の27項目である。

表8　出現頻度が高く、生産性も高い項目

文法項目	Token	生産性	文法項目	Token	生産性
たり	73,100	27.10	と	219,995	20.36
た後	9,711	24.45	意向形◆	96,339	20.32
のに	23,524	23.98	はず	17,354	20.20
ことになる	34,171	23.09	ていく	66,242	20.15
ようにする◆	9,199	22.93	が	144,300	19.77
るとき	43,557	22.40	ても	88,715	19.76
たら	87,198	22.29	ば	135,634	19.73
から	61,214	22.22	し	28,704	19.68
させる	122,746	22.13	ために	31,855	19.68
たとき	47,316	22.03	なら	16,504	19.17
ようになる◆	22,858	21.91	られる	781,023	19.09
ている	985,113	21.06	なければならない	22,679	19.06
てしまう	92,258	20.58	だろう	24,606	19.03
ながら	61,489	20.40			

これらの項目は出現頻度が高く、なおかつ生産性も非常に高い項目である。そのため、初級の前半から色々な述語と組み合わせて生産的に産出練習をする価値のある項目であると考えられる。これらの項目にはもう1つ重要な共通点があり、それは「はず」を除けば、全てKYコーパスの中級時点で出現しているということである。つまり、初級の時点で習得し中級までに使

用可能になるということで、初期段階から指導する価値のある項目である。
　「ことになる」「ようにする」は直感からすると一見複雑な意味を表すようだが、実際には生産性も高く、学習者も中級段階で使用している。

7.4　出現頻度が高く、生産性が中程度の項目

　このカテゴリーに属するのは以下の37項目である。

表9　出現頻度が高く、生産性が中程度の項目

文法項目	Token	生産性	文法項目	Token	生産性
てから	24,283	18.90	ず	54,264	16.71
つもり	6,443	18.85	てやる	6,187	16.67
そうだ（様態）◆	20,090	18.76	てくれる	59,040	16.64
ことができる	41,206	18.45	てもらう	26,469	16.59
ようだ	14,950	18.35	ていただく	16,890	15.86
命令形◆	28,399	18.25	よ	32,113	15.52
てくる	96,994	18.04	やすい◆	20,866	15.31
まで	11,632	17.85	てほしい	10,009	15.08
かもしれない	9,133	17.70	たまま	9,983	14.72
か	62,582	17.66	ましょう	25,144	14.63
前に	6,890	17.66	ね	16,391	14.46
ないで	7,438	17.65	のだ▼	28,054	14.27
ずに	17,901	17.59	てもいい	6,233	14.22
そうだ（伝聞）	6,232	17.40	続ける◆	13,440	14.09
でしょう	21,637	17.23	たことがある◆	11,437	13.89
始める◆	18,175	17.23	ので▼	56,286	13.78
たい	115,706	17.10	ておく	31,801	13.60
のです	185,304	17.01	たほうがいい◆	8,383	13.11
ことにする	7,434	16.89			

このグループは言い換えると、学習者が接する機会は多いが、いつでも使えるわけではなく、学習者にとって特に産出が難しい項目である。その中には「のです」のように日本語学でもいまだ定番の説明がないような項目や、「てやる」「てくれる」「てもらう」「ていだたく」のように複雑な体系を持つ授受表現が含まれる。中級の学習者の使用を見ても、「か」「よ」「ね」などの終助詞を除けば、目立つのは「たい」程度である。重要度が高いので、全く触れずに済ませることは難しいが、初級の後半で扱うとか、生産的な産出などは後回しにするなどの配慮が必要となる。

　なお、生産性は連続的なものであるから、この表9の上部にある「てから」「つもり」などはむしろ生産的に練習をするべきであるとか、逆に表8の下部にある「だろう」などは文体などを考えて後回しにするべきであるといった調整の議論はあってしかるべきである。生産性指数の細かい違いは気にしても仕方がない。しかし、大きな目で見ると上位語と下位語の使われ方は異なると言える。

7.5　出現頻度が高く、生産性が低い項目

　このカテゴリーに属するのは以下の13項目である。

表10　出現頻度が高く、生産性が低い項目

文法項目	Token	生産性	文法項目	Token	生産性
てみる	61,440	12.99	てください	49,234	10.58
にくい◆	8,162	12.90	てある	15,088	9.91
な◆	7,316	12.88	たことがない◆	8,125	9.52
けど	34,782	12.54	すぎる▼	7,766	8.05
よね	6,075	11.69	ませんか	7,013	7.25
てあげる	8,449	11.65	お〜する（謙譲）▼	28,489	2.46
しようか◆	9,258	11.64			

　これらは使用頻度は高いものの、生産性は低いため、語彙として限られた組み合わせのみを扱い、ドリルのような生産的な練習は必要のない項目である。

例えば、「てください」の生産性が低いことについては異論があるかもしれないが、今回の調査対象がBCCWJであることを考慮しても、初級のコースで扱われている「てください」の使われ方が母語話者のそれと乖離している可能性は考えられる。清 (2004) は「ないでください」の使用に関して日本語教師とそれ以外の母語話者の間に乖離があることを明らかにしているが、同様の乖離が肯定形である「てください」に起きていることは十分に考えられる。とはいえ、筆者はサバイバル日本語として、あるいは教室での指示のことばとして、「てください」を初期に導入することについては意義があると考えている。ただし、学習者に産出させる練習は「教えてください」「見てください」など学習者が実際に使うようなものに限るべきである。「読んでください」「泳いでください」のような「て」形を作るためのドリル練習を「てください」で行っても意義は薄いという主張である。「生産性」(productivity) はその名の通り、産出 (production) に関わる概念であると考えられる。

7.6 出現頻度が低い項目

このカテゴリーに属するのは以下の25項目で、生産性の違いにより表11と表12に分けて示す。

表11 出現頻度が低く、生産性が中程度の項目

文法項目	Token	生産性	文法項目	Token	生産性
みたい	5,420	17.83	うちに	5,407	14.73
た後で	1,264	17.13	てはいけない	4,365	14.50
ことがある	5,047	16.89	あいだ	1,923	13.82
らしい	5,275	16.76	なければいけない	1,936	13.73
に違いない	1,706	16.66	あいだに	2,204	13.42
までに	2,018	16.61			

表12　出現頻度が低く、生産性も低い項目

文法項目	Token	生産性	文法項目	Token	生産性
つつある	5,092	12.95	ないでください	1,467	10.08
前	677	12.91	ないか◆	1,305	9.11
てくださる	2,167	12.67	ましょうか	1,756	8.88
なさい◆	5,523	12.37	終わる◆	2,012	7.91
なくてもいい	2,844	12.32	終える◆	1,167	6.50
ているところだ	2,774	12.30	お〜になる（尊敬）▼	4,284	5.94
なくて◆	3,627	11.94	やむ	286	0.53

　これらは出現頻度が少なく、特に個別の事情がなければ、初級段階で一律に扱わなくてもよいと考えられる項目である。特に表12の項目は生産性も低く、語彙的である。必要に応じて、語彙として導入すればよい。

8. おわりに

　この論文ではまずType ÷ √Tokenという生産性指数の計算方法を提案し、生産性指数によって初級文法項目103のランキング表を提示した。次に、KYコーパスの出現数との比較から、中生産性語が最も難しいということを客観的に示した。すなわち、生産性から見たシラバスは重要度の影響を極力捨象して難易度だけでシラバスを考察するという試みである。そのシラバスは、中生産性語は後回しにし、低生産性語は語彙・フレーズとして扱いドリル練習などは行わないという方策になる。

　生産性に関する実証的な研究はまだ端緒についたばかりであり、今後様々な角度から検証していかなければならない。以下に、課題を挙げる。

　　A　他のコーパスで計算しても同じような結果になるのか。
　　B　中級以上の文法項目ではどうか。
　　C　この計算式は言語の他の部分にも適用できるのか。例えば動詞の生産性を共起する名詞のType頻度・Token頻度から計算することはできるか。
　　D　複数の用法がある項目の生産性をどのように扱うか。

E　他言語ではどうなるのか。生産性の高い項目、低い項目に見られる意味・機能的な偏りは他言語でも成り立つのか。

　生産性から見た文法シラバスは、教師の経験などを捨象し、完全にコーパスの数字から科学的に導き出されたシラバスである。しかし、その結果は決してランダムな順番とは思えないものがある。生産性についてはさらに研究を進め、初級に限らず幅広い分野で日本語教育への貢献を行っていきたい。

調査資料

KYコーパス，鎌田修・山内博之，version 1.2, 2004.
現代日本語書き言葉均衡コーパス　中納言，国立国語研究所，1.1.0, 2011. (https://chunagon.ninjal.ac.jp/)

引用文献

庵功雄・高梨信乃・中西久実子・山田敏弘 (2000)『初級を教える人のための日本語文法ハンドブック』スリーエーネットワーク．
石川慎一郎 (2011)『ベーシックコーパス言語学』ひつじ書房．
清水由貴子 (2009)「反復の意味を表す「V1テハV2」文の分析──形式的側面を中心に──」『日本語文法』9 (1)，pp. 4–70.
清ルミ (2004)「コミュニケーション能力育成の視座から見た日本語教科書文例と教師の"刷り込み"考──『ないでください』を例として──」『異文化コミュニケーション研究』16，pp. 1–24.
田昊 (2013)「「言いさし」の「けど」類の使用実態に関する一考察──日本語教育文法の観点から──」『日本語教育』156，pp. 45–59.
中俣尚己 (2011)「コーパス・ドリブン・アプローチによる日本語教育文法研究──「てある」と「ておく」を例として──」森篤嗣・庵功雄 (編)『日本語教育文法のための多様なアプローチ』pp. 215–233，ひつじ書房．
中俣尚己 (2014)『日本語教育のための文法コロケーションハンドブック』くろしお出版．
中俣尚己 (2015a)『日本語並列表現の体系』ひつじ書房．
中俣尚己(2015b)「初級文法項目の生産性の可視化──動詞に接続する文法項目の場合──」『計量国語学』29 (8)，pp. 275–295.
日本語記述文法研究会 (編) (2008)『現代日本語文法6　第11部複文』くろしお出版．
森篤嗣 (2012)「使役における体系と現実の言語使用──日本語教育文法の視点から──」『日本語文法』12 (1)，pp. 3–19.

Bybee, J. L. (1985) *Morphology: A study of the relation between meaning and form*. Philadelphia: John Benjamins.

Bybee, J. L. (1995) Regular morphology and the lexicon. *Language and Cognitive Processes* 10 (5), pp. 425–455.

Croft, W. & Cruse, D. A. (1999) *Cognitive linguistics*. Cambridge: Cambridge University Press.

Pinker, S. & Prince, A. (1994) Regular and irregular morphology and psychological status of rules of grammar. In Susan D. Lima, Roberta Corrigan & Gregory K. Iverson (eds.) *The reality of linguistics rules*, pp. 353–388. Amsterdam: John Benjamins.

第7章

教師から見た文法シラバス

渡部倫子

1. はじめに

　2001年以降、CEFR (Common European Framework of Reference for Languages) によって示された行動中心主義的な言語熟達度の枠組みは、言語教師の文法観に大きなインパクトを与えた。日本語教師の文法観は、かつての文法シラバス重視から場面・機能シラバス重視へ、そしてコミュニケーション言語活動を支える文法シラバスへと変容しつつある。

　Richards & Reppen (2014) は第二言語習得研究の知見から、文法をテクスト産出（話す・書く）のリソースとしてとらえ、その教授原理を提唱している。12の教授原理のなかには、今現在教えている学習者が必要としている文法資源を特定すること、コーパスを活用すること、等があげられている。こうした文法の新しい教授原理を教育実践に結びつけるために、この論文では日本語教師の直観、つまり主観的な判定を元に、学習者が必要としている文法資源（教師からみた文法シラバス）を特定することを目的とする。コーパス分析による日本語母語話者の使用頻度だけでなく、日本語教師を含む日本語母語話者の直観をベースライン・データとして提示することで、文法シラバスの多角的な再構築に貢献できると考える。

　以下、2. では日本語教師の主観判定を扱った先行研究を概観する。3. で日本語教師を含む日本語母語話者を対象とした調査の概要を述べ、4. で調

査結果を元に日本語教師からみた初級文法シラバスについて論じる。最後に**5.** で、この論文のまとめと今後の課題を示す。

2. 日本語教師の主観判定に関する先行研究

　1980年代後半から日本語教師のビリーフ（言語・言語教育・言語学習等に対する信念や直観）を解明することを目的とした研究が注目され始め、日本語教育の分野では、1990年代後半から多くの研究が行われてきた（岡崎1996、齋藤1996、要2005、松田2005、小野2006、久保田2006、佐藤・渡部2007、古別府2009、阿部・須藤・嵐2014等）。これらの先行研究を概観すると、文法に関しては「教師は文法を理解している」「教師は文法を（媒介語で）説明できる」「教師は授業で詳しい文法説明をする必要がある」「教師は言語体系（音声・文法・談話など）の誤用を訂正することが出来る」「外国語学習のなかで一番大切なのは文法の学習だ」等のビリーフが報告されており、文法は日本語教師に重視されていることがわかる。

　しかし、文法だけに焦点をあてた日本語教師のビリーフや主観判定に関する研究は少ない（小野2006、堀・李・砂川・今井・江田2012）。小野は、日本語教師16名（うちノンネイティブ教師5名）を対象に、文法観に関する質問紙調査を実施した。その結果、日本語教師は初級文法が大切だと強く考える傾向がみられた。また、「初級文法・中級文法・上級文法の分類は成り立つか」という質問項目については、①形式や機能等を指定して分類できるという積極的な意見、②日本語能力試験や教科書などの外部基準を用いて分類できるという消極的な意見、そして、③学習の目安として便宜的に区分されているだけという否定的意見に分かれることを明らかにした。

　一方、堀ほか（2012）は、日本語教育経験者7名による主観判定を元に、初級から超級を網羅する個々の文法項目を6段階のレベル（初級、初中級、中級、中上級、上級、超級）に分類することに成功している。この分類は、中程度の一致度（κ=0.53）が得られた5名による評定平均値に基づいている。κ（カッパ）係数とは、例えば、会話テストの評価において複数のテスターによる評定値の一致度を検討する際に用いられる値で、評価や評定の信頼性を表すものである。こうした検討を経たうえでレベルが付与された文法項目

のリストは、教材作成や能力評価をする際の貴重な資料となっており、学習項目解析システム（筑波大学 2012）等に利用されている。しかし堀ほかは今後の課題として、難易度だけではなくコミュニケーションに役立つ文法項目かどうかという観点を加えることをあげている。この観点については、菊池・増田（2007）も学習困難な文法項目の見直しをする際の中心的基準とすべきであると主張している。また、以上の先行研究では、初級〜上級等の特定のレベルに内の文法項目、例えば、日本語教師が重視する初級の文法項目（小野 2006）が扱われていないという課題も残されている。

　そこで、この論文では、小野や堀ほかよりも多くの日本語教師を対象とした調査を行い、日本語教師がコミュニケーションに役立つ（学習者にとって必要だ）と考えている初級文法項目のリスト化を試みる。すなわち、初級文法項目の必要度に関する日本語教師のビリーフを探るのである。また、日本語教師経験のない日本語母語話者にも同様の調査を行い、教師経験の有無と初級文法項目の必要度の関係について分析する。さらに、フェイスシートの情報から、日本語教師の所属機関、教育年数、回答時に想定した学習者、使用してきた教科書が主観判定に影響を与えるかどうかについても分析する。

3. 調査の概要

　調査は 2013 年 10 月から 2014 年 2 月および 2014 年 6 月に実施した。調査対象者は日本語教育経験のある日本語母語話者 80 名（以下、教師）である。教師 80 名のうち、日本国内の大学に所属する専任教師は 55 名、平均教育年数は非常勤も含めて 12 年、『みんなの日本語』を主な使用教科書としてあげたものは 58 名であった。調査対象者の約 70% は日本国内の大学に所属した専任教師で、『みんなの日本語』を使用して留学生に日本語教育を行っている（行った経験がある）ものと推測できる。また、教師経験の有無が初級文法項目の必要度判定に影響を与えるかどうかを検討するため、教師経験のない日本語母語話者 80 名（以下、日本人）に対しても調査を実施した。日本人 80 名は言語教育以外を専攻する大学 1 年生であった。

　調査はオンラインと紙媒体による質問紙法を用いた。質問紙は、7 シリーズの初級日本語教科書、すなわち『初級日本語げんき第二版』、『みんなの日

本語　初級　Ⅰ／Ⅱ　第二版』、『できる日本語 初級／初中級』、『文化初級日本語改訂版　Ⅰ／Ⅱ』、『初級語学留学生のための日本語　Ⅰ／Ⅱ』、『テーマで学ぶ基礎日本語　vol.1/vol.2』、『J.BRIDGE for Beginners vol.1/vol.2』に出現する文法項目（212項目）で構成された。各文法項目には次の（1）のような例文を付し、各項目の必要度について5件法で回答を求めた。

　　（1）　Vテイル　　私は今本を読んでいます。（進行・継続）

　表1に回答方法を示す。回答する際、教師にはある一人の初級学習者とその人の学習目的を、日本人には同じ大学で学ぶ留学生とその人の学習目的を想定してもらった。教師にフェイスシートで想定した学習者について回答してもらったところ、80名のうち60名が留学生を想定し、学習目的を大学生活でのコミュニケーションであるとして回答した。

表1　質問項目の回答方法

回答方法（教師対象） （1）　まず全ての文法項目にざっと目を通してください。 （2）　これまでに教えたことがある学習者の中から、ある一人の初級学習者とその人の学習目的をイメージしてください。 （3）　それぞれの文法項目について、（2）でイメージした初級日本語学習者が日本語でコミュニケーションする際に5（必要度の高いもの）から1（必要度の低いもの）のどれにあたるかを直感で判断し○をつけてください。回答は、4や5に片寄るのではなく、1から5までの全ての数値を使って行っていただくようお願いします。
回答方法（日本人対象） （2）　海外からあなたの大学に留学している留学生とその人の日本語の学習目的をイメージしてください。 ※（2）以外の回答方法は上記の教師対象と同じ内容

4.　結果と考察

4.1　教師からみた文法シラバス

　調査の結果、教師と日本人の主観判定による初級文法項目のリストが得られた。

表2 教師の主観判定による初級文法項目トップ20

	文法項目	教師 M	教師 SD	日本人 M	日本人 SD	『みんなの日本語』課
1	ます	4.98	0.72	4.48	1.01	4
2	です	4.94	0.55	4.60	0.89	1
3	Vている（進行・継続）	4.83	1.20	3.91	1.16	14
4	Vてください	4.79	1.06	4.21	1.00	14
5	Vたい	4.76	1.20	4.49	0.75	13
6	…とき	4.75	1.34	4.19	0.97	23
7	…て	4.71	1.38	3.89	1.13	16
8	…から	4.70	1.08	4.23	1.07	9
9	〜たら（仮定）	4.66	0.93	4.18	1.04	25
10	もらう	4.60	1.04	4.03	0.87	7
11	〜てもいい	4.59	1.12	3.64	1.03	24
12	くれる	4.59	1.02	4.03	0.97	15
13	Vないでください	4.58	1.29	3.84	1.14	17
14	NをQV（切手を3枚買う）	4.53	1.33	4.11	1.04	11
15	までに	4.51	0.81	4.29	0.96	17
16	〜ので	4.51	1.29	4.19	1.06	39
17	V（ら）れる（能力）	4.49	0.79	4.01	1.06	27
18	Vたことがある	4.49	0.90	3.90	0.96	19
19	〜そう（様態）	4.48	1.10	3.86	1.11	43
20	［…A］+N（背が高い人）	4.48	1.25	3.85	1.08	8

表3　教師の主観判定による初級文法項目ワースト20

	文法項目	教師 M	教師 SD	日本人 M	日本人 SD	『みんなの日本語』課
212	かい（飲むかい）	1.26	0.90	1.88	1.11	−
211	だい（どうしたんだい）	1.36	0.85	1.70	0.93	−
210	〜ておいでになる（ている）	1.36	1.29	2.31	1.25	−
209	おいでになる（居る）	1.51	1.25	2.54	1.25	−
208	みえる（来る）	1.53	1.25	2.65	1.38	49
207	ございます（所有）	1.59	1.08	2.64	1.36	−
206	おいで くださる／ください	1.59	1.21	2.74	1.24	−
205	おいでになる（来る）	1.64	1.23	2.81	1.25	−
204	おいでになる（行く）	1.65	1.03	2.54	1.24	−
203	ごらん くださる／ください	1.74	1.28	2.61	1.37	−
202	V（さ）せる（放置）	1.79	0.53	2.93	1.13	48
201	〜て（さし）あげる	1.81	1.14	2.64	1.40	−
200	〜てやる（〜てあげる）	2.03	0.95	2.60	1.23	41
199	〜てさしあげる	2.03	0.97	2.75	1.34	−
198	まいる（丁寧語：電車が〜）	2.05	0.95	2.36	1.43	50
197	もうしあげる	2.06	0.86	2.80	1.42	−
196	〜ておる（進行・継続）	2.13	1.14	2.69	1.23	−
195	やる（あげる）	2.14	0.84	2.90	1.27	−
194	おめにかかる	2.21	1.23	2.69	1.38	50
193	〜なくてもかまわない	2.23	1.12	2.76	1.19	−

この論文では紙面の都合上、教師の評定平均値に基づいた必要度のトップ20項目を表2に、ワースト20項目を表3に示した。各表には、評定平均値（M）、標準偏差（SD）、『みんなの日本語』における出現課を付した。教師の評定値の分布から、212の文法項目を項目1〜76、77〜110、111〜192、193〜212の4段階に分けることができた。なかでも項目1〜192については、教師がコミュニケーション上必要だと判断した初級文法項目、すなわち「教師からみた文法シラバス」だといえよう。この結果をベースライン・データとし、教師の主観判定によって初級で扱う文法項目を精査するならば、193番以降の項目（表3）を中級以降にまわすことを提案したい。表3の文法項目を概観すると、敬意表現・命令形・常体が大部分をしめている。その他の項目（「〜てもかまわない」「〜てやる／やる」「〜させる（放置：野菜を腐らせた）」）も代替表現（「〜てもいい」「〜てあげる／あげる」「自動詞（野菜が腐った）」）があるため、使用頻度の低い項目であることが予測できる。このことから、教師と日本人はコミュニケーション上の必要度を判定する際、文法項目の使用頻度を考慮していることが伺える。

4.2　教師経験による主観判定の相違

次に、教師経験の有無が初級文法項目の必要度判定に与える影響について検討する。表2と表3からは、教師よりも日本人のほうが評定にばらつきがあり、中心化傾向があることが推測できる。では、教師と日本人の評定平均値に、なんらかの関連性があるのだろうか。この疑問を解決するために、教師と日本人の主観判定の順序の一致度（類似性）を検討した。主観判定の対象は、212の全文法項目である。1位から212位の順位の一致度はスピアマンの順位相関係数で解釈した。スピアマンの順位相関係数は、-1から+1の間の値をとり、一般的には、.00〜±.20を「ほとんど相関がない」、±.20〜±.40を「弱い相関がある」、±.40〜±.70を「比較的強い相関がある」、±.70〜±1.00を「強い相関がある」と解釈する。必要度による順位づけは評定平均値を元に行い、同順位があった場合には、同順位の平均値（平均順位）を算出した。例えば、1位の評定平均値が2つあった場合、平均順位はそれぞれ1.5となる。なお、Microsoft Excelでは、分析ツールの「順位と百分

位数」によって順位を算出した後に、関数を応用することで効率的に平均順位を導ける。例えば、A1 から A100 までに入力された順位の平均順位を出したい場合は、C1 セルに

=IF（A1<>"",（COUNTIF（A\$1:A\$100,"<"&A2）+1+COUNTIF（A\$1:A\$100,"<="&A1））／2,""）

と入力して C100 までコピーすればよい。

　R 2.14.1 による相関分析の結果、図1のような散布図が得られた。教師と日本人による評定平均値の順位相関係数は、$r=.80$ ($p < .001$) であり、強い相関があることがわかった。

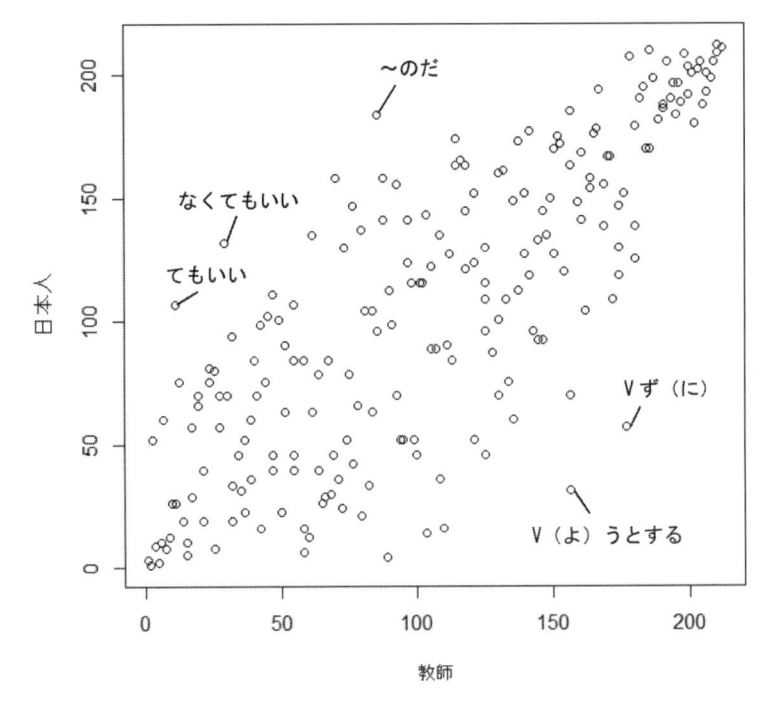

図1　初級文法項目の必要度の順位：教師と日本人の散布図

このことから、両者の主観判定は類似しており、「教師からみた文法シラバス」は「日本人からみた文法シラバス」でもあるといえる。しかし、図1をみると両者の評定平均値が大きく異なっている文法項目も存在している。日本人よりも教師の順位のほうが高い文法項目は、「てもいい」、「なくてもいい」、「〜のだ」であった。一方、教師よりも日本人の順位のほうが高い文法項目は、「V（よ）うとする」、「Vず（に）」であった。こうした外れ値の文法項目の扱いについては、今後も検討が必要である。なお、「てもいい」の扱いに関しては 4.5 で論じる。

4.3 教師の特性による主観判定の相違

フェイスシートの情報から、教師の所属機関、教育年数、回答時に想定した学習者、最も使用していた教科書が教師の主観判定に影響を与えているかを検討した。以上の特性によって教師を2群に分け、両者による主観判定の順序の一致度を検討した。主観判定の対象は、212の全文法項目である。分析の結果得られたスピアマンの順位相関係数を表4に示す。

表4 初級文法項目の必要度の順位相関係数：教師の特性別

教師の特性			順位相関係数
所属	大学 55名	その他 25名	.95
教育年数	11年6ヶ月以上 39名	その他 41名	.97
想定した学習者	留学生 60名	その他 20名	.95
使用教科書	『みんなの日本語』 58名	その他 22名	.98

$p<.001$

表4から、初級文法項目の必要度の主観判定は、どの特性においても類似していることがわかった。教師の特性によって必要度の順位づけが異なるとは考えにくい。では、最も使用されていた教科書『みんなの日本語』の提

出順序と主観判定の順位に関連はないのだろうか。

4.4 教科書の提出順序と必要度の主観判定の関係

『みんなの日本語』には「一般成人を対象とした基本的な文型をやさしいものから難しいものへと積み上げ、聞くこと、話すことを中心に学習する総合教材」であることが明記されており、第2版の改訂点は「整理された学習項目（文法シラバス）はそのままに、古くなった語彙を新しい語彙に差し替え、イラストを使った練習を増やした」ことである。つまり、『みんなの日本語』の文法シラバスは、必要度よりも困難度に基づいた提出順序であるといえる。この論文の表2と表3をみると、必要度の評定平均値の高い項目は『みんなの日本語』に採用されており、低い項目は採用されていないことがわかる。このことからも、『みんなの日本語』の提出順序（難易度）と教師と日本人の主観判定（必要度）には、なんらかの関連性が推察される。そこで、両者の順序の一致度（類似性）をスピアマンの順位相関係数を用いて検討した。分析の対象は、『みんなの日本語』に含まれない項目を削除した150項目とした。

その結果、図2のような散布図行列が得られた。0に近いほど教師・日本人の必要度の順位が高く、『みんなの日本語』の提出順序が早いことを意味している。なお、図2のx軸とy軸は、教師・日本人・『みんなの日本語』を中央に付した四角形の辺で示した。例えば、上段中央の散布図のx軸は日本人、y軸は教師であり、上段右の散布図のx軸は『みんなの日本語』、y軸は教師である。

図2から、教師の必要度と日本人の必要度、教師の必要度と『みんなの日本語』の提出順序の間には強い相関があることがわかった（$p < .001$）。教師による必要度の順位は『みんなの日本語』の提出順序との類似度が高いといえる。また、日本人の必要度と『みんなの日本語』の提出順序の間には比較的強い相関があることがわかった（$p < .001$）。図2の3つの散布図を見比べてみると、教師と日本人は必要度の順位が高い項目と低い項目で一致がみられ、中程度の順位の項目ではばらつきがある。このような傾向は教師と『みんなの日本語』の散布図にもみられたが、日本人と『みんなの日本語』

の散布図では全体的にばらつきが大きくなっていることがわかる(図2:中段右の散布図)。教師の必要度と『みんなの日本語』の順位は似ているが、日本人の必要度と『みんなの日本語』はそれ程似ていないといえる。

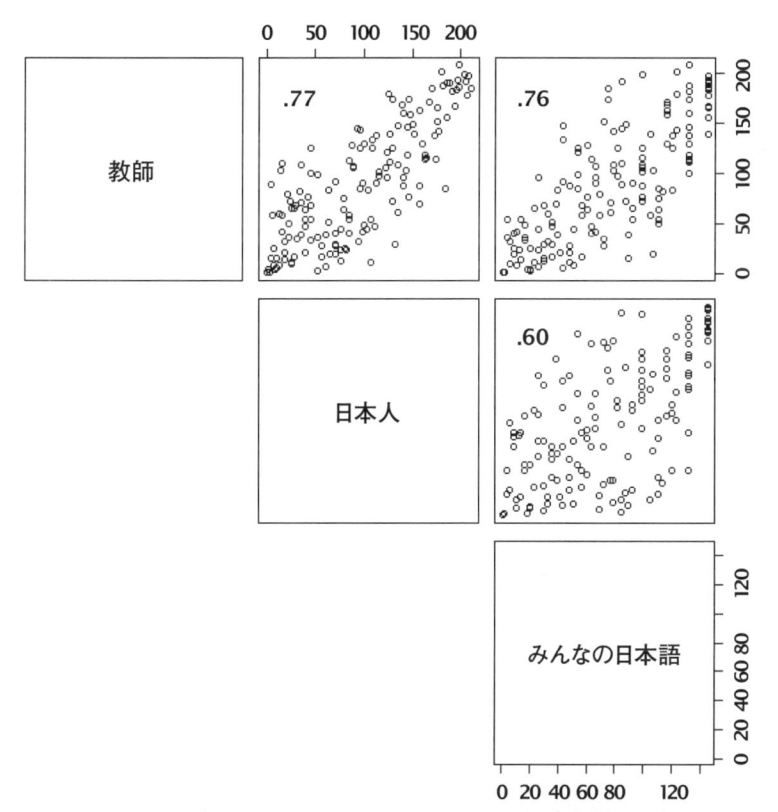

図2　散布図行列:『みんなの日本語』提出順序と
　　　教師・日本人による必要度の順序

4.5　教師の主観判定から得られた示唆

　以上、今回の調査結果から、教師はその特性の違いにかかわらず、文法シラバスを「必要度」+「困難度」+「使用頻度」という複数の観点でとらえ

ていることが予想できる。質問紙に設けた感想欄に「評定に迷った時には、つい教科書の目次を思い浮かべてしまった」「最近はあまり使わない待遇表現は後回しにする」というコメントがあったことからも、コミュニケーション上の必要度を、日本語能力試験や教科書などの外部基準（小野 2006）や直観的な使用頻度によって判断する可能性が高い。日本人も同様に「必要度」＋「使用頻度」という複数の観点で主観判定をしているが、教師経験がない、つまり教科書を用いたことがないため、「困難度」を主観判定の材料に使えないのではないだろうか。このことが、日本人の必要度と『みんなの日本語』との類似性に影響していると考えられる。

　また、教師が主観判定に用いたとみられる「使用頻度」の解釈にも注意が必要だ。今回の調査では、「どのようなコミュニケーション（産出・受容・やりとり）で必要だと思うか」という特定の言語活動を指定した聞き方をしていないからである。具体的には、図 1 で教師と日本人の必要度にずれのあった「てもいい」を例に考えてみたい。教師の評定平均値は 4.59（SD=1.12）で 11 位、日本人の評定平均値は 3.64（SD=1.03）で 106 位であった。教師の評定平均値は、「てもいい」が時代を経て教科書に引き継がれる 12 項目に含まれていること（田中 2014）、旧日本語能力試験の主要出題項目で出題頻度が第 8 位でもあること（森 2014）と矛盾しない。教師は当然、「てもいい」を比較的早めに教える。『みんなの日本語』を使用するなら 15 課だ。しかし、ここで注意が必要である。初級教科書と使用頻度とでは「てもいい」の用法に違いがあることが指摘されているからだ（岩田 2014、中俣 2014）。

　次の（2）は「てもいい」の教科書における例であり、許可の用法が取り上げられている。一方、現代日本語書き言葉均衡コーパス（BCCWJ）では、ほとんど許可の用法がなく、次の（3）のように可能表現の代替として使われている。

（2）　窓を開けてもいいですか。　　　　　　　（みんなの日本語、15 課）
（3）　（落語は）これぞ日本の文化！とでも言うべき古典芸能で、今ブームのお笑いの元祖と言ってもいい。　　　　　　　（Yahoo! ブログ）

　また、書き言葉コーパスにおいては、「てもいい」と共起する動詞の 19% が「言う」であることがわかっているので（中俣 2014）、学習者が必要とす

るテクストのタイプが書くことであれば、共起する動詞と一緒に語彙として導入したほうが効率がよさそうだ。一方、『みんなの日本語』をはじめとする初級教科書においては、書き言葉ではなく話し言葉のテクストを生み出すリソースとして「てもいい」が用いられている。CEFR を元に開発された JF 日本語教育スタンダードに準拠した教科書『まるごと』も例外ではない。『まるごと』では「てもいい」を CEFR の A2 レベルに相当する初級 1 の第 14 課で取り上げており、「オフィスのものを使ってもいいか聞くこと」が学習目標となっている。こうしたテクストによる用法のずれが教師と日本人の主観判定のずれに影響した可能性がある。いずれにせよ、教師と日本人の主観判定のずれやテクストによる用法のずれは、話し言葉コーパスや学習者コーパスが整備されることによって、徐々に実証されるであろう。と同時に「てもいい」のような用法のずれを持つ項目を初級から提示するかどうか、どのような言語活動で（3）のような用法を提示するのか等、新たな課題も生まれることになる。

　さらに、教師が文法項目の必要度を判定する際は、困難度、使用頻度に加えて、学習者の習得順序も考慮に入れていると考えたほうがいい。しかし、習得順序と文法シラバスとの関係は非常に複雑である。これまでに、第二言語習得研究の分野では、文法項目が発達性項目（易しい文法→難しい文法で教えるのが効果的）か、投射性項目（難しい文法→易しい文法で教えるのが効果的）か、変異性項目（難易度による順位つけができない）かによる 3 通りの文法シラバスのパターンが提唱されている（佐々木 2010）。しかし、これらのパターンは、限られた文法項目しか研究されておらず、投射性項目を文法シラバスに反映させた教材は教科書『NAKAMA』以外にみられない。学習者コーパス研究や準実験的な実証研究を通して文法シラバスを体系化するには、多くの時間を要するだろう。

　最後に、話し言葉コーパスと学習者コーパスの整備や第二言語習得研究の知見を待ちつつ、すぐに教師ができることとして、以下の 3 点を提案したい。第一に、この論文で提示された教師からみた文法シラバスを参考に、学習者が必要とする言語活動とそのリソースとなる文法項目を再考することである。第二に、言語活動におけるテクストの特性（話し言葉／書き言葉、改まり度

など）に関する認識を深めることである。第三に、使いやすいツールを用いてコーパスを活用することである。NINJAL-LWP for BCCWJ、NINJAL-LWP for TWC 等のインターネット上で公開されている無料ツールを用いれば、名詞や動詞などの内容語の共起関係や文法的振る舞いを網羅的に調べることができる。学習者の必要な言語活動から内容語を選択し、その内容語をツールで検索することで、文法項目を特定してもいいだろうし、教師自身の主観判定が思い込みでないかどうかを確かめてみてもいいだろう。ただし、しつこいようだが、これらのツールは基本的に書き言葉であることに注意が必要である。

5. おわりに

　この論文の目的は、日本語教師の主観判定を元に文法シラバスを特定することであった。日本語母語話者160名（うち日本語教師80名）を対象とした質問紙調査を実施し、日本語教師がコミュニケーションに役立つ（学習者にとって必要だ）と考えている初級文法項目をリスト化することができた。また、教師経験の有無や教師の特性は初級文法項目の必要度判定にあまり影響しないが、日本語教師は文法シラバスを必要度、困難度、使用頻度という複数の観点でとらえていることが示唆された。調査に協力してくださった方々に心から感謝申し上げる。

　演繹的・帰納的文法指導、タスク中心の教授法、反転授業等、どういった方法で日本語学習を支援するにせよ、学習効果や指導効果を評価し、学習者にフィードバックするには文法シラバスが必要だ。例えば、「オフィスのものを使ってもいいか聞くことができない」という記述を学習者に提示するだけでは、十分なフィードバックとはいえない。文法項目に限らず、どのような語彙、音声的特徴、語用論的知識、非言語的技能、コミュニケーション・ストラテジーを運用できれば「オフィスのものを使ってもいいか聞くことができる」ようになるのかを学習者に示す必要がある。

　今後は、こうした「個々のコミュニケーション言語活動」に必要な文法項目に対する日本語教師のビリーフについても検討する。まずはノンネイティブ日本語教師と日本語学習者を対象に加えた質問紙調査を実施する予定であ

る。すでに書き言葉コーパスを用いた検索ツールが整備されているという現状を考えると、テクスト産出「書く」のソースとなる文法や語彙のシラバスから着手したいところである。特に、日本語で話す機会の少ない外国語環境において、メールやソーシャル・ネットワーキング・サービスを用いた言語活動は、学習者にとって貴重な実践の機会になっているはずだ。

　書き言葉コーパスと同様に、話し言葉コーパスや学習者コーパスなどの言語資料と、それらが簡単に検索できるツールの開発が進めば、テクストの特性を考慮した様々なコース・デザインが可能となるだろう。これからも、教師の主観判定と様々な客観的データを組み合わせることで得られるデータを元に、日本語教育の現場に役立つシラバスの構築に貢献したい。

調査資料

学習項目解析システム，筑波大学留学生センター（http://lias.intersc.tsukuba.ac.jp/checker/）
日本語書き言葉均衡コーパス中納言，国立国語研究所（https://chunagon.ninjal.ac.jp/login）
NINJAL-LWP for BCCWJ，国立国語研究所・Lago 言語研究所（http://nlb.ninjal.ac.jp/）
NINJAL-LWP for TWC，筑波大学・国立国語研究所・Lago 言語研究所（http://corpus.tsukuba.ac.jp）
『初級日本語げんき　第二版』，坂野永理・池田庸子・大野裕・品川恭子，ジャパンタイムズ，2011.
『みんなの日本語　初級Ⅰ　第二版』，スリーエーネットワーク（編），スリーエーネットワーク，2012.
『みんなの日本語　初級Ⅱ　第二版』，スリーエーネットワーク（編），スリーエーネットワーク，2013.
『できる日本語　初級』，できる日本語開発プロジェクト（編），アルク，2011.
『できる日本語　初中級』，できる日本語開発プロジェクト（編），アルク，2012.
『文化初級日本語Ⅰ　テキスト　改訂版』，文化外国語専門学校　日本語科（編），文化外国語専門学校，2013.
『文化初級日本語Ⅱ　テキスト　改訂版』，文化外国語専門学校　日本語科（編），文化外国語専門学校，2013.
『初級語学留学生のための日本語　Ⅰ』，岡本輝彦・木川和子・辻本澄子・西尾節子，凡人社，2002.
『初級語学留学生のための日本語　Ⅱ』，岡本輝彦・木川和子・辻本澄子・西尾節子，凡人社，2002.

『テーマで学ぶ基礎日本語　vol. 1』，西口光一，くろしお出版，2012.
『テーマで学ぶ基礎日本語　vol. 2』，西口光一，くろしお出版，2012.
『J.BRIDGE for Beginners vol. 1』，小山悟，凡人社，2009.
『J.BRIDGE for Beginners vol. 2』，小山悟，凡人社，2010.
『NAKAMA 1』Yukiko Abe Hatasa, Kazumi Hatasa, Seiichi Makino, Heinle & Heinle Pub, 2010.
『NAKAMA 2』Yukiko Abe Hatasa, Kazumi Hatasa, Seiichi Makino, Heinle & Heinle Pub, 2010.
『まるごと　日本のことばと文化　初級1 A2 かつどう』，国際交流基金（編），三修社，2013.
『まるごと　日本のことばと文化　初級1 A2 りかい』，国際交流基金（編），三修社，2013.

引用文献

阿部新・須藤潤・嵐洋子（2014）「日本語教育における音声教育について日本語教師が考えていること——音声教育の目標・具体的内容・困難点・改善希望の分析から——」『2014年度日本語教育学会春季大会予稿集』pp. 229–234.

岩田一成（2014）「口頭表現出現率から見た文法シラバス」『公開シンポジウム　シラバス作成を科学にする　予稿集』pp. 17–26.

岡崎眸（1996）「教授法の授業が受講生の持つ言語学習についての確信に及ぼす効果」『日本語教育』89, pp. 25–38.

小野正樹（2006）「日本語教師の文法観——中国語母語話者教師と日本語母語話者教師へのアンケート調査から——」『筑波大学留学生センター日本語教育論集』21, pp. 53–61.

要弥由美（2005）「社会的位置付けを持った日本語教師のビリーフ・システム——構造方程式モデリング（SEM）によるモデル化とその考察——」『日本語教育』127, pp. 11–20.

菊池康人・増田真理子（2005）「「学習困難項目」とどう向き合うか」『2005年度日本語教育学会春季大会予稿集』pp. 292–294.

久保田美子（2006）「ノンネイティブ日本語教師のビリーフ——因子分析にみる「正確さ志向」と「豊かさ志向」——」『日本語教育』130, pp. 90–99.

齋藤ひろみ（1996）「日本語学習者と教師のビリーフス——自律的学習に関わるビリーフスの調査を通して——」『言語文化と日本語教育』12, pp. 58–69.

佐々木嘉則（2010）『今さら訊けない　第二言語習得再入門』凡人社.

佐藤礼子・渡部倫子（2007）「アジア5カ国・地域の学習者が求める日本語教師の行動特性——学習年数による相違——」『留学生教育』12, pp. 1–7.

田中祐輔（2014）「既存テキストから見た文法シラバス」『公開シンポジウム　シラバス作成を科学にする　予稿集』pp. 49–66.

中俣尚己（2014）『日本語教育のための文法コロケーションハンドブック』くろしお出版.

古別府ひづる (2009)「タイ中等教育機関の日本語教師が求める日本語教師の行動特性——探索的因子分析より——」『日本教科教育学会誌』32 (1), pp. 21–30.

堀恵子・李在鎬・砂川有里子・今井新悟・江田すみれ (2012)「文法項目の主観判定による6段階レベルづけとその応用」『2012年日本語教育国際研究大会ポスター発表資料』(http://lias.intersc.tsukuba.ac.jp/checker/Manual/doc/horietal2012.pdf)

松田真希子 (2005)「現職日本語教師のビリーフに関する質的研究」『長岡技術科学大学言語・人文科学論集』19, pp. 215–240.

森篤嗣 (2014)「日本語能力試験 から見た文法シラバス」『公開シンポジウム シラバス作成を科学にする 予稿集』pp. 37–47.

Richards, Jack C. and Reppen, Randi (2014) Towards a pedagogy of grammar instruction. *RELC Journal* 45 (1), pp. 5–25.

第8章

学習者から見た文法シラバス

劉　志偉

1. はじめに

　日本語教育において、コーパス等の客観的データに基づいて、個々の表現を選定しその配列順を決めるという試みは、日本語教師の現場経験と主観的判断とによって作られた現行の日本語教育文法に比べて科学的である。だが、客観的なデータを絶対視することなく、それ以外の観点を整合的に考え合わせることも重要である。この論文では、学習者側の視点から文法シラバスについて考える。

　以下、**2.** では、新しい日本語教育文法を構築するにあたって、ネイティブ教師と学習者（学習経験者）との役割分担について述べる。**3.** では、学習者の視点について言及した上で、具体的な研究内容と手法について説明を行う。そして **4.** では、学習者を対象に行ったアンケート調査の結果を分析し、文法シラバスにおける学習者が気になる学習ポイントを明らかにしたい。

2. ネイティブ教師と学習者（学習経験者）との役割分担

　新しい日本語教育文法を構築する際して、教師と学習者という単純な対極関係からのみそれぞれの役割を考えるのでは不十分である。ネイティブ教師と日本語を母語としないノンネイティブ教師を一括して日本語教師として扱う場合も多いが、この論文ではノンネイティブ教師も日本語学習者である

ことから、「学習経験者」に区分する。新教育文法を構築するにあたって、学習経験者は自らの学習経験から「教えてほしかったポイント」や「理解しやすい文法の説明の方法」等を提示することができる。ネイティブ教師と互いに協力することで、はじめて新しいシラバスの構築が実を結ぶのである。

3. 学習者（学習経験者）の視点とは何か

　上級以上の学習者であれば、いくら勉強しても上達している気がしないというような時期を経験することがあろう。迫田（2002）では「停滞期現象」という用語が用いられているが、筆者は、こうした「停滞期」が学習者に繰り返し現れることから、「周期的学習スランプ」と称する。この「周期的学習スランプ」克服にあたっては、学習経験者でなくては語れない視点がある。

　学習者の視点とは何かを考える時には、しばしば学習者の個々の体験や感想が想起される。筆者自身にも現在に至るまで約十年分（2003年～2014年）の学習メモとも言うべきものがある。それは、筆者が来日してから日頃日本語母語話者と接し日本語を体得する中で、分からなかった表現や気になった表現を、常にその場で確認して手帳に記録していたものである（現在も携帯電話のメモ帳に常に記録している）。この学習メモを確認すると、その内容は大きく文法（延べ項目340）と語彙（延べ語彙1,427）とに分けることができる。これらを精査することにより、個人の学習過程の一端を見ることができると同時に、文法について言えば、「こういったところを教えてほしかった」というような文法項目の学習ポイントと「このように教えてくれていたらもっと分かりやすかったかもしれない」という文法項目の説明方法への要望を知ることができる。そこから学習者の視点でシラバスへの提案を行うことが可能と思われる。

　この論文では、主として文法項目の学習ポイントに焦点を当てる。筆者が学習メモを取り始めた時期は、筆者が旧日本語能力試験一級を取得してから約4年後だったことから、この論文で言及する学習者レベルは、上級以上でネイティブレベルに極力近づこうとする学習者、即ちニア・ネイティブレベルを目指す学習者を想定している。

4. 学習者の視点から見たシラバスの一端
―学習者アンケート調査の結果を踏まえて―

3. で述べたように、学習者（学習経験者）には、文法項目の学習ポイントに対する「こういったところを教えてほしかった」といった要望がある。筆者の学習メモを確認すると、こういった要望のある文法項目のポイントは、大きく言って日中言語間の表現のずれと、教師の指導指針と学習者の要望との間のずれとの2点に関わっていると考えられる。ただし、筆者の学習メモはあくまで一個人の習得プロセスを示すものであり、それが中国語を母語とする日本語学習者全体に当てはまるかどうかについては検証する必要がある。そのため、学習メモの精査によって抽出した文法項目にダミーの項目を加え、上級レベル以上（目安として旧日本語能力試験1級合格）の中国語母語話者の学習者73名を対象に、それぞれの文法項目の気になる度合いについてアンケート調査を実施した。

なお、この調査においては、一般的に日本語学習の難点とされる「ハとガ」「動詞の自他」「指示詞」「ヴォイス」等の文法項目は敢えて外した。これらの特に難解な項目以外に学習者を悩ませている、さほど気づかれない学習ポイントに焦点を当てるためである。

4.1 アンケート調査について

アンケートは協力者の基本情報に関する質問と文法項目に関する質問との二部構成で行った。

協力者73名の基本情報のデータを表1（次ページ）にまとめる。

アンケートは日本留学中の大学院生と、日本への留学経験があり現在は現場で教えている日本語教師を主な対象として行ったため、文系を専門とする人の割合が高くなっている。協力者のほとんどは日本語学科の出身で日本語を体系的に学習した経験者であるため、その経験から現行の日本語教育の問題点を探るのに適していると思われる。そして、学習者として現状のレベルに満足しておらず、更なる上のレベルを目指そうとする意志の強さがうかがえるという点もこの論文における学習者レベルの設定に合致する。また、上級以上向けの教科書等の必要性に関わる設問への回答からは、初・中級向け

に重きを置く現状では不十分であることが分かる。その上のレベルにも適したシラバスを用意すべきであることは日本語学習者の切実な要望であると言えよう。

表1　協力者の基本情報（総数73名）

基本情報	割合			
男女比	男性：25%	女性：75%		
年齢層	10代：2%	20代：56%	30代：38%	40代：4%
日本語レベル（自己判定）	中級：12%	上級：62%	超級：23%	ネイティブレベル：3%
レベルに対する満足度	不満足：85%	やや満足：12%	満足：2%	
専門	文系：93%	理系：7%		
出身学科	日本語学科：78%	日本語学科以外：22%		
日本語能力試験	1級合格：97%	1級合格以外：3%		
現在のレベルを突破する意志	有：99%	無：1%		
停滞期	有：93%	無：7%		
更に上のレベルを目指す意志	有：96%	無：4%		
習得過程で苦労した経験	有：51%	無：49%		
母語話者による手助けの必要性	有：85%	無：15%		
上級以上向けの教材等の必要性	有：78%	無：22%		
上級以上向けの教材等を使いたいか	はい：89%	いいえ：11%		

　文法項目に関するアンケート調査の構成は表2のようになる。

表2　文法項目に関するアンケート調査の構成

	パターン	項目内容	アンケートにおける通し番号
日中言語間のずれ	言語形式	不定のカ	5, 14, 17, 21, 25, 35, 37, 41, 49, 73
	非言語形式	視点の違い1	45
		視点の違い2	15, 46
教師と学習者との間のずれ	接続タイプ	〜べき	10, 22, 29, 48, 51
		〜たって	9, 31, 39, 61
		〜ただなんて	23, 30, 40, 69, 72
		〜も〜もない	53, 63, 67
		〜助詞＋て	11, 20, 43
		〜ないで〜	13, 34, 44
	呼応タイプ	〜助詞〜授受	12, 26, 55, 57
		なぜ〜からだ	19, 60
		ついに〜否定	50, 65, 70, 80
		果たして〜肯定	66, 81
	選択タイプ	〜た OR 〜ている	16, 58
		ノの有無	6, 18, 24, 36, 47, 52, 59, 62, 64, 74
		〜うる OR 〜えない	7, 32, 71, 82
		ヨウの有無	8, 28, 33, 42
	未習タイプ	〜おき	38, 85
		終助詞「〜とも。」	68, 86
		〜なされる系	27, 77
	その他	叶えられる	75
		ねかせる	76
		〜しかねる	78
		余儀なくされる	79

　これらは、教育現場で扱われながらも、学習者が疑問を抱いているものであ

る。学習者は、従来の説明を受けてその基本的用法はマスターできても、細かいところはよく分からないという歯がゆい思いをしているのである。アンケートの構成として、大きく日中言語間の表現のずれと、教師の指導指針と学習者の要望との間のずれとに分けられる。前者には不定の「カ」のように日中両言語間においてほぼ同じ意でありながら完全には対応しない場合と、同じ事柄を違った側面から捉えて表現する場合が存在する。後者はさらに学習者の理解が十分でない等の理由によって接続タイプ、呼応タイプ、選択タイプ、未習タイプ等のパターンに分けることができる。表2に示した通り、各パターンにはそれぞれ複数の項目内容が含まれている。それぞれの項目内容が持つ各用法について例文を提示し、個々の項目に下線を引いた。下線部の項目に対し、気になる度合い（習得の正否を問わず、学習ポイントとしての直感的難易度を基準とする）を6段階で設けている。具体的には（1）のような形式である。

(1) 23. おもしろかっただって？むずかしかったとか、やさしかったけど問題が多かったとかほかに答えようがあるだろう。　[262]
1 全く気にならない　2 気にならない　3 あまり気にならない
4 少し気になる　5 気になる　6 とても気になる

[　]内の数字は、グループ・ジャマシイ（1998）の中文版のページ数を示している。この文型辞典の中文版を用いた理由についてはイ）上級以上の文法シラバスが存在しないこと、ロ）筆者が旧日本語能力試験1級を取得後、この辞典を通読してこれまでに習った文法ポイントを整理したこと、ハ）中国語との対訳関係を視野に入れたかったこと、の3点による。なお、[　]がない場合の用例は筆者の学習メモによる。

　今回の調査では、筆者と同様な立場を示す結果が含まれる一方で、筆者とは異なる視点も見られたが、一学習者としての習得過程においてそれぞれが筆者にとって気になる項目であったことは確かである。この論文では、学習者にとって気になる文法項目と用法を取り上げ、文法シラバスの一端を考察したい。

4.2　日中言語間のずれ

　言語間には様々なずれを認めることができるが、ここでは対訳の表現が対

応しない場合と、同じ事柄を違う表現で言い表す場合を取り上げる。

対訳の表現が対応しない場合について助詞のカを例に挙げる。助詞カには複数の用法があり、中でも学習者にとっての難点でありながらさほど重要視されていないのが不定の「カ」の用法である。筆者は、不定のカを含む助詞カの諸用法について気になる度合いを調査した。以下はアンケートに用いられた用例である。【　】内はアンケートにおける通し番号であり、表2にある番号と一致している。また、用例に続いて今回の調査結果の一覧表をそれぞれ付した。一覧表にある M と SD は平均値と標準偏差であり、数字の1.2.3.4.5.6 は気になる度合いの「1 全く気にならない　2 気にならない　3 あまり気にならない　4 少し気になる　5 気になる　6 とても気になる」を表している。以下同様である。なお、この論文では学習者が「気になる」と「気にならない」という大まかな傾向を明らかにすることを研究目的の1つとしているため、分析にあたっては「3 あまり気にならない」と「4 少し気になる」の中間値 3.5 を判断基準とする。言い換えれば、平均値が 3.5 以下なら「気にならない」、3.5 以上なら「気になる」と見なすということである。これは 1.2.3 をまとめて「気にならない」に、4.5.6 を「気になる」と個々の選択肢を選んだ人数を足し算した結果とも一致している。

（2）　誰かに道を聞こう。［86］【問5】
（3）　真っ暗で誰が誰だか分からない。［86］【問14】
（4）　やっと帰ってきたかと思ったら、また出かけるの？［107］【問17】
（5）　景気の悪化は一応おさまったかにみえるが、まだまだ安心はできない。［719］【問21】
（6）　何球かをお借りできますか？【問25】
（7）　何年か前に杭州に行ったことがある。【問35】
（8）　外に遊びに行くよりかは家でゆっくりしたい。【問37】
（9）　彼女はいつも、あたかも目の前にその光景が浮かび上がってくるかのような話し方で、人々を魅了する。［9］【問41】
（10）　死ぬんじゃないかと思うほど苦しかった。［107］【問49】
（11）　まるで自分のことかのようにいつも心配してくれている。【問73】

表3　調査結果1：不定の「カ」

番号	M	SD	1	2	3	4	5	6	無回答
（2）	1.93	1.171	36	18	10	7	1	1	0
（3）	2.40	1.299	21	23	16	7	4	2	0
（4）	2.53	1.374	19	23	13	9	6	2	1
（5）	3.25	1.362	10	13	14	23	11	2	0
（6）	2.97	1.483	13	20	10	15	10	3	2
（7）	2.21	1.130	21	30	12	7	2	1	0
（8）	4.26	1.414	6	4	5	20	26	12	0
（9）	2.60	1.175	13	25	19	10	6	0	0
（10）	2.21	1.213	23	28	13	3	5	1	0
（11）	2.53	1.278	17	24	14	11	5	1	1

回答では、（8）以外はいずれも気にならないという結果となっている。（2）（3）はカの基本用法で、（9）（11）の「～かのように（な）」は試験対策等の成果もあって気にならないという結果は頷ける。一方で耳にする機会が多い「～かと思う」の（4）（10）が気にならないのに対して、構造的には近いにも関わらず（5）の「～かに見える」の気になる度合いが高くなっている点は興味深い。

　ここでは特に不定のカに関わる（6）（7）（8）に注目したい。疑問詞に不定のカが付く疑問文は、文中に現れる位置は異なるものの、中国語で同様の使い方をされる語気助詞「吗」と対応する場合がある。

　　（12）　何を飲む？（你喝什么？）
　　（13）　何か飲む？（你喝点儿什么吗？）

ただし、不定のカの有無によってニュアンスの差が生じるため、「いくつかの球を借りられるかどうか」を意味する次の（14）（＝（6））と借りられる個数のみを尋ねる（15）のように、対応する構文が存在してもその使い分けは学習者にとって簡単ではない。しかし、アンケートでは（6）は気にならないという結果となっている。

（14）　何球かをお借りできますか？（可以借几个球吗？）【問25】
　　（15）　何球、お借りできますか？（可以借几个球？）
また、不定のカの有無を問わず、疑問詞を用いても疑問文にならない場合もある。
　　（16）　日本は、十何年前の金融ショックからは完全に立ち直った。
　　（17）　日本は、十何年か前の金融ショックからは完全に立ち直った。
(16)は話し手が一定の期間を確信しているのに対し、(17)ははっきりと期間を思い出せていない意味が読み取れる。(17)とほぼ同じ（7）が気にならないと答えた人数が圧倒的に多かったのは、この点を十分理解していないことに起因するのかもしれないが、学習者にとって難しい用法の1つと考えて差し支えないと思われる。

　ほかにも、日本語では疑問詞なしに不定のカの有無によってニュアンスの差が生じるが、同一の中国語に訳される場合がある。
　　（18）　外に遊びに行くよりは家でゆっくりしたい。
　　（19）　外に遊びに行くよりかは家でゆっくりしたい。【問37】
　　（20）　去外面玩儿还不如在家悠闲地呆着呢！
(18)に比べて(19)のほうが話し言葉的であることは、「～よりかは」が「それよか携帯を使えるようにしなきゃ。」（筆者が受けたメールの実例）のように「～よか（は）」に言い換えられることから考えても分かるが、両者はともに(20)の中国語に訳される。（8）が気になる表現となっているのは、「より」の後に不定のカを挿入する表現が存在することを知らなかった学習者が多いことの表れであると考えることができる。

　(16)(17)及び(18)(19)のような使い分けができなくても言語活動に支障を来すものではないとの意見もあろう。これはネイティブの目線である。この論文で設定した学習者レベル、即ち上級以上でネイティブレベルに極力近づこうとする学習者が実際にこれらの表現を耳にした時、何が違うのかというもやもやした感じを覚えたり、またネイティブのようにより正確に細かいニュアンスを表したいという気持ちを持ったりする。それが学習者の視点に立つものであることを断っておきたい。

　もう1つの日中言語間のずれとして同じ事柄を違う表現で言い表す場合

が挙げられる（表2における「視点の違い1」と「視点の違い2」の違いについては劉2015bを参照）。(21) はテレビドラマ『家族ゲーム』の第3話「誕生日会に家庭教師がクラス全員招待！」(2013年5月1日放送) の台詞である。ドラマの中の父に対する母の応答に注目されたい。

(21) 父：だいたいお前が俺がギターやっていること先生に言うからこうなっちゃったんだろ。
母：私、言いませんよ！【問46】

表4　調査結果1：同じ事柄を違う表現で言い表す場合

番号	M	SD	1	2	3	4	5	6	無回答
(21)	3.67	1.627	8	14	9	15	15	11	1

調査結果では (21) が学習者にとって気になる表現であることを示している。これは中国語の場合、質問に合わせたテンスやアスペクトで答えるのが習慣的であるため、(21) における父の発言に対して中国語では「我没説！（私は言っていません！）」というような答えが返ってくるのが一般的だからである。これに対し、日本語で「言いません」というような異なったテンス・アスペクトで答える表現が存在することは、学習者にとってはかなりの驚きなのである。

　言語間のずれについては対照言語研究の分野で扱われることが多い。実際に母語の違いに対応した日本語教育を考える際には、対照研究の視点が重要であることは事実である。だが、中級から上級の最初の段階においてはそのような対照研究の成果を応用した日本語教育が効果的であるが、上級以上ともなれば個々の表現を一々母語に置き換えたりしないため、対照研究の視点による学習効果も限定的であると考えられる。だからといって上級以上において対照研究の視点が不要というわけではなく、**4.2** で示したように、日本語と学習者の母語でほぼ同じ意を持ちながら、対応しない部分もあること、即ち言語間のずれを文法指導の際に学習者に提示することは重要である。

4.3 教師の指導指針と学習者の要望との間のずれ

　現行の文法項目に関する説明を「教師側の指導指針」と見る場合、学習者が自らの学習経験を踏まえて、習った内容以外の用法や使い分けに関する説明を求めることを「学習経験者からの要望」と見なすことができよう。筆者は自らの経験からこれらを概ね「接続タイプ」「呼応タイプ」「選択タイプ」「未習タイプ」に分けている。

　「接続タイプ」とは、先行する語の活用形と密接に関わり、前後の文脈における形態上の接続関係を指す語である。例えば、助動詞「～べし」については、①断定を表す終止形「～べきだ／だった。」(22)、②連用形「～べく～」(23)、③禁止を表す終止形「～べからず。」(24)、④終止形「～べし。」(25)といった用法が扱われている。

(22)　他人の私生活に干渉す（る）べきではない。[664]【問10】
(23)　彼が勝ったのは偶然ではない。練習につぐ練習を重ねて、彼は勝つべくして勝ったのだ。[666]【問22】
(24)　芝生に入るべからず。[664]【問29】
(25)　後生おそるべし。[667]【問48】
(26)　慣れるべきは暑さより湿度だった「日本は準備に失敗」の声（日刊ゲンダイ6月16日（月）13時23分配信）【問51】

表5　調査結果3:「～べし」

番号	M	SD	1	2	3	4	5	6	無回答
(22)	2.61	1.478	22	16	15	8	9	2	1
(23)	3.88	1.364	6	7	11	19	26	4	0
(24)	2.68	1.471	17	22	15	7	7	4	1
(25)	2.79	1.322	12	23	16	15	4	3	0
(26)	3.58	1.343	5	13	15	18	19	3	0

アンケートの結果で、現行の教育現場で扱われている用法のうち、連用形「～べく～」(23)が気になると答えた人が多かったのは意外である。「～べき」の基本用法(22)(24)(25)はさほど気にならないようである。ここでは、

特に教科書等の文法説明で取り上げることの少ない「～べきは」に注目したい。予想していたことではあるが、(26)に関しては気になると答えた学習経験者の数が多かった。連体用法の「～べき」の後には形式名詞を入れる必要があると考える学習経験者の視点（時には間違っている場合がある）を考慮すると、「～べき」を教える際に特に次の2点を学習者に示す必要があろう。1つは、「～べきは」という用法があること。もう1つは形式名詞を用いる場合は「～べきことは」という表現はあるが、「～べきのは」は非文法的であること。このほか、連語として「～べきかどうか」「～べきことかどうか」は使えるが、「～べきのかどうか」は非文法的であることや、例外的に「～べきなのかどうか」という使い方が存在することもあわせて提示してもよい。

「接続タイプ」に関してはもう1例を挙げたい。話し言葉において、「～たって」はよく使われる表現であるが、ここでは「～たって」に先行する活用形に注目されたい。その接続形式に関する説明に見落としがちな点があるからである。

(27) 遅くなったって、必ず行きますよ。[260]【問9】
(28) どちらにしたって勝てる見込みはほとんどない。[568]【問31】
(29) 連絡しようったって、どこにいるかさえわからないのに無理だ。[261]【問39】
(30) あの人はどんなにつらくたって、決して顔に出さない人です。[261]【問61】

表6　調査結果4:「～たって」

番号	M	SD	1	2	3	4	5	6	無回答
(27)	3.55	1.334	6	10	19	17	18	3	0
(28)	2.90	1.204	10	17	24	15	6	1	0
(29)	3.59	1.517	6	17	10	15	18	7	0
(30)	2.99	1.477	14	18	12	12	15	1	1

(30)は形容詞に「～たって」が下接する場合である。この場合に形容詞の

連用形を用いることは、学習者はさほど気にならないようである。これに対し、動詞に「〜たって」が下接する場合は動詞のタイプによって結果が異なっている。(27)を気になるとする人が多かったのに対し、(28)は逆であった。(28)の「〜したって」がよく耳にする表現であること、またサ変動詞の連用形が(27)のような五段動詞の連用形に比べて使われやすいことも影響していると思われる。ここで注目したいのは、(29)のように「〜よう」に「〜たって」が付く場合、気になると答えた学習者が多かった点である。「〜ようったって」という接続形式の習得を自力で行うことが困難であることを表している。

次に、「呼応タイプ」について触れる。例えば、副詞の「ついに」を例に挙げると、これらは通常「語彙」として扱うのが一般的である。しかし、学習者の視点からすれば、後述するように「ついに」についてはマイナスの表現と共起するかどうかが学習者にとっての関心事であり、単なる語彙としてではなく、呼応する文法項目の説明のポイントの1つとして提示したほうが分かりやすいのである。アンケートでは、呼応タイプを検証するために、「ついに」と「つい」の用例について調査を行った。

(31) 客は、一人去り一人去りして、ついに誰もいなくなった。[302]【問50】
(32) 彼の願いはついに実現しなかった。[302]【問65】
(33) そのことは口止めされていたのに、つい口をすべらせて言ってしまった。[300]【問70】
(34) 彼はついに最後まで謝らなかった。[302]【問80】

表7　調査結果5:「ついに(つい)〜マイナス表現」

番号	M	SD	1	2	3	4	5	6	無回答
(31)	2.40	1.206	20	20	20	8	3	1	1
(32)	4.04	1.505	8	5	6	20	23	10	1
(33)	2.19	1.050	20	30	15	5	3	0	0
(34)	3.59	1.508	6	16	12	14	18	7	0

(32) (34) はともに「ついに」とマイナスの表現との共起を示す例文であり、いずれも気になると答えた学習者の数が多かった。これに対し、「つい」とマイナスの表現を示す例文 (33) は学習者にとっては気にならない表現であるようだ。この対照的な結果は以下のような要因によるものと考えられる。「ついに」は漢字で「遂に」と表記できるため、中国語母語話者にとって「やり遂げる」という意味が想起されやすく、プラスの表現と共起するイメージに繋がりやすい。また、「ついに」の中国語訳の1つに「終于」があり、「終于」は「やっと」という意味としても用いられることから中国語ではプラスの表現と共起しやすい。このことも「ついに」とマイナスの表現との共起が気になるという結果に影響していると思われる。一方、「つい」は油断等による望ましくない結果の意を持っており、マイナスの表現と共起しても、学習者にとってさほど気にならないのである。以上の考察からは、これらの例を日中言語間のずれとして捉えることもできるが、日本語においては「ついに」がマイナスの表現とも共起できることを学習者に提示する必要があることから、筆者は敢えて「呼応タイプ」として扱う。なお、(31) も「ついに」と否定表現の共起を示す例文でありながら、学習者の多くは気にならないと答えている。このことは、「ついに」と「つい」が学習者にとって混同しやすい語彙のペアであることに関係すると思われる。つまり、学習者が (31) の「ついに」を「つい」と混同して判断した可能性もあるということである。

　次の「選択タイプ」は日本語の特徴的な表現の1つとも言える形式名詞の有無を指すものである。その代表的な項目としては「の」の有無を真っ先に思いつくが、ここでは「〜よう」についても解説を望む学習者がいることを示したい。

(35) こちらのほうがちょっとおいしいようだ。[800]【問 8】
(36) この薬を飲んでも熱が下がらないようなら、医者と相談したほうがよいでしょう。[802]【問 28】
(37) きみが行かないようでは誰も行くわけがない。[801]【問 33】
(38) ご無理がおありのようでしたら、ご放念くださいませ。【問 42】

表8　調査結果6:「〜よう」

番号	M	SD	1	2	3	4	5	6	無回答
(35)	3.08	1.518	15	12	15	16	10	4	1
(36)	2.81	1.287	10	26	15	14	6	2	0
(37)	3.78	1.455	7	9	11	18	22	6	0
(38)	2.55	1.179	13	28	18	7	7	0	0

　形式名詞の「〜よう」は様子を意味する「様」に由来することから、(36)のように発熱の様子が直接観察できる用例においては、気にならないとする回答が多かった。これに対し、(35)は「おいしいかどうか」が発熱に比べて抽象的であるためか、気になると答えた割合がややあがっている。そして、(38)に関しては気にならないとの回答が圧倒的に多い。これは決まり文句として理解している可能性が高いと思われる。一方、(37)については、気になると答えた学習者が多い。このような「〜よう」の用法は、実は学習者にとってなかなか習得しにくい用法の1つになっているのである。(37)も、意味が伝わらないわけではないが、学習者は「きみが行かなかったら誰も行かないよ」という意味程度にしか理解できないのである。このような「〜よう」の用法を、学習者にさらに一押しする必要があろう。

　最後に、「未習タイプ」を取り上げる。次の(39)〜(44)のような表現は、既存の教科書等では普通は解説されていないものである。しかし、アンケートの調査結果からはいずれも上級の学習者にとって気になる表現となっている。((43)の平均値は3.5に満たないが、極めて3.5に近い数値であると言える。)

(39)　報道されてお知りおきとは思いますが…。【問38】
(40)　2014年度の入会の会員には送付していませんのでご承知おきください。【問85】
(41)　A：行きますか。
　　　B：行くとも。【問68】
(42)　A：食べないのですか。
　　　B：食べませんとも。【問86】

(43)　お風邪など召されぬようご自愛下さい。【問27】
(44)　あまり無理をなされないようお気を付けください。【問77】

表9　調査結果7：未習項目

番号	M	SD	1	2	3	4	5	6	無回答
(39)	4.47	1.435	4	5	8	10	28	18	0
(40)	4.29	1.305	1	8	11	13	27	12	1
(41)	3.89	1.552	7	9	11	13	22	10	1
(42)	4.32	1.216	2	4	8	24	21	12	2
(43)	3.47	1.529	8	14	14	16	12	8	1
(44)	3.55	1.564	7	18	9	13	19	7	0

(39)(40)の結果からは「お見知りおき下さい」や「お含みおき下さい」のような、時折耳にする表現を理解するためにも「お／ご～おき（下さい）」を上級以上の学習者に提示する必要があると思われる。

終助詞「～とも。」に関しては気になるという回答が多い。国民的長寿番組であったバラエティ番組『笑っていいとも』はこの「～とも。」の代表例であり、耳にする機会も多かったと思われるが、(41)(42)の結果からは文法的にはあまり認識されていなかったようである。終助詞「～とも。」を文法項目として立てるかどうかについての議論があってもよかろう。

(43)(44)に関しては、尊敬を表す助動詞「る」の未然形「れ」に否定の助動詞「ぬ」「ない」が下接しているという文法事項を知らなければ、古典語の名残を持つこれらの表現の正確な意味を理解することはできないだろう。劉(2015a)で主張しているように、古典語を体系的に学習する必要性はないが、現代語においても使われている古典語の名残を持つ表現（成句・常套句）を理解するためには、通時論的視点を部分的に取り入れた日本語教育が必要であると思われる。

以上、「接続タイプ」「呼応タイプ」「選択タイプ」「未習タイプ」において、それぞれのタイプの事例について考察してきた。それを踏まえて次の2つの学習者の要望を述べたい。上級以上の学習に限定して言えば、①既習の文法項目の中にも学習者からすれば、もっと詳しく教えてほしいと感じる用

法やポイントがある。②教師側は教える必要がないと考える項目でも、学習者が教えてほしいと感じる項目がある。教師側の視点と学習者からの要望との線引きが難しいこと、実際に文法項目として立てる必要性の有無について議論する必要があることは重々承知している。しかし、個々の提案を採用するかどうかは別として、新しい文法シラバスを構築する際に学習者の視点や要望を念頭に置くことも重要であることは強く主張したい。教科書（シラバス）、あるいは参考書等を通して、学習者に提示してゆく必要性を感じるのである。

以下、本調査で平均値が3.0を超えた項目の一覧表を平均値の高い順に挙げる。3.0以上を選んだのは、「気になる」項目のみでなく、上級の学習者が「気にならない」もしくは「気になる」と感じる境界も同時に示すためである。

表10　学習者の気になる項目とポイントの一端

	問番	M	実際の例文（気になる箇所に下線を付す）
1	問38	4.47	報道されてお知りおきとは思いますが…。
2	問13	4.36	このことはまだ誰にもしらせないである。[485]
3	問40	4.33	事故で死んでしまっただなんて、あんまりだ。[267]
4	問86	4.32	（A：食べないのですか。）B：食べませんとも。
5	問85	4.29	2014年度の入会の会員には送付していませんので承知おきください。
6	問37	4.26	外に遊びに行くよりかは家でゆっくりしたい。
7	問65	4.04	彼の願いはついに実現しなかった。[302]
8	問82	3.97	それは彼女になしえた最大限の努力だったに違いない。[66]
9	問68	3.89	（A：行きますか。）B：行くとも。
10	問22	3.88	彼が勝ったのは偶然ではない。練習につぐ練習を重ねて、彼は勝つべくして勝ったのだ。[666]
11	問34	3.79	雨の日曜日は部屋から一歩も出ないでいた。[485]
12	問33	3.78	きみが行かないようでは誰も行くわけがない。[801]
13	問69	3.76	約束したのに、できなかっただなんて、ひどい。[267]
14	問46	3.67	（A：だいたいお前が俺がギターやっていること先生に言うからこうなっちゃったんだろ。）B：私、言いませんよ！
15	問72	3.62	死ぬだとか葬式だとか、湿っぽい話はもうやめよう。[310]

16	問 39	3.59	連絡しようったって、どこにいるかさえわからないのに無理だ。[261]
17	問 80	3.59	彼はついに最後まで謝らなかった。[302]
18	問 51	3.58	慣れるべきは暑さより湿度だった「日本は準備に失敗」の声（日刊ゲンダイ６月16日（月）13時23分配信）
19	問 9	3.55	遅くなったって、必ず行きますよ。[260]
20	問 11	3.55	彼女がもしいやだと言えば、引きずってでも病院へ連れて行くつもりだ。[341]
21	問 77	3.55	あまり無理をなされないようお気を付けください。
22	問 27	3.47	お風邪など召されぬようご自愛下さい。
23	問 44	3.37	このことは夫にも話さないでいる。[485]
24	問 75	3.32	ずっと心に描く　未来予想図は　ほら　思ったとおりに　かなえられてく（DREAMS COME TRUE　未来予想図Ⅱ）
25	問 21	3.25	景気の悪化は一応おさまったかにみえるが、まだまだ安心はできない。[719]
26	問 23	3.21	おもしろかっただって？むずかしかったとか、やさしかったけど問題が多かったとかほかに答えようがあるだろう。[262]
27	問 30	3.19	（今日は学校に行きたくないな。）なに？行きたくないだと？[264]
28	問 6	3.12	知っている（の）なら教えてほしい。[518]
29	問 63	3.11	そんなくだらないもの、ほしくも何ともない。[549]
30	問 67	3.11	（Ａ：すみませんでした。許してください。）Ｂ：許すも許さないもない。君の責任じゃないんだから。[739]
31	問 8	3.08	こちらのほうがちょっとおいしいようだ。[800]

5.　おわりに

　学習者、中でも学習経験者は自らの習得経験を踏まえた視点から、日本語教育に貢献することが可能である。この論文はこうした基本的立場に立ち、上級以上のレベルを想定して、特に文法シラバスに焦点を当て、教えてほしかった項目とポイントについてその一端を示した（姉妹編に劉（2015b）がある）。今後は、学習者が求めた文法項目の説明の方法のほか、学習者の視点から語彙シラバスにも検討を加え、学習者（学習経験者）から見た日本語教育シラバスの全体像について考察してゆきたい。

引用文献

グループ・ジャマシイ（1998）『日本語文型辞典』［中文版 2001、徐一平ほか翻訳］
迫田久美子（2002）『日本語教育に生かす第二言語習得研究』アルク.
劉志偉（2015a）「通時論的観点を部分的に取り入れた文法指導の試み —— 旧派テニヲハ論書における「筒」（つつ）項目の記述に触発されて —— 」『武蔵野大学日本文学研究所紀要』2, pp. 4–21.
劉志偉（2015b）「学習者から見た文法シラバス拾遺 —— ニア・ネイティブレベルを目指すために —— 」『人文学報』530, pp. 21–38. 首都大学東京人文科学研究科.

第9章

初級総合教科書から見た文法シラバス

田中祐輔

1. はじめに

　この論文は、既存教科書の側面から文法シラバスについて考察するものである。現在、「複数の異なるアプローチによってシラバスを作成し、それらの一致度を見る」(山内 2014: 197) 取り組みが、山内 (2009) や庵 (2011) を始め、様々な切り口から進められているが、この論文は、こうした今後の在り方についての議論に必要不可欠な、過去から現在までの文法シラバスの歩みに関する基礎的資料を提示するためのものである。

2. 問題の所在
2.1　日本語教科書調査の有効性

　「シラバス」の定義は様々であるが、「教育方法、あるいはクラスの教育・習得内容（たとえば、文法構造、文パターン、機能、トピックなど）とその構成を示したもの」（日本語教育学会（編）2005: 754）とした場合、日本語教育で用いられる「教科書」は、見方を変えればシラバスそのものと言っても過言ではない。なぜなら、「『教科書』は、あるコースを想定し、その対象者、目的、学習時間などを考慮して、学習内容を効果的に学べるように配列したもの」（吉岡 2008: 3）であり、その特性がシラバスと重なるからである。このため、この論文が目標とする今後の文法シラバスの考察に際して必要と

なるこれまでの歩みへの理解には、様々な理念と知見の下に作成された既存教科書を分析する「日本語教科書調査をきっかけとした日本語教育文法研究」（森 2011a: 17）が有効であると考えられる。

2.2　通時的視点の必要性

　言うまでもなく、日本語教育の文法シラバスは、何からも隔離された状態で無から新規に創出されてきたものではない。「現在」の日本語教育実践者達の考えや、取り巻く状況、抱える事情等により様々な影響を受けており、それは過去における「現在」の積み重ねとも無関係ではない。現行教科書のシラバスには共通点があり（庵・高梨・中西・山田 2000、小林 2009）、また、それらの共通点が過去から存在すること（野田 2005、吉岡 2005）もそれを裏付けるものである。であるならば、今後の日本語教育の文法シラバスについて考える際、これまでの日本語教育を担ってきた先人達の文法シラバスを巡る実践の積み重ねを通時的観点から考察することが求められるだろう。

　以上から、日本語教育の文法シラバスに関する今後の在り方についての議論にはこれまでの歩みに関する基礎的資料が必要であり、そのためには、過去から現在までの通事的視点も持つ日本語教科書調査が有効であると考えられる。

2.3　求められる日本語教科書調査―対象教科書の抽出から網羅へ―

　岩田（2011: 123）において「文法記述を目的とした『教材分析』はあまりなされていません。あったとしても個別に指摘するものが多いと思います。」と論じられているように、教科書分析を通して文法シラバスを検討するものは比較的少ない。さらに、前掲書で述べられているように、先行研究では各時期の日本語教科書の傾向を把握するために「主要教科書」あるいは「代表的教科書」を抽出した調査が行われているが、各年代の実態や全体像を把握するためには、いくつかの教科書を抽出する標本調査と併せ、時々の教科書全体を対象とする全数調査も実施されるべきものと考えられる。勿論、各時期に発行された全ての教科書を把握し入手することは困難であるため、発行が確認され入手することが可能な戦後の既存初級総合日本語教科書を分析する準全数調査が必要であると考えられる。

3. 研究の目的

　この論文は、既存教科書の視座から文法シラバスの過去と現在を明らかにし、今後の在り方についての検討に必要不可欠なこれまでの歩みに関する基礎的資料を提示することを目標とするものである。そのために、戦後日本語教育において、初級総合日本語教科書が、いかなる「文法」を扱ってきたかについて、戦後日本で発行された初級総合日本語教科書の準全数調査を通して解明することを目的とする。

4. 研究の方法
4.1　分析対象

　この論文では戦後日本で出版された初級総合日本語教科書の準全数調査を実施するために、戦後に日本で出版された初級総合日本語教科書をリスト化している先行研究を参照し、調査対象をそれらの記述に従うことにした。一定の選定基準を設け日本語教科書を網羅的にリスト化している先行研究としては、管見の限りでも、『教科書解題』（国際交流基金 1976）、『日本語教材リスト』（国際交流基金 1978）、『日本語教科書ガイド』（国際交流基金 1983）、『日本語教材概説』（河原崎・吉川・吉岡 1992）、『日本語教材データファイル』（日本語教育学会教材委員会 1992）、『徹底ガイド日本語教材』（吉岡 2008）が挙げられる。さらに、文部科学省科学研究費補助金による研究成果報告書としては『第二次大戦前・戦時期の日本語教育関係文献目録』（日本語教育史研究会 1993）、『第二次大戦期までの日本語教育関係文献目録』（吉岡 2004）、『日本語教科書目録集成』（前田 2005）、『第二次大戦期以降の日本語教育教材目録』（吉岡 2008）、『日本語教材目録及び日本語教材関連論文目録』（吉岡 2012）が挙げられる。

　これらの内、今日までに日本で発行された初級総合日本語教科書を網羅しているのが『日本語教材目録及び日本語教材関連論文目録』（吉岡 2012）である（以下、「目録」とする）。そこで、この論文では、目録に掲載され入手することができた 89 種計 126 冊の初級総合日本語教科書を対象とすることにする（表1）。

表1　対象とする初級総合日本語教科書

1950s（5種5冊）
清岡瑛一（1953）『JAPANESE IN THIRTY HOURS』THE HOKUSEIDO PRESS
国際学友会日本語学校（編）（1954）『日本語読本』（巻1）国際学友会
国際学友会日本語学校（1954）『NIHONGO NO HANASIKATA』国際学友会
長沼直兄（1955）『改訂標準日本語読本巻一』長風社
国際学友会日本語学校（編）（1959）『よみかた』国際学友会
1960s（5種5冊）
小川芳男・佐藤純一（1963）『日本語四週間』大学書林
Japanese Department, International Christian University（1965）『Modern Japanese for University Students Part I』（Revised Edition）ICU Bookstore
長沼直兄（1965）『再訂標準日本語読本巻一』（訂正増刷版）長風社
長沼直兄（1966）『FIRST LESSONS IN JAPANESE』（第2版）開拓社
大阪外大留学生別科（1967）『BASIC JAPANESE 1-2』OSAKA UNIVERSITY OF FOREIGN STUDIES
1970s（13種15冊）
小川健二（1970）『NEW INTENSIVE JAPANESE』（改訂増補版）THE HOKUSEIDO PRESS
小出詞子（1971）『Easy Japanese 1-3』LET'S COMPANY
森有正（1972）『日本語教科書』大修館書店
早稲田大学語学教育研究所（1972）『外国学生用　日本語教科書　初級』（改訂版）早稲田大学語学教育研究所
吉田弥寿夫他（1973）『あたらしい日本語』学研
国際学友会日本語学校（編）（1974）『中国人のための日本語』国際学友会
国際交流基金（1974）『日本語入門』国際交流基金
Anthony Alfonso（1974）『Japanese: A Basic Course』上智大学
米加十一大学連合日本（1975）『BASIC SITUATIONAL JAPANESE I』Inter-University Center for Japanese Language Studies
Yosuo Yoshida, Nao'omi Kuratani, Shunsuke Okunishi; editorial adviser, Tetsuo Shibata（1976）『日本語入門』学習研究社
水谷修・水谷信子（1977）『日本語』The Japan Times
曽我松男・松本典子（1978）『英文基礎日本語』大修館書店
国際学友会日本語学校（編）（1979）『正しい日本語』（第6版）国際学友会
1980s（17種25冊）
国際交流基金（1981）『日本語初歩』凡人社

今井幹夫（1981）『わかる日本語』（さしえ版）（第1巻～第2巻）千駄ヶ谷ランゲージスクー出版部

江副隆愛・江副勢津子・江副隆秀・中島透（1982）『実用日本語1』（再改訂版）新宿日本語学校

青山スクール・オブ・ジャパニーズ（1982）『INTENSIVE SPOKEN JAPANESE』青山スクール・オブ・ジャパニーズ

名古屋大学総合言語センター日本語学科（1983）『A COURSE IN MODERN JAPANESE 1–2』University of Nagoya Press

早稲田大学日本語研究教育センター（1984）『外国学生用基礎日本語』早稲田大学日本語研究教育センター

Association for Japanese-Language Teaching（1984）『コミュニケーションのための日本語』講談社インターナショナル

国際協力事業団（1985）『技術研修のための日本語1–3』（第2版）国際協力事業団

亜細亜大学留学生別科（1985）『現代日本語』（改訂第2版）亜細亜大学

ソニー・ランゲージ・ラボラトリー（1985）『Core Japanese I–IV』ソニー・ランゲージ・ラボラトリー

Hajime Takamizawa（1986）『EXECUTIVE JAPANESE』ASK KODANSHA

Osamu Mizutani（1986）『NATURAL JAPANESE』Sony Corporation, Educational Systems Laboratory

文化外国語専門学校日本語科（1987）『文化初級日本語I』凡人社

言語文化研究所附属東京日本語学校（1988）『長沼新現代日本語I』言語文化研究所

富田隆行（1988）『日本語第一歩I–II』凡人社

長崎総合科学大学別科日本語研修課程（1989）『別科・日本語I』長崎総合科学大学

日米会話学院日本語研修所（1989）『日本語でビジネス会話　初級編：生活とビジネス』凡人社

1990s（20種33冊）

Susumu Nagara（1990）『JAPANESE FOR EVERYONE』学研

海外技術者研修協会（1990）『しんにほんごのきそI–II』スリーエーネットワーク

片桐ユズル（1990）『はじめてのにほんご』大修館書店

東海大学留学生教育センター（1991）『日本語初級I–II』東海大学出版会

いしいようこ（1991）『楽しく学べる日本語初級コース』アルク

TOPランゲージ日本語研究会（1992）『技術研修生のためのにほんご100時間』凡人社

水谷信子（1992）『現代日本語初級総合講座』アルク

能登博義（1992）『コミュニケーションのための日本語入門』創拓社

愛知大学短期大学部留学生別科テキスト編集会議（1993）『愛知大学初級日本語 I–IV』愛知大学短期大学部留学生別科運営委員会

水谷信子（監修）（1993）『入門日本語』アルク

The California Association of Japanese Language Schools（1994）『やさしいにほんご』成美堂

東京外国語大学留学生日本語教育センター（1994）『初級日本語』（新装版）凡人社

筑波ランゲージグループ（1995）『SITUATIONAL FUNCTIONAL JAPANESE』（第2版）凡人社

寺内久仁子・白井香織・草刈めぐみ（1996）『にほんご1・2・3　上、下』アルク

国際基督教大学（1996）『ICU の日本語　初級 1–3』講談社インター

アークアカデミー（1998）『風のつばさ』アークアカデミー

日暮嘉子（1998）『初級実践日本語 1–3』アルク

スリーエーネットワーク（1998）『みんなの日本語初級 1–2』スリーエーネットワーク

東京外国語大学留学生日本語教育センター（1999）『実力日本語—豊かな語彙・表現力をめざして—上、下』アルク

坂野永理・大野裕・坂根庸子・品川恭子（1999）『初級日本語［げんき］1–2』The Japan Times

2000s（29 種 42 冊）

文化外国語専門学校（2000）『新文化初級日本語 I–II』凡人社

ヒューマン・アカデミー教材開発室（2000）『にほんご 90 日 1–3』UNICOM

山内繁勝（2001）『Step up Nihongo 1–2』英治出版

姫野昌子・吉岡英幸・伊東祐郎（2002）『日本語 I—外国語としての—』放送大学教育振興会

「日本語のひろば」編集委員会（2002）『日本語のひろば　第 1 巻』朝日出版社

小山悟（2002）『ジェイ・ブリッジ 1–2』凡人社

岡本輝彦・木川和子・辻本澄子・西尾節子・松井充子（2002）『（初級）語学留学生のための日本語 I–II』凡人社

『TOKYO JAPANESE I』（第 3 版）（2004）アルファ国際学院

沢村三恵子・下田信子（2004）『にほんご　45 じかん』（改訂 5 版）専門教育出版

日本語教育教材開発委員会（編著）（2005）『学ぼう！にほんご　初級 I–II』専門教育出版

東京 YMCA（2005）『CD エクスプレス日本語』白水社

山﨑佳子・土井みつる（2006）『はかせ 1–2』（新装版）スリーエーネットワーク

国際日本語普及協会（2006）『あたらしいじっせんにほんご　技術研修編』（第 5 版）国際日本語普及協会

コーベニ澤子・ケネス G ボストン・髙屋敷真人・中松知子（2006）『リビングジャパニーズ　BOOK1』くろしお出版

TIJ 東京日本語研修所（2006）『はじめよう日本語　初級 1–2』スリーエーネットワーク

横田淳子・小林幸江（2007）『マリアとケンのいっしょににほんご　「学び」につながる 16 の活動』スリーエーネットワーク

松本節子・長友恵美子・佐久間良子（2007）『ビジネス日本語 Drills』ユニコム

倉持素子（2007）『日本語 50 の鍵』AZ Japanese Service

高見澤孟・阿曽村陽子（2007）『にほんごではたらこう 1–2』グローカルエデュケーション

刈田カイ・佐藤乃理子・中村豊美・根本牧・安田芳子・ローリー日比野晴美・早川嘉春（2008）『ニューエクスプレス日本語』白水社

豊里幸子（2008）『だいすき！日本語』チャールズ・イー・タトル出版

山﨑佳子・石井怜子・佐々木薫・髙橋美和子・町田恵子（2008）『日本語初級 1–2 大地』スリーエーネットワーク

JAL アカデミー（編）（2009）『NIHONGO Breakthrough』アスク出版

Scott Rutherford（2009）『JAPANESE FOR TRAVELERS』TUTTLE PUBLISHING

Otemachi Language Group（2009）『まるごとビジネス日本語初級 1–3』The Japan Times

日本学生支援機構東京日本語教育センター（2009）『進学する人のための日本語初級読み文』（第 7 版）独立行政法人日本学生支援機構

宿谷和子・天坊千明（2010）『いっぽにほんごさんぽ暮らしの日本語教室　初級 1』スリーエーネットワーク

Christian Galan（2010）『チャレンジ！はじめての日本語』TUTTLE PUBLISHING

李德泳・小木直美・當眞正裕・米澤陽子（2010）『日本語がいっぱい』ひつじ書房

　対象教科書について、この論文では極力初版を分析するよう努めたが、止むを得ず初版を入手できなかった場合は、2 版以降を参照したものもある。この場合は、版が改訂されているため、その版が発行された年を出版年と見做した。なお、シリーズ教科書の出版年は、巻ごとに若干異なるものもあるが（例：山内繁勝（2001）『Step up Nihongo 1–2』英治出版の場合、第 1 冊の発行年が 2001 年であり、第 2 冊の発行年が 2003 年となっている）、この場合は、目録の手法に則して第 1 冊の出版年をそのシリーズの出版年と見做した。また、内容が明らかに「初級」学習者を対象にしていないものは調査対象から除外した。例えば、目録に初級総合日本語教科書として記載され

たシリーズ教科書の後半の巻が精読のための文章のみで構成されている場合は、後半の巻は調査対象から除外した。さらに、目録に初級総合日本語教科書として分類されているものでも、実際には「総合」教科書とは考えづらいものも僅かにだが存在した。例えば、『新にほんご〈あいうえお〉』（にほんご〈あいうえお〉をつくる会、2002、アルク）の「このテキストを使用される方へ」（p. 4）には、「このテキストは、主として、ひらがな・カタカナを学ぶためのもの」と記載されている。また、『リーとクラークの冒険』（山上明・鶴田庸子、1994、イーストビュー出版・凡人社）の教科書の表紙には「日本語会話中級教科書」と明記されている。このような場合は、目録に初級総合日本語教科書として記載されていても、調査対象から除外した。

4.2　分析の観点と集計方法

　この論文では、目録掲載の初級総合日本語教科書を対象とし、それらで扱われている文法項目の計量分析を通して、戦後日本語教科書の中で取り扱われてきた文法項目の出現頻度、提示順について、その特徴と傾向を明らかにする。具体的には、調査対象教科書における（1）各文法項目の出現頻度とその特徴（**5.1**）、（2）過半数の教科書で扱われている文法項目をカバーする教科書とカバー率の年代的特徴（**5.1**）、（3）50年代から00年代それぞれの教科書特有の文法項目（**5.1**）、（4）各文法項目の提出順とその特徴（**5.2**）、（5）「（1）」と「（4）」との関係（**5.3**）について分析する。

　集計を行うにあたって、表2に示した対象教科書の中で取り扱われている文法項目をピックアップした（対象教科書の中で学習項目として提示されているもの、特定の場面・話題に必要なものとして提示されているものを集計した。なお、説明文や設問文の中に出現していても、特に学習項目として明示されていないものは除外した）。その上で、第一に、各文法項目の「出現頻度」とその特徴を明らかにするために、それぞれがどれだけの教科書に取り扱われているかを集計した。対象教科書は一冊で完結しているものと、数冊のシリーズとなっているものとがあるため、この論文の調査対象は89種計126冊となっているが、どれだけの教科書に掲載されているかを集計する際は種別にカウントした（最大値：89）。年代ごとに対象教科書数が異

なるため、それぞれの年代の出現頻度を比較するには数値を標準化する必要がある。よって、「出現度数」を下記の数式を用いて算出した。

$$出現度数：f(x) = x/n$$

例えば、文法項目「～は～です」は、80年代における出現頻度がx=17であり、また、80年代の教科書は17種（n=17）であるため、$f(x)$=17/17=1.00となる。文法項目「今～しています（現在進行形）」は80年代における出現頻度がx=14であり、また、80年代の教科書は17種（n=17）であるため、$f(x)$=14/17=0.82となる。数値が高いほど、その文法項目が取り扱われた教科書の種類が多いこととなる。

　第二に、各文法項目がそれぞれの教科書で取り扱われる際の順序（提出順）とその特徴を明らかにするために、以下の数式を用いて、各文法項目の提出順を「配列値」として算出した。同一の課に掲載された文法項目は、いずれもその課に掲載されたものとして集計した。課の番号がない教科書については、ページ数を出現順の基準とした（例：片桐ユズル（1990）『はじめてのにほんご』大修館書店）。数値が高いほど、取り扱われた教科書の中において早い段階で提示されていることを示す。

$$配列値：f(x) = (n\text{-}x+1)/n$$

nは教科書の課の総数、xは文法項目が扱われた教科書の課を示す。例えば、『しんにほんごのきそ I–II』（1990）は全50課であるため、n=50となる。第1課に出現した文法項目「～は～です」の配列値は、$f(x)$ = (50-1+1) /50= 1.00となる。同様に第26課に出現した文法項目「～んです」の配列値は、$f(x)$ = (50-26+1) /50=0.50と算出される。

　5.3では、各文法項目の出現度数と配列値が、掲載された教科書ごとにどれほど変化するか、その変化の度合いを「出現変化度数」「配列変化度数」とし、以下の数式を用いて算出した。

出現変化度数：$f(x) = (/x_1\text{-}a/+/x_2\text{-}a/+...+/x_n\text{-}a/)\,/n$
配列変化度数：$f(y) = (/y_1\text{-}b/+/y_2\text{-}b/+...+/y_n\text{-}b/)\,/n$

各文法項目の出現度数について、全ての教科書における出現度数の平均値を a とし、各年代の当該文法項目の出現度数 x_n が、平均出現度数 a とどのくらいの差があるかを計算し、平均値との差異の絶対値総和平均を出現変化度数とした。例えば、文法項目「〜は〜です」では、出現度数の平均値 $a=0.90$ であり、50年代に発行された対象教科書における「〜は〜です」の出現度数は $x_1=1.00$ であるため、$/x_1\text{-}a/=/1.00\text{-}0.90/=0.10$ となる。同様に、60年代に発行された教科書における「〜は〜です」の出現度数は $x_2=1.00$ であるため、$/x_2\text{-}a/=/1.00\text{-}0.90/=0.10$ となる。このように6つの年代における「〜は〜です」の出現変化度数を計算すると、最終的には、$f(x) = (/1.00\text{-}0.90/+/1.00\text{-}0.90/+/1.00\text{-}0.90/+/1.00\text{-}0.90/+/0.90\text{-}0.90/+/0.76\text{-}0.90/)/6=0.90$ となった。度数が高いほど、当該文法項目の各年代の出現頻度にばらつきがあることを意味する。また、各文法項目の配列値について、全ての教科書における配列値平均を平均値 b とし、それぞれの教科書におけるその文法項目の配列値 y_n が、平均配列値 b とどのくらいの差があるかを計算し、平均値との差異の絶対値総和の平均を配列変化度数とした。例えば、文法項目「〜は〜です」では、配列値の平均値は $b=0.98$ であり、『JAPANESE IN THIRTY HOURS』における「〜は〜です」の配列値は $y_1=1.00$ であるため、$/y_1\text{-}b/=/1.00\text{-}0.98/=0.02$ となる。同様に、『日本語読本』(巻1)における「〜は〜です」の配列値は $y_2=1.00$ であるため、$/y_2\text{-}a/=/1.00\text{-}0.98/=0.02$ となる。このように全89種の教科書における「〜は〜です」の配列変化度数を全て計算すると、最終的には、$f(y) = (/1.00\text{-}0.98/+/1.00\text{-}0.98/+\cdots+/1.00\text{-}0.98/)/89=0.04$ となった。度数が高いほど、取り扱われた教科書内の位置にばらつきがあることを意味する。

　第三に、それぞれの文法項目の「出現頻度」と「配列値」との関連について明らかにするために、統計解析ソフト『R (R 3.0.1 GUI 1.61)』を利用して相関係数を算出した。

　以上の手法を用いた調査と分析から得られた結果を考察し、既存教科書の

視座から戦後日本語教育において主要初級総合日本語教科書が、いかなる「文法」を扱ってきたかについて明らかにする。

5. 結果と考察
5.1 出現頻度

対象教科書に掲載された文法項目の出現頻度を算出した。出現頻度上位の内、対象教科書の過半数（89種の教科書があるため、45種以上）に掲載されている項目を割り出した。結果を表2（次ページ）に示す。

表2について、この論文が調査対象とした教科書の内、過半数の教科書で取り扱われている文法項目は表に示した59項目であることが明らかとなった。これらの文法項目の内、50年代から00年代までの6つの年代全てにおいて過半数の教科書に掲載されたものを「●」で示し、5つの年代を「◎」、4つの年代を「○」、3つの年代を「□」、2つの年代を「△」で示した。表2の「●」(15項目)や「◎」(12項目)のようにほとんどの年代の教科書にまたがって広く掲載されている文法項目が複数存在することが判明し、所謂「定番」の存在が確認されたといえる。先行研究では、「共時的」視点からの日本語教育の実践者の知見が明らかにされており、例えば、堀・李・砂川・今井・江田(2012)は、日本語文法項目用例文データベース『はごろも』を開発するにあたって文法項目の難易度に対する日本語教師の主観判定結果を用いている。また、渡部(2013)は日本語教師の主観判定による初級文法項目の必要性を度数として割り出すことを試みている。**5.** の調査結果はこうした「共時的」視点に対し、「通時的」視点からの教科書分析を用いた結果を提示するものである。

表2　対象教科書全体の過半数に掲載される文法項目の出現頻度順

	文法項目	出現頻度	出現度数	定番		文法項目	出現頻度	出現度数	定番
1	～は～です	80	0.90	●	31	～が	50	0.56	○
2	い形容詞／～は（い形容詞）です	76	0.85	●	32	～時から～時まで／～（時間）から～（時間）まで／～から～にかけて	50	0.56	○
3	（～（場所）に）～があります／～にあります	74	0.83	●	33	～へ、～（場所）へVます	50	0.56	○
4	な形容詞／～は（な形容詞）です	73	0.82	●	34	～してあげた／～てあげる	50	0.56	△
5	これ、それ、あれ	72	0.81	●	35	～と言う／～と言っていました／そう言いました	50	0.56	○
6	Vませんか／ましょう／ましょうか（誘い）	70	0.79	◎	36	～て（Vて-form）／ないで／～ないで／Vずに	50	0.56	○
7	今～しています（現在進行形）	67	0.75	●	37	使役（Vせる）	50	0.56	○
8	～してください／～てくださいませんか	66	0.74	●	38	～に～をあげる	49	0.55	○
9	～は～より～（形容詞）／比較／どっち／～のほうが～／～と～とどちらが～／～ほど～ない／もっと／比べる	66	0.74	●	39	～をください／くれる	49	0.55	◎
10	～したい	66	0.74	●	40	～そうです（伝聞）／だそうです	49	0.55	□
11	（～（場所）に）～がいます／～にいます	64	0.72	●	41	～（場所）に／～（場所）には	48	0.54	○
12	～てもいい／～てもいいですか／～てもかまわない	64	0.72	◎	42	いちばん～	48	0.54	◎
13	～の～（所有）	62	0.70	●	43	～が／は～ています（結果の状態）	48	0.54	□
14	～（理由）だから～／～からです／～ですから／～から	61	0.69	●	44	尊敬語／～（ら）れます／お～になります／特別な尊敬動詞	48	0.54	□
15	～も／～も～です／～も～も	58	0.65	◎	45	この、その、あの	47	0.53	◎
16	～を／～を～ます／ません	58	0.65	○	46	～へ～にいきます、～へ～をしにいきます／～（目的）にいきます	47	0.53	□

17	疑問詞（どなた、なに、どれ、どちら、どこ、いつ）	56	0.63	○	47	A＋N／〜は（い形容詞）＋（名詞）です	47	0.53	○
18	〜と思う／〜と思います	56	0.63	◎	48	〜は〜て、〜です／〜て、〜／〜くて（連用中止形）	47	0.53	○
19	〜は〜ですか	55	0.62	○	49	〜が／〜ですが／〜んですが、〜てくださいませんか／だが	47	0.53	○
20	〜で（場所）	54	0.61	○	50	〜しなければならない／なければいけない／なくてはいけない／なくちゃいけない	47	0.53	□
21	受身（〜は〜に〜（ら）れます／〜は〜に〜を〜（ら）れます）	54	0.61	◎	51	〜が可能動詞／見えます、聞こえます／れる、られる（可能）	46	0.52	□
22	〜が好き／嫌いです	53	0.60	◎	52	〜が〜てあります／〜は〜に〜てあります／〜てある	46	0.52	○
23	〜（条件）と、〜（条件）れば	53	0.60	●	53	〜なら／〜ければ	46	0.52	□
24	〜と〜、〜や〜、〜か〜、〜とか〜とか	52	0.58	○	54	ここ、そこ、あそこ	45	0.51	○
25	〜時〜分です／時刻／何時	52	0.58	○	55	お金の数え方／いくら	45	0.51	○
26	〜してもらった／〜てもらう	52	0.58	◎	56	naA＋N／〜は（な形容詞）＋（名詞）です	45	0.51	△
27	〜たら／だったら	52	0.58	◎	57	〜したり〜したりする	45	0.51	□
28	〜してくれた／〜てくれる	51	0.57	◎	58	禁止形（〜てはいけない）	45	0.51	○
29	〜したことがある／ない	51	0.57	●	59	〜ので／で／て／なので／の／〜なの（理由）	45	0.51	△
30	〜でしょう／もしも〜ならば、〜ましょう／〜ないでしょう／だろう／であろう（推測）	51	0.57	●					

　過半数の教科書で取り扱われている59の文法項目について、教科書内で70％以上カバーしている教科書を表3に示す。また、これら59の文法項目を70％以上カバーする教科書の発行年別内訳を図1に示す。

表3　過半数の教科書に掲載される文法項目を70%以上カバーする教科書

	教科書	カバー率		教科書	カバー率		教科書	カバー率
1	日本語初級大地 1–2 (2008)	96.61% (57)	14	別科・日本語 I (1989)	84.75% (50)	27	実力日本語上・下 (1999)	76.27% (48)
2	Core Japanese I–IV (1985)	94.92% (56)	15	しんにほんごのきそ I–II (1990)	84.75% (50)	28	早稲田外国学生用日本語教科書 (1972)	74.58% (48)
3	新文化初級日本語 I–II (2000)	93.22% (55)	16	まるごとビジネス日本語初級 1–3 (2009)	81.36% (48)	29	現代日本語 (1985)	74.58% (44)
4	語学留学生のための日本語 1–2 (2002)	93.22% (55)	17	BASIC JAPANESE 1–2 (1967)	79.66% (47)	30	日本語初級 I–II (1991)	74.58% (44)
5	げんき 1–2 (1999)	91.53% (54)	18	日本語でビジネス会話初級編 生活とビジネス (1989)	79.66% (47)	31	TOKYO JAPANESE I (2004)	74.58% (44)
6	日本語90日 1–3 (2000)	91.53% (54)	19	コミュニケーションのための日本語入門 (1992)	79.66% (47)	32	改訂標準日本語読本巻一 (1955)	72.88% (43)
7	学ぼう！にほんご　初級 1–2 (2005)	91.53% (54)	20	ICUの日本語 1–3 (1996)	79.66% (47)	33	再訂標準日本語読本巻一 (1965)	72.88% (43)
8	初級実践日本語 1–3 (1998)	89.83% (53)	21	日本語初歩 (1981)	76.27% (45)	34	にほんご1・2・3 上–下 (1996)	72.88% (43)
9	みんなの日本語初級 1–2 (1998)	89.83% (53)	22	わかる日本語 1–2 (1981)	76.27% (45)	35	日本語がいっぱい (2010)	72.88% (43)
10	日本語第一歩 I–II (1988)	86.44% (51)	23	COUSE IN MODERN JAPANESE 1–2 (1983)	76.27% (45)	36	中国人のための日本語 (1974)	71.19% (42)
11	初級日本語 (1994)	86.44% (51)	24	外国学生用基礎日本語 (1984)	76.27% (45)	37	技術研修のための日本語 1–3 (1985)	71.19% (42)
12	はじめよう日本語初級 1–2 (2006)	86.44% (51)	25	JAPANESE FOR EVERYONE (1990)	76.27% (45)			
13	英文基礎日本語 (1978)	84.75% (50)	26	愛知大学　初級日本語 I–IV (1993)	76.27% (45)			

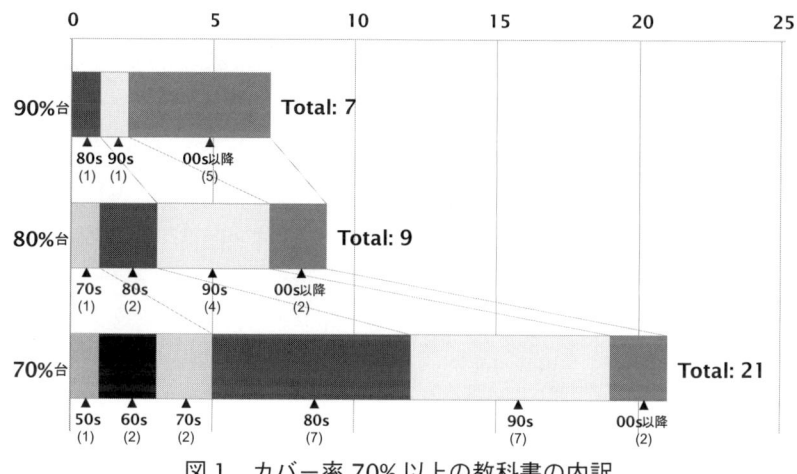

第 9 章　初級総合教科書から見た文法シラバス | 181

図 1　カバー率 70% 以上の教科書の内訳

　図 1 について、カバー率 90% 台の教科書は全て 80 年代以降に出版されたものであり、中でも 00 年代以降に出版されたものが多く、50 年代、60 年代、70 年代の教科書は該当するものがなかった。カバー率 80% 台の教科書は、90 年代の教科書が最も多く、80 年代と 00 年代以降、そして、70 年代の教科書が続く。50 年代、60 年代の教科書は該当するものがなかった。カバー率 70% 台の教科書については、80 年代と 90 年代の教科書が最も多く、続いて 60 年代、70 年代と 00 年代以降、そして 50 年代となっている。
　以上から、カバー率によってそれぞれ該当する教科書の発行年の内訳は異なり、カバー率 90% 台は 00 年代に発行された教科書、カバー率 80% 台は 90 年代に発行された教科書、カバー率 70% 台は 80 年代と 90 年代に発行された教科書が最も多いことが明らかとなった。また、カバー率が上昇すると共に、50 年代、60 年代、70 年代に発行された教科書は該当しなくなることも明らかとなった。
　一方で各年代特有の文法項目についても集計した。各年代の教科書でしか取り扱われていない文法項目と、それぞれが教科書内で提示される際に併記されている用例を表 4 に示す。

表4　各年代特有の文法項目

	文型項目	用例
50s	〜ていましょう、〜ていませんでしょう（未来進行形）	わたくしははこをあけていましょう。
	形容詞＋でいます（状態）	このひとはきれいでいます。
	形容詞＋くあります（状態）	この人はおおきくあります。
	Vなかろう（未来）	そのひとはとうきょうにいかなかろうとおもいます。
	複合文（挿入文）	これが、わたくしがきのうみました、うちです。
	〜だと〜	普通だと、船で運ばれます。
60s	複合名詞（V→N）	人通り、書きとり、人殺し
	日本的表現（「する」の特殊な使い方）	このパンは変な味がしますよ。
	日本的表現（省略「〜は〜です」の特殊な使い方）	私はすきやきです。
70s	形容詞＋ございます／ございません／ございましょう	明日は寒うございましょう。／きっと立派でございましょう。
	さらに	英語、フランス語、さらにイタリア語を勉強します。
	なお	にほんは天気がよくかわる、なお湿気も多い。
	ぬ／ず／ね	英語がわからぬ。／飲まず食わずで歩く。／よまねば負ける。
	まい	そんなことは考えまい。
	らしゅうございます	きょうは雨が降るらしゅうございます。
	ああ、あ、おう、はあ、ほう、あれ、おや	ああびっくりした。／ほう、これはおかしい。
	N＋形容詞／V＋形容詞／形容詞＋形容詞	しおからい／むしあつい／あつくるしい
	さらば／されば	あの人はなまけた、さればしかたがない。
80s	〜の他に	日本語の他に、英語や体育の授業があります。
	〜だって〜	子どもだってできますよ。
	〜と似ている	あの山は富士山と似ています。
	〜の代わりに	昨日は佐藤先生が田中先生の代わりに教えてくださいました。
90s	〜とも	ふたりとも、ミルトンさんに、ごあいさつしてね。
	〜なんて〜ない	男女共同の寮なんて、聞いたことがありません。
	〜にまで（意外性）	ビーチにまで本を持って来て読む。
	〜になるまで	日本語が上手になるまで国に帰りません。
	いい／悪い〜（品物）	ラオさんはいいカメラを持っています。
	〜ほかない	アルバイトをやとうほか、ない。
	だんだん	これからだんだん寒くなります。
	〜にしては	日本人にしては、たかいほうですね。
	〜は〜、〜は〜	わたしはひらがなはかけますが、かたかなはかけません。／すしはすきですが、サンドイッチはすきじゃありません。
	んじゃないですか／のでは	いいんじゃないですか。

	～ごこち	この車は乗りごこちがいい。
	～もん	試験があるもん。
	よね	メリサさんはアパートでは靴をぬがないですよね。
	～一方です	ごみは増える一方です。
	～において／～における	世界の金型の半数は、日本において作られています。
	～だらけ	穴だらけの原本。
	つまり	買い手側にリスクがあります、つまり、買い手は、全然知らない相手から商品を買うわけです。
	～ぐるみ	地域ぐるみで子育てをしています。
	～Ｖあう	協力し合います。
	～と同時に	連絡を受けると同時に準備にかかります。
	～に伴って	印刷技術の進歩にともなって、発展しました。
	ところで～	ところで、次どこに行こうか？
	～につれて	年齢があがるにつれて、数が減っていきます。
	～つつ	大きな飛躍を遂げつつあります。
00s	～を通して	送り迎えを通して、子どもに接するようになりました。
	～だっけ	あの青いシャツを着ている子、だれだったっけ？
	たしか～	名前は、たしか・・・山田さん。
	～をはじめに／～をはじめとして	消防活動を始めとして、さまざまな防災システムが備えられています。
	～（ない）限り	火事が起きない限り、消防のことを考えません。
	～にすぎない	北米やヨーロッパからの留学生はわずか6パーセントにすぎない。
	～にもかかわらず	深夜にもかかわらず、すぐ出動の準備を始めます。
	～がち	子育ては女性の仕事だと思いがちです。
	～に対して	ボールのピンク色に対して反応を示します。
	～に代わって	熟練技能者に代わって、金型を作り上げる企業が現れました。
	～ものの	老人の数は増えているものの、若者の数は増えていません。
	～に関して	ダムに関して資料を得ます。

5.2　配列値

　対象教科書掲載の文法項目の出現頻度上位の内、対象教科書の過半数に掲載されている文法項目の配列値を割り出した。結果を表5に示す。

表5　対象教科書全体の過半数に掲載される文法項目の配列値

	文法項目	出現度数	配列値		文法項目	出現度数	配列値
1	～は～です	0.90	0.98	31	～が	0.56	0.64
2	い形容詞／～は（い形容詞）です	0.85	0.81	32	～時から～時まで／～（時間）から～（時間）まで／～から～にかけて	0.56	0.72
3	（～（場所）に）～があります／～にあります	0.83	0.82	33	～へ、～（場所）へＶます	0.56	0.82
4	な形容詞／～は（な形容詞）です	0.82	0.79	34	～してあげた／～てあげる	0.56	0.33
5	これ、それ、あれ	0.81	0.93	35	～と言う／～と言っていました／そう言いました	0.56	0.43
6	Ｖませんか／ましょう／ましょうか（誘い）	0.79	0.65	36	～て（V て-form）／ないで／～ないで／Ｖずに	0.56	0.52
7	今～しています（現在進行形）	0.75	0.58	37	使役（V せる）	0.56	0.20
8	～してください／～てくださいませんか	0.74	0.65	38	～に～をあげる	0.55	0.41
9	～は～より～（形容詞）／比較／どっち／～のほうが／～と～とどちらが～／～ほど～ない／もっと／比べる	0.74	0.55	39	～をください／くれる	0.55	0.60
10	～したい	0.74	0.57	40	～そうです（伝聞）／だそうです	0.55	0.29
11	（～（場所）に）～がいます／～にいます	0.72	0.81	41	～（場所）に／～（場所）には	0.54	0.76
12	～てもいい／～てもいいですか／～てもかまわない	0.72	0.47	42	いちばん～	0.54	0.55
13	～の～（所有）	0.70	0.93	43	～が／は～ています（結果の状態）	0.54	0.50
14	～（理由）だから～／～からです／～ですから／～から	0.69	0.52	44	尊敬語／～（ら）れます／おになります／特別な尊敬動詞	0.54	0.19
15	～も／～も～です／～も～も	0.65	0.89	45	この、その、あの	0.53	0.91
16	～を／～を～ます／ません	0.65	0.78	46	～へ～にいきます、～へ～をしにいきます／～（目的）にいきます	0.53	0.63
17	疑問詞（どなた、なに、どれ、どちら、どこ、いつ）	0.63	0.86	47	A + N／～は（い形容詞）+（名詞）です	0.53	0.83
18	～と思う／～と思います	0.63	0.49	48	～は～て、～です／～て、～／～くて（連用中止形）	0.53	0.63

19	～は～ですか	0.62	0.96	49	～が／～ですが／～んですが、～てくださいませんか／だが	0.53	0.64
20	～で（場所）	0.61	0.78	50	～しなければならない／なければいけない／なくてはいけない／なくちゃいけない	0.53	0.39
21	受身（～は～に～（ら）れます／～は～に～を～（ら）れます）	0.61	0.23	51	～が可能動詞／見えます、聞こえます／れる、られる（可能）	0.52	0.44
22	～が好き／嫌いです	0.60	0.61	52	～が～てあります／～は～に～てあります／～てある	0.52	0.39
23	～（条件）と、～（条件）れば	0.60	0.37	53	～なら／～ければ	0.52	0.30
24	～と～、～や～、～か～、～とか～とか	0.58	0.79	54	ここ、そこ、あそこ	0.51	0.85
25	～時～分です／時刻／何時	0.58	0.80	55	お金の数え方／いくら	0.51	0.81
26	～してもらった／～てもらう	0.58	0.34	56	naA + N ／～は（な形容詞）+（名詞）です	0.51	0.82
27	～たら／だったら	0.58	0.37	57	～したり～したりする	0.51	0.45
28	～してくれた／～てくれる	0.57	0.35	58	禁止形（～てはいけない）	0.51	0.45
29	～したことがある／ない	0.57	0.45	59	～ので／で／て／なので／の／～なの（理由）	0.51	0.41
30	～でしょう／もしも～ならば、～ましょう／～ないでしょう／だろう／であろう（推測）	0.57	0.51				

配列値に関する調査結果から、調査対象教科書全体の過半数に掲載された文法項目の平均提出順が判明し、最も配列値が高かったのは「～は～です」（0.98）で、「～は～ですか」（0.96）、「これ、それ、あれ」（0.93）、「～の～（所有）」（0.93）等が続くことが明らかとなった。

5.3　出現頻度と配列値の相関関係

それぞれの文法項目の「出現頻度」と「配列値」に何らかの関係が見られるのかについて明らかにするために、統計解析ソフト『R（R 3.0.1 GUI 1.61）』を用いて相関係数を算出した。

対象教科書全体の調査結果は r（全体）= 0.24（図2）となり緩やかな相関が見られた。図2の中央から左部分を見ると出現頻度が低い項目は、提出順

が様々であることが分かる。逆に中央から右部分を見ると、出現頻度が高く提出順も高いものが見受けられる。そこで、出現頻度が比較的高い項目について、提出順との関わりを見るために、対象教科書の過半数の教科書に採用されていた59項目に絞って相関係数を算出した。結果、r（上位59項目）= 0.39となった（図3）。また、さらにその上位約半数となる出現頻度上位30項目の文法項目で算出したところ、r（上位30項目）= 0.47となった（図4）。参考までに、強い相関を意味する相関係数0.7以上は上位何項目までになるかを調べたところ、r（上位12項目）= 0.78（図5）であることが明らかとなった。この12項目は出現頻度が高いほど、配列値も高くなる（提出順が早くなる）特徴が強いといえる。

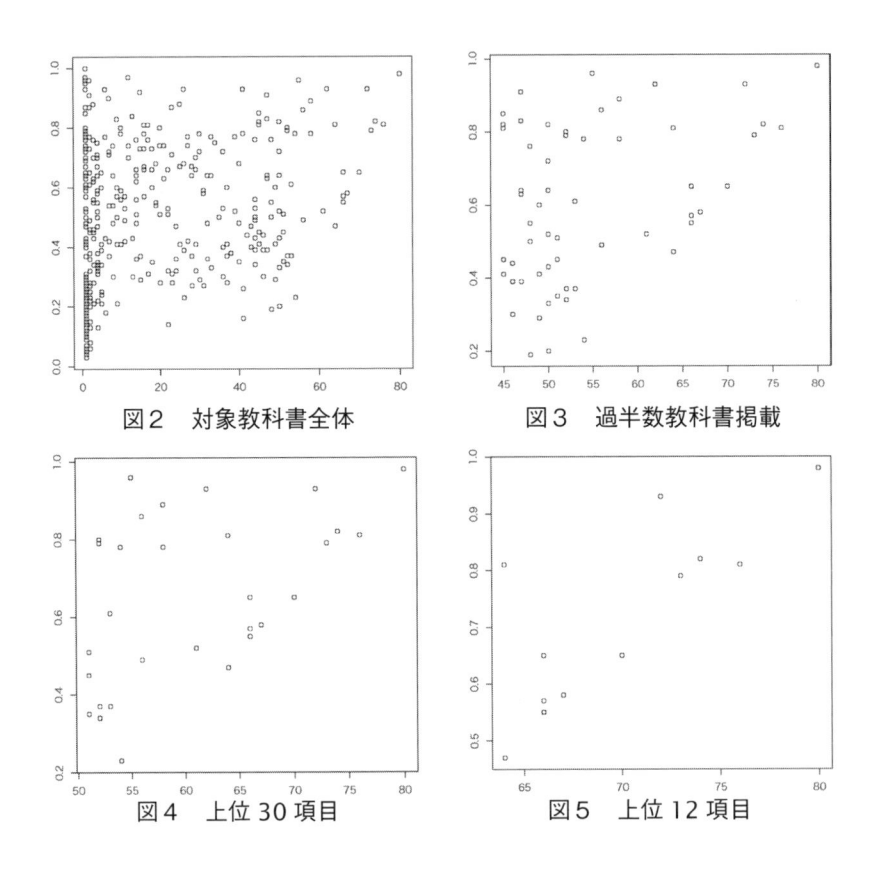

図2　対象教科書全体

図3　過半数教科書掲載

図4　上位30項目

図5　上位12項目

この結果は対象教科書全てを対象にした結果であるため、年代ごとに12項目の出現度数と配列値がどのように変化しているかについて調べた。12項目の年代ごとの出現頻度平均を図6の折れ線グラフに、年代ごとの出現変化度数平均を図6の棒グラフに、そして、出現変化度数の指数推移を図6の太線に示す。また、12項目の年代ごとの配列値平均を図7の折れ線グラフに、年代ごとの配列変化度数平均を図7の棒グラフに、そして、配列変化度数の指数推移を図7太線に示す。

図6と図7からは、出現度数も配列値も年代を経るごとに変化度数が下がり、安定していく傾向にあることが分かる。この論文が対象とした教科書の調査では、先に示した12の文法項目は出現頻度が極めて高い上に、出現頻度と配列値が相関関係にある。そして、この12項目の出現頻度と配列値の年代別推移を見てみると、年を経るにつれて、変化の度合いが低くなっており、安定していく傾向にあることが明らかとなった。

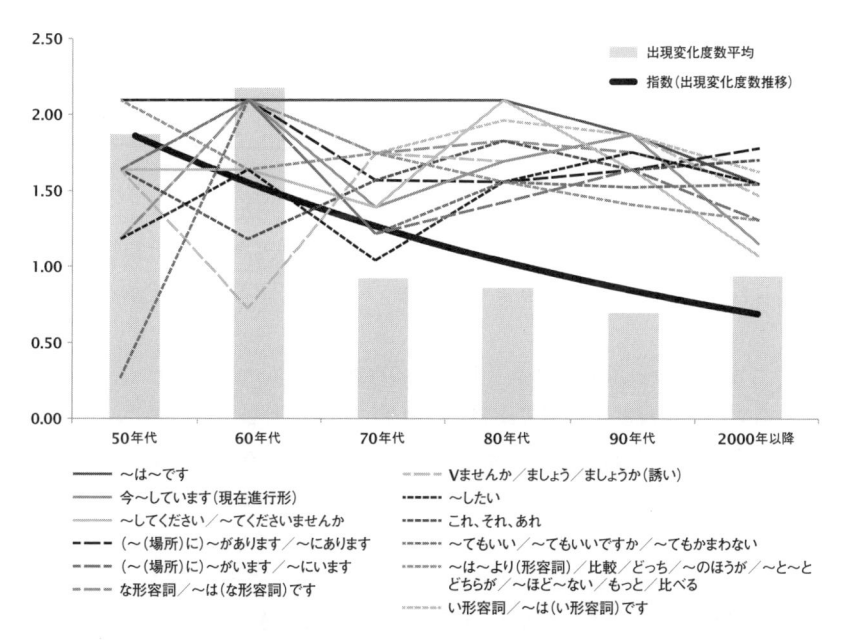

図6　対象教科書上位12項目の出現変化度数の推移

188 | 田中祐輔

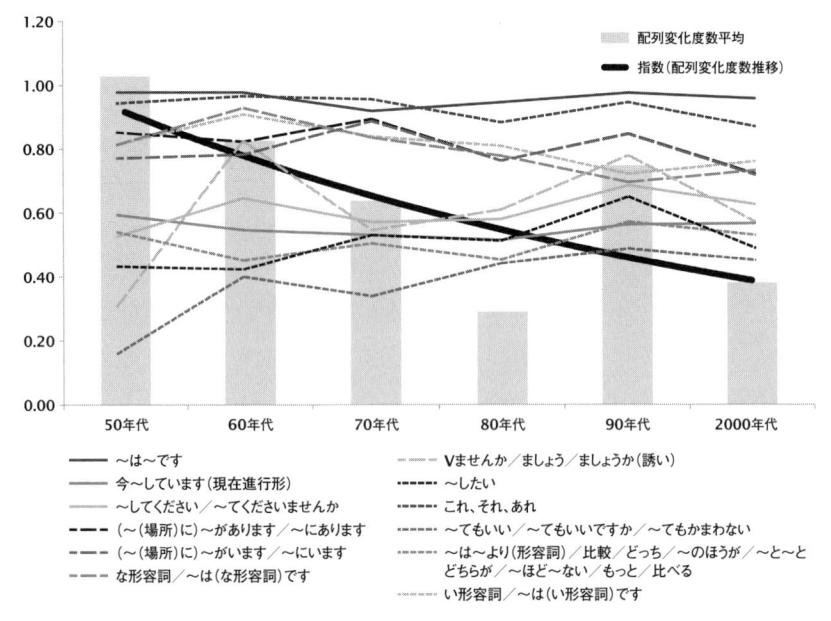

図7 対象教科書上位12項目の配列変化度数の推移

6. おわりに

　以上、戦後日本語教育において、主要初級総合日本語教科書が、いかなる「文法」を扱ってきたかについて、戦後日本において発行された初級総合日本語教科書の準全数調査を用いて明らかにした。以下に結論を述べる。

6.1 「出現」から示唆される「定番」の存在

　出現頻度と出現度数に関する調査の結果、対象教科書全体の過半数に掲載された文法項目は59項目である。それらを70%以上カバーしている教科書は37種で、90%以上カバーしているのは7種であった。年代ごとの調査結果からは、各年代でのみ取り扱われている文法項目の存在も確認されたが、年代ごとの過半数の教科書で扱われている項目については、年代をまたがって広く掲載されている文法項目が複数存在することが判明し、所謂「定番」の存在が見受けられた。これらは所謂「定番」として、多くの教科書作成者

に初級文法と見做されてきたものと考えられる。数多くの初級総合日本語教科書に掲載されていることから、それだけ教科書作成者に「初級の文法項目」として認識されてきたことが示唆されるわけだが、「通時的」視点から、日本語教育の実践者の知見が浮かび上がるともいえる。

6.2 時を経て引き継がれる 12 項目と様々な検討対象となっていた文法項目

　出現頻度と配列値とは、全体としては緩い相関関係（r=0.24）にある。図2からは、出現頻度が低い項目は、提出順が様々であることが分かり、逆に出現頻度が高く提出順も高いものが見受けられた。対象教科書の過半数の教科書に採用されていた59項目、及び、その約半数となる上位30項目についてはそれぞれ0.39、0.47となり、出現頻度上位12項目については出現頻度が高いほど、配列値も高くなる特徴が強いことが明らかとなった。さらに、この12項目の出現率と配列値の年代別推移からは、年代を経るごとに出現頻度も配列値も安定する傾向にあることが明らかとなった。教科書ごと、年代ごとの特色も有意な差として見られるが、前の時代を受けて変わらない普遍的な部分が維持される側面もあり、それは年を経るごとに安定していることが分かるのである。一方で、対象教科書掲載の文法項目全体の中で比較的出現頻度が低いものについては、それぞれをどのように配列するかについて教科書ごとにまちまちであり、教科書作成者によって様々に検討されてきたことが示唆されるのである。

6.3 文法シラバスの今後を議論する際の基礎的資料として

　以上、既存教科書の文法シラバスからは、教科書ごと、あるいは年代ごとに「変化」してきた部分と、時代を経ても変化の少ない「不変」な部分とが確認でき、一定の共通点の下に様々な検討が行われたプロセスを垣間見ることができるといえるだろう。但し、「定番化」はともすれば目的や主旨、あるいは日本語教育の実態や現実から離れた形で「固定化」に陥る危険性もある。既存教科書の文法シラバスが体系主義や形式主義に縛られ、実際のコミュニケーションに必要なものとのギャップが生じていること（野田 2005）や、多様化する学習者の個々の事情や状況にそぐわないこと（日本語教育学

会（編）2008)、現実の言語運用の実態との乖離（小林 2005、山内 2005、2009）等が指摘されており、今回浮かび上がった「定番」そのものの問い直しも求められている。また、既存教科書で使われている定番の文法項目が、語彙と同じ形で試験の出題基準となり、試験のための文法シラバスが教科書に反映されるという循環（森 2011b）は避けなければならないが、そうした文法項目について今後問い直す際に、「定番」が把握できていることには一定の意義があるものと考えられる。この論文が、今後の文法シラバスを科学的に「客観的根拠に基づいて」（山内 2014: 197)、「データベースな議論」（庵 2012: 5）を行う上で必要不可欠なこれまでの歩みに関する基礎的資料となれば幸いである。引き続き調査と考察を続け、様々な変数を用いた複数の角度による分析結果を総合し、「既存テキスト」という観点から日本語教科書がこれまでに取り扱ってきた文法項目の変遷を理解し、今後の文法シラバスの計画・運用の適正化に資するような実践的知見をとりまとめることを目指したい。

引用文献

庵功雄（2011)「日本語教育文法から見た「やさしい日本語」の構想——初級シラバスの再検討——」『語学教育研究論叢』28, pp. 255–271.

庵功雄（2012)「日本語教育文法の現状と課題」『一橋日本語教育研究』1, pp. 1–12.

庵功雄・高梨信乃・中西久実子・山田敏弘（著）・松岡弘（監修）(2000)「主要初級教科書との対応表」『初級を教える人のための日本語文法ハンドブック』pp. 404–420, スリーエーネットワーク.

岩田一成（2011)「文法研究のきっかけとしての「教科書分析」」森篤嗣・庵功雄（編）『日本語教育文法のための多様なアプローチ』pp. 123–128, ひつじ書房.

河原崎幹夫・吉川武時・吉岡英幸（1992)『日本語教材概説』北星堂書店.

国際交流基金（1976)『教師用日本語教育ハンドブック別巻 1 教科書解題』国際交流基金.

国際交流基金（1978)『日本語教材リスト』国際交流基金.

国際交流基金（1983)『日本語教科書ガイド（教科書解題増補改定)』北星堂書店.

小林ミナ（2005)「日常会話にあらわれた「ません」と「ないです」」『日本語教育』125, pp. 9–17.

小林ミナ（2009)「基本的な文法項目とは何か」小林ミナ・日比谷潤子（編）『日本語教育の過去・現在・未来　第 5 巻　文法』pp. 40–61, 凡人社.

日本語教育学会（編）(2005)『新版日本語教育辞典』大修館書店.
日本語教育学会（編）(2008)『平成 19 年度文化庁日本語教育研究委嘱　外国人に対する実践的な日本語教育の研究開発 —— 報告書 ——』日本語教育学会.
日本語教育学会教材委員会 (1992)『日本語教材データファイル日本語教科書』凡人社.
日本語教育史研究会 (1993)『第二次大戦前・戦時期の日本語教育関係文献目録』(科学研究費補助金「戦前・戦時期における日本語教育史に関する調査研究」研究成果報告書).
野田尚史 (2005)「コミュニケーションのための日本語教育文法の設計図」野田尚史（編）『コミュニケーションのための日本語教育文法』pp. 1–20, くろしお出版.
堀恵子・李在鎬・砂川有里子・今井新悟・江田すみれ (2012)「文法項目の主観判定による 6 段階レベルづけとその応用」2012 年日本語教育国際研究大会（2012 年 8 月 19 日，於：名古屋大学）パネルセッション.
前田均 (2005)『日本語教科書目録集成』(科学研究費補助金「第 2 次大戦期興亜院の日本語教育に関する調査研究」研究成果報告書別冊).
森篤嗣 (2011a)「日本語教育文法のための研究手法」森篤嗣・庵功雄（編）『日本語教育文法のための多様なアプローチ』pp. 13–55, ひつじ書房.
森篤嗣 (2011b)「書き換えによる頻度差情報を用いた公文書基本語彙の序列化」庵功雄・尾崎明人・岩田一成・森篤嗣・李真奈美・山本和英・三上喜貴『やさしい日本語を用いたユニバーサルコミュニケーション社会実現のための総合的研究』(科学研究費補助金中間報告書), pp. 19–29.
山内博之 (2005)「話すための日本語教育文法」野田尚史（編）『コミュニケーションのための日本語教育文法』pp. 147–165, くろしお出版.
山内博之 (2009)『プロフィシェンシーから見た日本語教育文法』ひつじ書房.
山内博之 (2014)「シラバス作成に客観性を持たせる試み」領域指定型共同研究プロジェクト「学習者コーパスから見た日本語習得の難易度に基づく語彙・文法シラバスの構築」.
吉岡英幸 (2004)『第二次大戦期までの日本語教育関係文献目録』(科学研究費補助金「日本語教育における教材・教授法の史的研究」研究成果報告書).
吉岡英幸 (2005)「松本亀次郎編纂の日本語教材 —— 語法型教材を中心に ——」『早稲田大学日本語教育研究』6, pp. 15–27.
吉岡英幸（編著）(2008)『徹底ガイド日本語教材 —— 教材から日本語教育が見える！！——』凡人社.
吉岡英幸 (2008)『第二次大戦期以降の日本語教育教材目録』(科学研究費補助金「日本語教育における教材・教授法の史的研究」研究成果報告書).
吉岡英幸 (2012)『日本語教材目録及び日本語教材関連論文目録』(科学研究費補助金「日本語教材の史的研究」研究成果報告書).

渡部倫子（2013）「教師からみた文法シラバス——日本語教師の主観判定による初級文法項目の必要度——」第10回データに基づいた日本語教育のための語彙・文法研究会（2013年12月8日，於：実践女子大学）発表資料．

第10章

日本語能力試験から見た文法シラバス

森　篤嗣

1. はじめに

　日本語能力試験は、現在の日本語教育ならびに日本語教科書に強い影響を与えている。また、学習者の学習動機としても「日本語を勉強するからには日本語能力試験を目指す」という目標になることが多く、文法でも語彙でもその影響は計り知れない。
　一方で、日本語能力試験は大規模試験であるからこそ、日本語学習者の理解の実態に即した客観的なデータとしての活用の可能性がある。この論文では、文法シラバス構築のための文法項目の難易度を探るために、日本語能力試験の結果を記した『分析評価に関する報告書』の調査と分析をおこなう。

2. 『分析評価に関する報告書』について

　日本語能力試験は、平成22年（2010年）から新試験を実施している。新試験実施に伴い、項目プール方式が導入され、過去問の発売がなくなった。それに伴い、『分析評価に関する報告書』も発行されなくなった。
　一方、旧試験の『分析評価に関する報告書』は、1984年度の第1回試験から内部資料として作成されはじめ、1990年度から非売品として、2002年度からは市販もされており、27年分という膨大な資料が残っている。1984年度当初は7,019人と一万人に満たなかった受験者も、2000年度には20万

人を超え、旧試験最後となった2009年度では、2回実施の合計とはいえ77万人に達した。1回の実施であった2008年度でも55万人を超える日本語学習者が受験している大規模試験である。この蓄積を日本語教育に活かさないのはあまりに惜しい。

3. 先行研究

　この論文の目的は、日本語能力試験の結果に基づき、文法シラバス構築に役立つ情報を抽出することである。文法シラバス構築という目的ではないが、同様の発想に基づく研究として、桑名・小野澤・北村（2010）が挙げられる。桑名・小野澤・北村（2010）では、テイル形のみに対象を絞り、23回分の試験から54問を抽出して、困難度（正答率）、識別力、選択肢の選択率を分析している。その結果、テイル形は4級の文法項目であるが、シカを絡めて問うと4級では難しく、テアル、テオク、自動詞・他動詞、マダ、ガル、タガルを絡めて問うと3級でも難しいと結論づけている。こうした分析を積み上げていけば、どの文法項目がどの学習レベルで難しいのかがわかり、文法項目を文法シラバスとして序列化可能であると考えられる。ただし、桑名・小野澤・北村（2010）ではテイル形の分析のみにとどまるため、この論文では、桑名・小野澤・北村（2010）ほど詳細には分析できないものの、1級から4級の全文法項目を対象に分析をおこなう。

　もう一つ先行研究として取り上げたいのは、小池（2010）及び小池（2011）である。小池（2010）は、日本語能力試験の過去問題を利用した「日能テスト」と呼ぶ再構成テストの報告であり、小池（2011）は「日能テスト」を項目応答理論で分析したものである。項目選定の方法として、得点段階と選択率のグラフを分類して使用しているのが特徴である。森（2014）でも、得点段階と選択率のグラフを利用した分析は試みたが、試行した結果、量的な分析においては指標として識別力を使用した場合とあまり違いがなかったため、この論文では識別力を採用している。小池（2010）では、古典的テスト理論による分析の結論として、「2・3級の妥当性は高めだが、1級の妥当性が低いこと」と「自他動詞、アスペクト、理由のノデなどは、日常生活で多用するが定着が難しい」という点を挙げている。さらに、小池（2011）では、

項目応答理論による分析として、文法問題ではミスフィット（モデルと解答のズレが大きすぎる）やオーバーフィット（モデルと解答のズレが小さすぎる＝上位と下位の差がはっきりし過ぎ）は少なかったものの、テイル形の誤答が成績上位者に多く見られたことを指摘している。

このように先行研究は多くないものの、日本語能力試験の結果を使って、文法項目の難易度を調べようとした研究は既にある。この論文のポイントは、全文法項目を扱って、文法シラバスという体系に寄与しようという点である。

4. 項目分析の方法

旧日本語能力試験の出題区分は、「文字・語彙」、「聴解」、「読解・文法」であるが、事前調査の結果、「文字・語彙」については、正答するためのキーに文法項目が一つも関係していなかったため分析対象から除外した。したがって、この論文では、「聴解」、「読解・文法」を対象とし、調査範囲は『分析評価に関する報告書』として市販されている2002年度〜2009年度の8年分とした。この「聴解」と「読解・文法」の8年分で2,685問に対し、2名の判定者の主観に基づき、国際交流基金・日本国際教育支援協会（2002）を参考にして「正答するためのキーになる文法項目」をラベリングしていった。その結果、文法項目が正答するためのキーになる問題は1,520問であった。

この論文は、この1,520問の正答率・識別力を中心に分析したものである。使用する指標は、量的な検討では正答率（困難度）と識別力、質的な検討では選択率を用いる。

5. 項目分析の概要

まず、分析の対象となる1,520問（文法項目が正答するためのキーになる問題）の出題区分の分布について年度ごとに示す。表1は「読解・文法」及び「聴解」の分布についてである。

表1　1,520問の「読解・文法」及び「聴解」の分布

	聴解	読解・文法	全体
2002年度	26	152	178
2003年度	15	134	149
2004年度	24	144	168
2005年度	44	154	198
2006年度	61	158	219
2007年度	34	142	176
2008年度	51	157	208
2009年度1回目（1・2級のみ）	12	59	71
2009年度2回目	22	131	153
計	289	1,231	1,520
平均	32.1	136.8	168.9
読解・文法：聴解の比率	19.01%	80.99%	100.00%

　文法項目が正答するためのキーになる問題に限らず、2002年度～2009年度の8年分の問題数では、「聴解」が866問で32.25%、「読解・文法」が1,819問で67.75%になる。したがって、表1では「聴解」の比率が全項目に比べ、かなり低くなっている。これは、「読解」はともかく「文法」はほとんど対象になるのに比べると、「聴解」は文法項目が正答するためのキーになることが少ないためである。

　次に、分析の対象となる1,520問の級別の分布について年度ごとに示す。

　級別の分布については、全項目では1級が801問、2級が771問、3級が593問、4級が520問と、3・4級の問題数は少なくなっている。それにもかかわらず、この論文で対象とする1,520問では、むしろ3・4級の問題数が多くなり、全体のバランスがよくなった。これは、上位級ほど多くの要素が入り、文法だけが正答するためのキーとならないためである。

表2　1,520問の級別分布

	1級	2級	3級	4級
2002年度	43	37	52	46
2003年度	29	32	44	44
2004年度	34	39	53	42
2005年度	46	47	59	46
2006年度	50	54	61	54
2007年度	28	40	53	55
2008年度	51	47	62	48
2009年度1回目（1・2級のみ）	34	37	—	—
2009年度2回目	25	34	47	47
計	340	367	431	382
平均	37.8	40.8	53.9	47.8
級別の比率	22.37%	24.14%	28.36%	25.13%

6. 使用する指標について

6.1　正答率（困難度）

　正答率は困難度とも呼ばれることもあり、その問題がどの程度難しかったかを示す。全受験者が正答であれば1.0、逆に全受験者が誤答であれば0.0となる。正答率は高すぎても低すぎてもよくなく、正答率1.0や0.0の問題は受験者の能力の違いを測るという意味では、無意味な問題である。日本語能力試験実施委員会・日本語能力試験企画小委員会（2008: 43）では、「目安として0.3から0.7程度の範囲に入るのがよい」としている。

6.2　識別力

　識別力は正答率と異なり、テスト理論に詳しくない人間には、なじみがない指標であるといえる。識別力は受験者間の能力の違いを、その問題がどの程度明らかにできるかを示す指標である。具体的には、その問題の得点とテスト得点との相関係数を求める。点双列相関係数 r により計算するため、正

答率と同じく、0.0 から 1.0 の範囲で示される。

テスト得点が高い受験者（能力が高いと推定される受験者）が正答で、テスト得点が低い受験者（能力が低いと推定される受験者）が誤答である場合、識別力は高くなる。識別力が高い問題ほど、よい問題ということになる。逆に識別力が 0.0 に近い場合、その問題とテスト得点の相関関係がないということになり、その問題は受験者の能力の違いを測るのに不適切であることになる。少なくともテスト問題には、0.2 以上の識別力が必要であるといわれるが、『分析評価に関する報告書』では、より厳しく 0.3 を基準として、それ以下は問題ありとして分析している。この論文では、『分析評価に関する報告書』にしたがい、0.3 を問題ありの基準とする。

6.3　選択率

日本語能力試験は、四つの選択肢から正答を選ぶ形式である。選択率とは、受験者がどの選択肢を選んだかを表す比率である。例えば、テイルという文法項目が正答するためのキーであったとしても、誤答選択肢として何を設定するかによって、問題の正答率は変わる。文法項目の難易度を正確に捉えるためには、正答選択肢と誤答選択肢の組み合わせを問い方のパターンと考えたとき、どのような問い方のパターンのときに、その文法項目は難しくなるのかを分析する必要がある。この論文では、識別力が低い問題が多い文法項目について、この選択率を見ることによって、受験者（日本語学習者）にとっての文法項目の難しさを質的に検討する。

7.　正答率と識別力の分布

表 3 は 1,520 問の正答率の分布、表 4 は識別力の分布を級別に示したものである。

表3　1,520問の正答率の級別分布

	1級	2級	3級	4級	計
0.8以上1.0未満	47	7	41	38	133
0.6以上0.8未満	160	112	178	145	595
0.4以上0.6未満	96	181	157	153	587
0.2以上0.4未満	32	61	53	45	191
0.2未満	5	6	2	1	14

表4　1,520問の識別力の級別分布

	1級	2級	3級	4級	計
0.4以上	129	131	249	248	757
0.3以上0.4未満	143	136	129	87	495
0.2以上0.3未満	40	63	42	34	179
0.1以上0.2未満	22	29	9	10	70
0.0以上0.1未満	5	5	2	3	15
0.0未満	1	3	0	0	4

　正答率を見ると、0.4以上0.8未満に全体の77.8%が集まっている。難しすぎる問題、簡単すぎる問題はそれほど多くない。識別力についても、0.4以上が確保されている問題が49.8%と約半数を占めている。しかし一方で、識別力0.3を基準とすると268問が下回っている。これらの識別力の低さの要因を質的に検討する必要がある。
　次に図1として、正答率を横軸、識別力を縦軸として散布図にした。

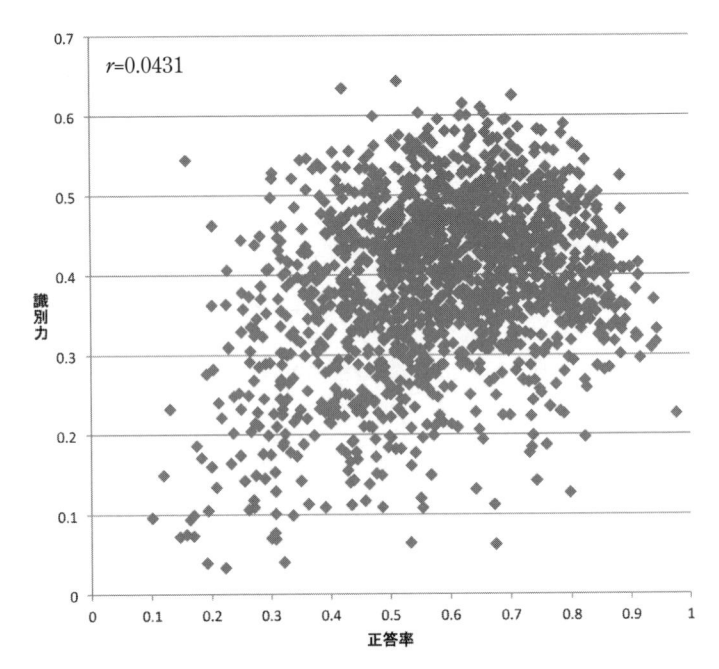

図1　1,520問の識別力と正答率の散布図

　正答率と識別力の相関係数は0.0431と相関は全く見られない。ただ、正答率が低すぎる問題、高すぎる問題の識別力は低くなる傾向が見て取れる。これは当該受験者のレベル以上に難しすぎる問題は、上位者も正答するのが難しくなるからである。また、正答率が高くなりすぎた場合、例えば正答率が8～9割にもなると、下位者もほとんど正答してしまうため識別力は低くなる。

8. 個別文法項目分析

　旧日本語能力試験の文法項目は、1級から4級までかなりの種類があるため、1,520問をキーとなる文法項目別に集計すると、それぞれの文法項目に分類される問題は多くない。しかしながら、ある程度の問題数がないと、データとして不十分である。したがって、ここでは文法項目を品詞や機能ごとに集計し、頻度上位文法項目の傾向を探っていく。

8.1 助詞類

　格助詞、副助詞、接続助詞など助詞類全てを合算すると、308問あった。そのうち、格助詞が177問と半数以上を占める。表5に示すように、頻度が高い文法項目の上位も格助詞が占める。なお、「全体」は分析対象とした1,520問のうち、聴解と読解・文法を合計した頻度であり、「うち聴解」は「全体」のうち、聴解だけを別にカウントした頻度である。さらに、文法項目ごとに聴解で出題された問題数を挙げ、全体数で割って聴解率という値を算出した。

表5　助詞類の頻度上位文法項目

	全体	1級	2級	3級	4級	うち聴解	聴解率
4級 格助詞ニ	40	0	1	23	16	1	2.50%
4級 格助詞デ	38	1	4	9	24	6	15.79%
4級 格助詞ガ	21	1	0	11	9	1	4.76%
4級 格助詞ヲ	21	0	0	10	11	0	0.00%
4級 副助詞ハ	21	3	4	5	9	15	71.43%
4級 副助詞ダケ	14	5	2	2	5	6	42.86%
4級 接続助詞テ	13	3	0	5	5	7	53.85%
4級 格助詞カラ〜マデ	13	0	1	6	6	6	46.15%
4級 格助詞カラ	12	2	1	1	8	6	50.00%
4級 副助詞カ	12	2	2	4	4	0	0.00%

　まず、多くの助詞類は4級項目なので、出題も4級に偏っていることがわかる。その中でも、格助詞デ、副助詞ハ、副助詞ダケは上位級でも出題されている点で特色がある。とりわけ、副助詞ダケは上位級での出題は1級で4/5、2級で1/2と聴解に偏っていた。これは文法項目として、ダケを理解できているかどうかを問うわけではなく、正答を導き出すために、条件を限定するキーとしてダケが使われているからである。

　また、聴解率を見ると、ほとんど聴解では正答のキーにならない文法項目

と、かなり高い割合で聴解でも出題される文法項目があることがわかる。表1で示したように、全体の聴解率は19.01%であるため、これが基準となる。表5では副助詞ハの聴解率が突出しており、聴解でハを聞き分けて理解することの重要性が示唆される。その他、副助詞ダケ、接続助詞テ、格助詞カラ〜マデ、格助詞カラも聴解で問われやすい文法項目であることがわかる。

次に、助詞類で識別力0.3未満の問題が3問以上あった7項目を表6に示す。

表6　助詞類で識別力0.3未満が多い文法項目

	0.3未満	全体	0.3未満／全体
4級 格助詞ニ	10	40	25.00%
4級 格助詞ヲ	5	21	23.81%
4級 格助詞デ	5	38	13.16%
4級 格助詞＋ハ	3	6	50.00%
4級 格助詞カラ〜マデ	3	13	23.08%
4級 副助詞ハ	3	21	14.29%
4級 格助詞ガ	3	23	13.04%

格助詞ニ、格助詞ヲ、格助詞デ、格助詞ガなどは、そもそもの頻度も高いため、識別力が低い問題も多くなる。7.で述べたように、1,520問のうち、識別力0.3未満の問題は268問なので、全体の「0.3未満／全体」は17.63%である。そう考えると、格助詞ニや格助詞ヲはやや高いが、誤差の範囲内といえる。格助詞＋ハ（トハ、ニハなど）については、明らかに高い。

格助詞＋ハは、0.3未満の3問のうち2問が1級の聴解で出題されている。いずれの問題も「そでには」や「あごには」といった場所を指定する使い方であり、四つのイラストから一つを選ばせる問題であった。こうした問題の場合、もちろん、格助詞＋ハのニハの理解もポイントであるが、「そで」や「あご」といった語彙の理解、複数の条件を聞き取り記憶する（若しくはメモする）能力が必要で、文法項目だけの問題とはいい難い。

ただ、4級でも下記の問題では、識別力は低くなっており、正答率も、当該年度の読解・文法平均（0.649）よりも低くなっている。選択肢の後ろのカッコ内の数字は、各選択肢の選択率である。

（1）としょかんで　3時間　べんきょうしました。でも、うち＿＿＿＿＿しませんでした。
　　1　とは（1.6%）　　　　2　がは（2.5%）
　　3　には（37.4%）　　　4　では（58.2%）
　　4級（2006）、正答率：0.582、識別力：0.246

この問題は、デハがキーにはなっているが、実質的には場所のニとデの識別の問題である。ただ、この場合の場所を表す助詞として、デが適切であることはわかっていても、デハという形を使ってよいかどうかを判断するという点で困難である可能性もある。多くの格助詞と共に格助詞＋ハを4級に詰め込むのではなく、3級以降で文脈での使われ方と共に改めて取り上げる方がよいかもしれない。

8.2　動詞の活用形及び補助動詞

動詞及び補助動詞全てを合算すると94問であった。そのうち、頻度4以上の8項目を表7に示す。

表7　動詞の活用形及び補助動詞の頻度上位文法項目

	全体	1級	2級	3級	4級	うち聴解	聴解率
4級 テイル	18	1	1	11	5	2	11.11%
3級 テシマウ	13	4	2	7	0	10	76.92%
3級 ズ（ニ）	8	4	1	3	0	1	12.50%
3級 テミル	7	0	2	5	0	2	28.57%
4級 テ	6	1	1	0	4	1	16.67%
4級 ナイデ	6	1	1	1	3	0	0.00%
4級 タ	5	0	0	0	5	0	0.00%
4級 マシタ	4	0	0	1	3	0	0.00%

表7を見ると、テシマウの聴解率が突出しているのがわかる。「こんなにくっきり跡ついちゃった」(1級：2005) や、「ところが、ちょうど出発する日に台風が来ちゃって…」(1級：2005) など、選択肢を選ぶ条件を絞るために使われやすいようである。形もテシマウではなく、チャウやチャッタなど話し言葉らしいくだけた形になる点が特徴である。話し言葉に特化した文法シラバスでは、取り上げるべき文法項目であるといえる。

次に動詞の活用形及び補助動詞で、識別力 0.3 未満の問題が3問以上あった4項目を表8に示す。

表8　動詞の活用形及び補助動詞で識別力 0.3 未満が多い文法項目

	0.3 未満	全体	0.3 未満／全体
4級 テイル	6	18	33.33%
4級 ナイデ	4	6	66.67%
3級 ズ (ニ)	4	8	50.00%
4級 テ	3	6	50.00%

そもそもの問題数が少ないため、量的には参考程度にしかならないが、ここで挙げた4項目とも、識別力に問題のある項目が多い。初出は3級や4級で構わないが、その後にも文脈に応じた指導の継続が必要である。

桑名・小野澤・北村 (2010) で取り上げられているテイルについては、識別力が 0.3 を下回っているのが、2級で一つと3級で二つあり、特に2級はそもそも1問しかないので、1問中の1問となっている。

　　(2)　そんな暗い部屋で本を＿＿＿＿＿＿＿目が悪くなるから、電気をつけなさい。
　　　　1　読んでいては (45.6%)　　2　読んでまもなく (14.4%)
　　　　3　読むには (29.9%)　　　　4　読むほどでなくても (9.8%)
　　　　2級 (2008)、正答率：0.456、識別力：0.249

「〜していては」を問う問題だが、「〜していては」自体は出題基準のリストにはない。テイルによって「本を読む」ということの継続性が必要であることに気づけば正答を導けるが、「本を読むには電気をつけるべき」という

意味的な類推に引っ張られている。これが条件トであれば、「本を読むと」も「本を読んでいると」も使えるという点も混乱を招くもとである。
　テイルの時間幅の理解については、当該級である4級でも定着が不十分である傾向が見られる。

　　（3）　まだ　ゆうびんきょくは_____。早く　行きましょう。
　　　　1　あきません（43.0%）　　　2　あきました（10.5%）
　　　　3　あいています（30.7%）　　4　あきます（15.6%）
　　　　4級（2007）、正答率：0.307、識別力：0.173

否定を表す「あきません」の選択率が、正答の「あいています」を上回っている。確かに、「まだ郵便局はあいていません。早く行きましょう」は、空いていない郵便局の前で待つぐらいなら、早くほかに行こうという解釈なら成立しないこともない。しかし、短文の問題でそこまでの推論が求められるとは考え難く、「早く行く」のが郵便局であると考えるのが妥当であろう。テイルの時間幅についての理解が不十分であることが見て取れる。
　もう一つ、ズ（ニ）が1級で扱われている問題を取り上げておく。

　　（4）　いなくなったペットを懸命に探したが、結局、その行方は_____
　　　　じまいだった。
　　　　1　わかる（15.3%）　　　2　わからぬ（28.7%）
　　　　3　わからない（9.4%）　　4　わからず（46.5%）
　　　　1級（2006）、正答率：0.465、識別力：0.138

これは「わからずじまい」という固有の言い回し、しかも少し古めかしい慣用表現を答えさせる問題であるため、知っているかそうでないかで決まる。したがって、必ずしも成績上位者が正解するというわけではなかったため、識別力が下がったと推測される。ここから、数値だけを追わずに、各項目を質的に検討する必要があるといえる。

8.3　複文

　複文に関する項目は、機能ごとにまとめて頻度上位の項目を表9に示す。
　複文でも聴解で使われやすい項目と使われない項目の違いがはっきり出ている。例えば、条件のト・バ・タラ・ナラでは、トとタラは聴解で使われや

すく、バとナラは使われていない。用法の違いだけではなく、このように得られた話し言葉としての使われやすさという観点も文法シラバスに反映させたい。

表9　複文の頻度上位文法項目

	全体	1級	2級	3級	4級	聴解	聴解率
4級 理由カラ	18	2	2	4	10	10	55.56%
4級 接続助詞テ	13	3	0	5	5	7	53.85%
3級 条件タラ	13	2	6	5	0	8	61.54%
3級 譲歩テモ	13	3	3	6	1	2	15.38%
3級 条件ト	10	2	1	7	0	3	30.00%
4級 逆接ガ	9	2	2	2	3	7	77.78%
4級 前後テカラ	8	0	0	2	6	1	12.50%
4級 同時ナガラ	7	0	0	0	7	0	0.00%
3級 条件バ	7	1	3	3	0	0	0.00%
3級 条件ナラ	5	2	1	2	0	0	0.00%
4級 同時トキ	5	0	0	0	5	1	20.00%
3級 理由ノデ	5	0	1	4	0	2	40.00%

次に複文で、識別力0.3未満の問題が2問以上あった5項目を表10に示す。

表10　複文で識別力0.3未満が多い文法項目

	0.3未満	全体	0.3未満／全体
3級 譲歩テモ	8	13	61.54%
3級 条件バ	3	7	42.86%
4級 接続助詞テ	2	13	15.38%
3級 条件タラ	2	13	15.38%
4級 前後テカラ	2	8	25.00%

譲歩テモ以外は該当問題数が3以下と量的な検討に耐えうるデータは得られなかった。それを前提に検討するとして、1,520問の「0.3未満／全体」は17.63%であることを考えると、接続助詞テ、条件タラ、前後テカラは高すぎるということはない。一方、譲歩テモと条件バは明らかに高い。

譲歩テモについては、2003年の1級と2級に級間の等化のため、同じ問題が異なる級で出題されている問題があった。

（5）今日の会合には、どんな手段を＿＿＿＿時間どおりに到着しなければならない。
　　1　使いつつ（14.8%）　　2　使ってでも（48.7%）
　　3　使ううちに（4.0%）　　4　使おうとして（32.3%）
　　1級（2003）、正答率：0.487、識別力：0.109
　　1　使いつつ（11.1%）　　2　使ってでも（61.2%）
　　3　使ううちに（9.9%）　　4　使おうとして（17.4%）
　　2級（2003）、正答率：0.612、識別力：0.209

見ての通り、全く同じ問題であるにもかかわらず、1級の方が正答率も識別力も低い。テ形にデモを接続する「～してでも」という形に抵抗のある学習者がレベルを問わず存在することが、識別力を下げている。しかも、この定着化の傾向は級が上がるとより顕著になっていることがわかる。級が上がれば、日本語能力が全般的に向上するという思い込みは捨て、上級で使用頻度の低い接続形式の確認をして、脱定着化を図る必要がある。

次に、条件に関する表現について取り上げる。

（6）A「この展覧会、人気があるんだね。これじゃ、入るまでに1時間は並ぶよ。」
　　B「そうだね。私たち、もっと早く＿＿＿＿。」
　　1　来ればよかったね（48.6%）　2　来たらいいのにね（27.1%）
　　3　来たってことだね（13.8%）　4　来るほどじゃないね（9.0%）
　　2級（2009-1）、正答率：0.486、識別力：0.215

条件の使い分けとして、バが仮定的条件になるというのは基本であるが、識別力が低くなっているということは、習得に無理があることが示唆されるのではないだろうか。譲歩テモもそうだが、複文に関する文法項目は、理由

カラ／ノデや時間関係（同時）トキ／ナガラなど、基本的なものを3級に残し、条件や譲歩など論理関係を表す複文は2級に回すべきではないだろうか。旧日本語能力試験だけではなく、日本語教育における文法シラバスの「基本文型を3級までに詰め込む」という方針の無理がこの辺りに現れている。

さらに、事実的条件を表すタラを問う問題も見ておこう。

（7） 壁の汚れが気になって、上からペンキを_____、かえって汚くなってしまった。

1 塗っただけあって（23.2%） 2 塗ったら（33.3%）
3 塗るところ（18.7%）　　 4 塗るうえで（24.4%）

2級（2009-1）、正答率：0.333、識別力：0.178

条件タラは、ほかの条件を表す文法項目ト、バ、ナラと並べて出題されることが多いが、ここでは、「だけあって」、「ところ」、「うえで」という選択肢と並べて出題されており、2級でも正答率が低くなっている。正答の「塗ったら」は、四つの選択肢の中では、とりあえずは一番選ばれているが、残りの3選択肢もまんべんなく選ばれている。2級レベルの学習者であっても、事実的条件のタラを類似の複文から確信を持って選択することは困難であることがわかる。

8.4 その他の文法項目

ここでは、これまで取り上げなかったけれども、比較的に頻度上位の文法項目をまとめて取り上げることとする。なお、国際交流基金・日本国際教育支援協会（2002）では、1級と2級の文法事項については、3・4級と異なり、「文法的な＜機能語＞の類」として、平仮名で表記されているため、この論文でもこれに従う。

多様な文法項目が並ぶが、聴解率の高い文法項目が多い。文法項目の内容そのものを測るというより、依頼という機能の理解や、副助詞シカ＋否定や比較〜ヨリ〜ホウなど、正答を導くための条件を聞かせるものが多い。

表11 その他の頻度上位文法項目

	全体	1級	2級	3級	4級	うち聴解	聴解率
4級 依頼テクダサイ	28	0	6	7	15	20	71.43%
3級 勧告ホウガイイ	12	3	1	6	2	6	50.00%
3級 使役セル／サセル	11	5	4	2	0	4	36.36%
4級 希望タイ	10	0	2	4	4	5	50.00%
3級 比喩・状況ヨウ	10	0	4	6	0	2	20.00%
3級 副助詞シカ＋否定	10	1	2	2	5	6	60.00%
4級 依頼ナイデクダサイ	8	0	0	1	7	2	25.00%
3級 名詞化ノ	8	1	2	5	0	2	25.00%
2級 〜ことはない	8	5	3	0	0	0	0.00%
3級 並立タリ〜タリ	7	1	1	1	4	3	42.86%
3級 比較〜ヨリ〜ホウ	7	0	2	4	1	5	71.43%
4級 勧誘マショウ	6	0	1	0	5	2	33.33%
4級 変化マダ＋否定	6	0	0	1	5	4	66.67%

次にその他で、識別力0.3未満の問題が3問以上あった9項目を表12に示す。

表12 その他で識別力0.3未満が多い文法項目

	0.3未満	全体	0.3未満／全体
4級 依頼テクダサイ	4	28	14.29%
3級 使役セル／サセル	4	11	36.36%
3級 勧告ホウガイイ	3	12	25.00%
3級 比喩・状況ヨウ	3	10	30.00%
3級 名詞化ノ	3	8	37.50%
3級 名詞化コト	3	5	60.00%
2級 〜こそ	3	4	75.00%
2級 〜だけ	3	4	75.00%
2級 〜ものなら	3	5	60.00%

表12では、識別力0.3未満の問題が3から4と量的な検討には不十分なデータしか得られなかった。量が不十分であることを前提の上で表12を見てみる。繰り返しになるが、1,520問の「0.3未満／全体」は17.63%であることを考えると、依頼テクダサイ以外は軒並み高めであるといえる。ただ、これはその他として膨大な異なり問題数から識別力0.3未満が三つ以上になる文法項目をわざわざ抽出したからであり、表12の文法項目が習得が困難であると断言はできない。

　勧告ホウガイイについては、2008年の3級と4級に級間の等化のため、同じ問題が異なる級で出題されている問題があった。出題基準外であった4級ではとりわけ識別力が低かった。

　　（8）　もう少し＿＿＿＿＿ほうがいいですよ。
　　　　　1　待つの（13.3%）　　　2　待ちの（14.9%）
　　　　　3　待って（22.5%）　　　4　待った（49.1%）
　　　　　3級（2008）、正答率：0.491、識別力：0.481
　　　　　1　まって（30.4%）　　　2　まった（30.1%）
　　　　　3　まちの（22.5%）　　　4　まつの（16.7%）
　　　　　4級（2008）、正答率：0.301、識別力：0.070

　このように比較してみると、勧告ホウガイイは3級に適切な文法項目であるということができそうであるが、そもそも、勧告ホウガイイは文法項目といっても、語彙的な性格が強く、既習であったか否かが大きく影響していると思われる。文法シラバスの構築という観点でいえば、必ずしも3級でなければならないと簡単に結論づけるのは早計かもしれない。

　興味深いのは、勧告ホウガイイについては、2009年第2回にも4級で基準外であるが出題されている。これはこの2008年の結果の検証と思われる。

　　（9）　びょうきのときははやく＿＿＿＿＿ほうがいいですよ。
　　　　　1　ねます（8.3%）　　　2　ねました（8.3%）
　　　　　3　ねて（47.4%）　　　　4　ねた（35.8%）
　　　　　4級（2009）、正答率：0.358、識別力：0.329

　識別力はかろうじて0.3を超えているが、正答選択肢である「ねた」の選択率を、誤答選択肢の「ねて」の選択率が上回ってしまっており、適切とは

いい難い。「～したほうがいい」は 4 級の文法項目と比較して、特別に難しいということはないはずであるが、「4 級の出題基準ではない」という事実が学習内容を規定しているといえ、出題基準の影響の大きさが伺える。

9. 日本語能力試験から見た文法シラバス案

ここまで助詞類からその他まで四つの分野に分けて分析をしてきた。表 6、表 8、表 10、表 12 で挙げた識別力 0.3 未満の問題が多い 25 項目について振り返ってみる。

> 4 級 格助詞ニ、4 級 格助詞ヲ、4 級 格助詞デ、4 級 格助詞＋ハ、4 級 格助詞カラ～マデ、4 級 副助詞ハ、4 級 格助詞ガ、4 級 テイル、4 級 ナイデ、3 級 ズ（ニ）、4 級 テ、3 級 譲歩テモ、3 級 条件バ、4 級 接続助詞テ、3 級 条件タラ、4 級 前後テカラ、4 級 依頼テクダサイ、3 級 使役セル／サセル、3 級 勧告ホウガイイ、3 級 比喩・状況ヨウ、3 級 名詞化ノ、3 級 名詞化コト、2 級 ～こそ、2 級 ～だけ、2 級 ～ものなら

もう一つの指標として、表 5、表 7、表 9、表 11 で挙げた級別出題数についても焦点を当ててみる。例えば、テイルの場合、該当級は 4 級であり、1 級が 1 問、2 級も 1 問、3 級は 11 問、4 級では 5 問出題されている。このとき、該当級以外の問題数は 13 問である（1+1+11=13）。1,520 問のうち、該当級以外での出題は 468 問で 30.79% であった。一方、識別力 0.3 未満の問題に限ると 268 問であり、そのうち該当級以外での出題は 112 問で 41.79% と全体と比べるとやや高かった。そこで、25 項目の該当級以外で出題された問題数と、上記の 25 項目の識別力 0.3 未満の問題数の相関係数を求めたところ、0.682 とやや強い相関が見られた。

さらに、上記の 25 項目のうち、1,520 問の「0.3 未満／全体」である 17.63% を下回る格助詞デ、副助詞ハ、格助詞ガ、接続助詞テ、条件タラ、依頼テクダサイの 6 項目を削除し、下記の 19 項目としたところ、相関係数は 0.876 まで上昇した。

> 4級 格助詞ニ、4級 格助詞ヲ、4級 格助詞＋ハ、4級 カラ〜マデ、4級 テイル、4級 ナイデ、3級 ズ（ニ）、4級 テ、3級 譲歩テモ、3級 条件バ、4級 前後テカラ、3級 使役セル／サセル、3級 勧告ホウガイイ、3級 比喩・状況ヨウ、3級 名詞化ノ、3級 名詞化コト、2級 〜こそ、2級 〜だけ、2級 〜ものなら

　この25項目ないし19項目が、「当該級では能力を測るために妥当ではなく、当該級以外で出題されやすい文法項目」として強い相関で一致することになり、「日本語能力試験から見た当該級では無理のある項目」といっていいだろう。格助詞ニと格助詞ヲは4級から動かすことは難しく、2級項目はデータが少ないため断言できないが、それ以外の文法項目については、当該級以降に先送りして文法シラバスを構築すべきだという結論になる。

　もちろん、ここに挙げた文法項目は、あくまで8年分の試験データに基づいているに過ぎず、偶然に挙がっている可能性もある。したがって、質的に検討してきたように、「助詞の組み合わせ」、「テイルの継続性」、「論理関係を表す複文」など、日本語学習者にとって当該級では無理があると思われる領域を検討し直し、具体的にどのような文法項目を対象とするかは改めて選定するというプロセスが必要である。ここで挙げた25ないし19の文法項目はその手がかりに過ぎない。

10. おわりに

　この論文では、旧日本語能力試験の2002年度から2009年度までの8年分の『分析評価に関する報告書』のデータをもとに、「聴解」と「読解・文法」に限定して、正答のためのキーとなる文法項目をラベリングし、文法シラバス構築を目指して分析をおこなった。1,520問を抽出したが、数多くある文法項目に分かれるため、一つ一つの文法項目の問題数は多くなく、さらにデータを増やす必要があることがわかった。

　また、一つ一つの文法項目について、何が正答のためのキーとなるかというラベリングには主観が排除できないという問題もある。今回の分析では、2名の判定者（日本語教育を専門としない日本語母語話者の大学生）に相互

チェックをおこなってもらったが、それでも判断の難しい問題も多数あった。今後の課題としたい。

　出題区分別に見ると、「文字・語彙」から抽出できた問題はなかった。「読解・文法」が中心となり、一部「聴解」も文法項目によっては聴解率が高いものがあり、「話し言葉で出題されやすい項目」がわかるという副次的な発見もあった。

　さらに、識別力の低い問題を質的に見ることによって、当該級の学習者が何を混同しやすいか特定可能である。データ数にも限りがあるため、質的に丁寧に見ていくことが不可欠である。また、級間の等化のため、同じ問題が異なる級で出題されている場合がある。この問題を探し出せば、当該文法項目の困難度の推定に大いに役立つが、文法シラバスの構築という観点からいえば、過信は禁物である。

　日本語能力試験の結果は、日本語教師や研究者目線ではなく、まさに日本語学習者の理解の実態を反映したビッグデータなので、少々、主観的な部分を交えても文法シラバスに活かしていく意味はある。ただし、今回は8年分であるが、仮に27年分の分析をおこなったとしても、全ての文法項目の序列化に必要なだけのデータを取得するのは難しいと思われ、その意味では、ほかの手法と合わせて、コーパスによる頻度などでは判定し難い困難さの差異を特定するというような副次的な使い方になるのかもしれない。

調査資料

国際交流基金・日本国際支援協会「応募者数・受験者数の推移」『図で見る日本語能力試験』(http://www.jlpt.jp/statistics/index.html)
日本語能力試験実施委員会・日本語能力試験企画小委員会 (2002–2009)『分析評価に関する報告書』国際交流基金・日本国際支援協会

引用文献

桑名翔太・小野澤佳恵・北村尚子 (2010)「日本語能力試験「文法」の問題項目分析——テイルの問われ方と困難度との関係について——」『国際交流基金日本語教育紀要』6, pp. 109–123.

小池康 (2010)「日本語能力試験を援用した複数級間にわたる能力テストの試案 ── 中上級レベルの学習者を対照に ── 」『筑波大学留学生センター日本語教育論集』25, pp. 87–105.

小池康 (2011)「日本語能力試験を再構成したテストの実施と分析 ── 古典的テスト理論と項目応答理論を用いて ── 」『筑波大学留学生センター日本語教育論集』26, pp. 37–57.

国際交流基金・日本国際支援協会 (2002)『日本語能力試験出題基準改訂版』凡人社.

森篤嗣 (2014)「日本語能力試験から見た文法シラバス」『公開シンポジウム「シラバス作成を科学にする ── 日本語教育に役立つ多面的な文法シラバスの作成 ── 」予稿集』pp. 37–47.

付記

　この論文のデータ整理にあたっては、木村季美子氏と亀井葉つき氏の助力を得た。記して感謝申し上げたい。ただし、この論文の誤りの責任は著者本人に帰するものである。

第11章

類義表現から見た文法シラバス

建石　始

1. はじめに

　この論文では、まず、類義表現を扱った文法解説書、参考書、教師用指導書などをもとに、初級の文法項目に関する類義表現の実態を示す。具体的には、文法解説書、参考書、教師用指導書、（日本語能力試験の）問題集などを使い、類義表現の説明に費やされた説明量（文字数）を数えることによって、類義表現の実態を示す。また、当該の類義表現が掲載された書籍数、説明に費やされた説明量という2つの観点からの分析をもとに、初級の文法シラバスを提案する。

2. 類義表現に関する先行研究

　類義表現に関する先行研究は多数存在する。例えば、宮島・仁田（編）（1995a、1995b）は現代日本語の類義表現について、項目別、表現別にその違いを考察している。また、類義表現に関する従来の先行研究は、そのほとんどが類義表現の意味や機能の違いを明らかにすることを目的としており、森田（2006）や泉原（2007）といった辞典が刊行されているほどである。その中で、山内（2013）は日本語教師の能力を高めるための類似表現研究を提案したものであり、異色の存在である。

　類義表現の中には、多くの書籍、論文などで頻繁に取り上げられるものも

あれば、あまり取り上げられないものもある。また、類義表現の違いについて詳しく説明されるものもあれば、簡単な説明ですまされるものもある。そこで、この論文では、類義表現に関する実態を明らかにする。なお、この論文で扱うのは初級の文法項目とする。また、例えば、「V（ら）れる（受け身）」と「Vてもらう」のように、厳密には類義表現ではなく、関連する表現とでも言うべきものも調査の対象とする。

3. 調査の概要
3.1 調査対象

　初級の文法項目の類義表現に関する実態を探るため、文法解説書、参考書、教師用指導書、学習者向けの問題集（日本語能力試験対策）などを調査対象とした。その際、「初級」、「文法」、「文型」、「表現」といった用語をキーワードにして、関連する書籍を調査した。その結果、調査対象としたのは以下の14種類17冊の書籍である。カッコ内はこの論文での略称である。また、教師用指導書や学習者向けの問題集の一部は複数の書籍を1種類とした。

（1）庵功雄・高梨信乃・中西久実子・山田敏弘（2000）『初級を教える人のための日本語文法ハンドブック』スリーエーネットワーク．（ハンドブック）

（2）市川保子（2005）『初級日本語文法と教え方のポイント』スリーエーネットワーク．（ポイント）

（3）寺田和子・三上京子・山形美保子・和栗雅子（1998）『「どうやって教える？」にお答えします　日本語の教え方ABC』アルク．（ABC）

（4）K.A.I.T.（編）（2003）『実践　にほんご指導見なおし本【語彙と文法指導編】』アスク出版．（見なおし）

（5）岡本牧子・沢田幸子・安田乙世（2009）『はじめて日本語を教える人のための　なっとく　しっとく　初級文型50』スリーエーネットワーク．（なっとく）

（6）山﨑佳子・佐々木薫・高橋美和子・町田恵子（2010）『日本語初

　　　　級1 大地 教師用ガイド「教え方」と「文型説明」』スリーエーネットワーク．（大地ガイド）
（7）　山﨑佳子・佐々木薫・高橋美和子・町田恵子（2011）『日本語初級2 大地 教師用ガイド「教え方」と「文型説明」』スリーエーネットワーク．（大地ガイド）
（8）　スリーエーネットワーク（編）（2000）『みんなの日本語初級Ⅰ 教え方の手引き』スリーエーネットワーク．（手引き）
（9）　スリーエーネットワーク（編）（2001）『みんなの日本語初級Ⅱ 教え方の手引き』スリーエーネットワーク．（手引き）
（10）　グループ・ジャマシイ（編）（1998）『教師と学習者のための日本語文型辞典』くろしお出版．（文型辞典）
（11）　坂本正（監修）加藤文・小柏有香・早野香代・坂大京子（2011）『どんどん使える！日本語文型トレーニング初級』凡人社．（どんどん）
（12）　岡本牧子・氏原庸子（2010）『くらべてわかる初級日本語表現文型ドリル』Jリサーチ出版．（くらべて）
（13）　友松悦子・宮本淳・和栗雅子（2013）『改訂版 どんなときどう使う 日本語表現文型200 初中級』アルク．（どんなとき）
（14）　友松悦子・和栗雅子（2004）『短期集中 初級日本語文法総まとめポイント20』スリーエーネットワーク．（総まとめ）
（15）　ABK（財団法人アジア学生文化協会）（2013）『TRY! 日本語能力試験N4 文法から伸ばす日本語』アスク出版．（TRY）
（16）　ABK（公益財団法人アジア学生文化協会）（2014）『TRY! 日本語能力試験N5 文法から伸ばす日本語［改訂版］』アスク出版．（TRY）
（17）　山辺真理子・飯塚睦・金成フミ恵（2010）『日本語能力試験対策 にほんごチャレンジN4［文法と読む練習］』アスク出版．（チャレンジ）

　ここで示した順番は番号が小さいものが教え方や指導法に関するもの、つまり、日本語教師が使用するもので、番号が大きくなるにつれて学習者の使用

頻度が高くなるものとなっている。

3.2　調査内容と調査方法

　この論文では、国際交流基金（2007）に掲載されている日本語能力試験の旧4級、旧3級レベルの文法項目を初級の文法項目の基準とした。その結果、152の文法項目を取り上げることになった。

　調査方法であるが、筆者、および、筆者のゼミに所属する学生2名の合計3名で調査を行った。具体的には、まず初級の文法項目の類義表現にどのようなものがあり、それらの類義表現が上記の14種類17冊の書籍中、何冊で扱われているかを調査した。その結果は 4. で詳しく述べる。

　次に、それらの類義表現の違いなどに関する説明に何文字が費やされているのかを調査した。文字数を数える際、類義表現や関連する表現として記述されている部分のみを対象とした。つまり、類義表現や関連する表現としての説明ではなく、その文法項目自体の意味・用法を説明している部分は数えていない。

　ここで文字数を数える際のルールについて述べておく。まず、類義表現として扱われている項目について、その全てが初級の文法項目であれば、それぞれに文字数をカウントしていく。例えば、「○○は新情報を表すのに対して、××は旧情報を表す。」という文があり、○○と××のいずれもが初級の文法項目である場合、「○○」の項目の対応する類義表現「××」のところに「○○は新情報を表す」という9文字、「××」の項目の対応する類義表現「○○」のところに「××は旧情報を表す」という9文字をカウントした。一方、類義表現として扱われている項目について、そのどちらかのみが初級の文法項目であれば、その初級の文法項目のみに文字数をカウントした。例えば、「△△は新情報を表すのに対して、□□は旧情報を表す。」という文があり、△△のみが初級の文法項目である場合、「△△」の項目の対応する類義表現「□□」のところに9文字をカウントし、「□□」という項目は作成しなかった。その結果は 5. で詳しく述べる。

4. 掲載書籍数から見た類義表現

4.では掲載書籍数という観点から類義表現をとらえることにする。4.1で掲載書籍数が多い類義表現、4.2で掲載書籍数が多い文法項目を扱う。

4.1 掲載書籍数が多い類義表現

調査の対象とした14種類17冊の書籍の中で、掲載書籍数が多い類義表現を表1としてまとめておく。表中の表記は国際交流基金（2007）に掲載されているリストの表記に従っており、N＝名詞、A＝イ形容詞、AN＝ナ形容詞、V＝動詞である。ただし、便宜上、一部表記を改めた箇所もある。

表1 掲載書籍数が多い類義表現

書籍数	類義表現		
10種	Vている vs Vてある		
9種	Vため（に）vs Vように		
8種	を vs が	V（ら）れる vs 見える・聞こえる	
7種	V（ら）れる（受け身）vs Vてもらう		
	Aく／ANに／Nにする vs Aく／ANに／Nになる		
	Vないで vs Vなくて	−るとき vs −たとき	
	V（よ）うと思う vs V（よ）うと思っている		
6種	は vs が	を vs に	だけ vs しか	Vてしまう vs Vちゃう
	V（辞書形）ことにする vs V（辞書形）ことになる		
	−ようにする vs −ようになる	−と vs −ば・たら	ので vs から
5種	PlaceにNがある／いる vs NはPlaceにある／いる		
	−の vs −こと	に vs から	に vs によって
	V（ら）れる（可能動詞）vs V（辞書形）ことができる		
	Vてある vs Vておく	Vておく vs Vとく	
	Vたところだ vs Vたばかりだ	Vつもりだ vs V（よ）うと思う	
	−かもしれない vs −だろう	−ようだ vs −みたいだ	
	（−によると）−そうだ vs −そうだ（様態）		
	Vてください vs Vてくださいませんか	のに vs ても	
	−なら vs −ば・たら・と	Vたあとで vs Vてから	

表1からも分かるように、掲載書籍数が5種以上のものとして33の類義表現が存在した。掲載書籍数が最も多い「Vている vs Vてある」は14種類の書籍のうち70％を超える10種で掲載されていた。掲載書籍数の多い類義表現として、「は vs が」や「〜を－たい」と「〜が－たい」に代表される「を vs が」といった助詞に関するもの、あるいは、条件、理由、時といった接続表現に関するものが上位にくる傾向が見られた。

4.2 掲載書籍数が多い文法項目

4.1で取り上げた類義表現は○○ vs ××のように関連する表現がペアになっていたが、例えば、○○という形式が××だけでなく、□□とも類義表現になっている場合もある。そこで、4.2では4.1で取り上げた類義表現を各文法項目ごとにとらえ直す。

まず、4.1で取り上げた類義表現を各文法項目ごとにとらえ直すと表2のようになる。

表2 掲載書籍数が多い文法項目

書籍数	文法項目			
12種	Vため（に）			
11種	に	Vてある	Vている	V（よ）うと思う	－と
10種	V（ら）れる（可能）		（－によると）－そうだ		－たら
9種	を	－のだ	V（ら）れる（受け身)		Vつもりだ
	－かもしれない	－ようだ	－ほうがいい	－ば	－なら
8種	が	くれる	Vておく	－ようにする	－だろう
	Vてください	Vないで		－ても	－とき
7種	Vてあげる	Vてくれる	もらう		Vてもらう
	Vてしまう	Vているところだ		Vたところだ	
	－ようになる	Vなければならない		Vてもいい	のに

半分以上に掲載されている文法項目は38項目あり、これは初級の文法項

目全体の25%に相当する。また、掲載書籍数が最も多い文法項目は「Vため（に）」であり、14種類の書籍のうち85%の12種で掲載されていた。その他の掲載書籍数の多い文法項目には4.1で見た助詞、アスペクト、条件、理由、時といった接続表現だけでなく、「V（よ）うと思う」や「そうだ」、「Vつもりだ」、「-かもしれない」、「-ようだ」などのモダリティに関するものも上位にきている。これらは表1ではそれほど上位にきていなかったが、複数の形式が類義表現になっているため、文法項目としては上位にきているのである。

5. 説明量から見た類義表現

5.では説明量という観点から類義表現をとらえることにする。5.1で説明量が多い類義表現、5.2で説明量が多い文法項目を扱う。

5.1 説明量が多い類義表現

調査対象とした14種類17冊の書籍の中で、当該の類義表現や関連する表現についての説明部分の文字数を数え、それを説明量とした。説明量が1,000文字以上である類義表現をまとめると、表3（次ページ）のようになる。

最も説明量が多いのが「-たら」、「-ば」、「-と」、「-なら」の条件表現である。条件表現は4つが1つのグループとなって類義表現を構成しているため、他の形式との違いについての説明量が増えることになるが、それを差し引いても説明量が圧倒的に多い。（これについては、3位の「あげる」、「くれる」、「もらう」についても当てはまる。）その他には、「が」、「は」、「を」、「に」、「だけ」、「しか」などの助詞、「Vている」、「Vてある」、「Vておく」などのアスペクト、「ので」、「から」、「とき」などの接続表現が上位にきている。

表 3　説明量が多い類義表現

順位	類義表現	説明量(字)	順位	類義表現	説明量(字)
1	－たら vs －ば vs －と vs －なら	18,096	16	を vs が	1,975
2	は vs が	6,813	17	V ため（に）vs V ように	1,839
3	あげる vs くれる vs もらう	4,999	18	－ようにする vs －ようになる	1,791
4	だけ vs しか	3,725	19	－かもしれない vs －だろう	1,787
5	を vs に	3,299	20	らしい vs ようだ	1,604
6	V ている vs V てある	2,998	21	－が vs －けれども	1,565
7	ので vs から	2,924	22	のに vs ても	1,413
8	－の vs －こと	2,718	23	V（ら）れる vs V（辞書形）ことができる	1,336
9	V（ら）れる vs 見える・聞こえる	2,364	24	V ないで vs V なくて	1,322
10	A く／AN に／N にする vs A く／AN に／N になる	2,298	25	に vs で	1,244
11	までに vs まで	2,227	26	V たところだ vs V たばかりだ	1,185
12	－るとき vs －たとき	2,185	27	V（よ）うと思う vs V（よ）うと思っている	1,145
13	V てある vs V ておく	2,152	28	V（ら）れる（受け身）vs V てもらう	1,115
14	N は Place にある／いる vs Place に N がある／いる	2,042	29	のだ vs －ます	1,050
15	V たあとで vs V てから	2,026	30	－は－が vs －の－が	1,047

5.2　説明量が多い文法項目

5.1 で取り上げた説明量の多い類義表現を文法項目ごとにまとめ、説明量が 2,000 文字前後までのものを取り上げると、表 4 のようになる。

表 4　説明量が多い文法項目

順位	文法項目	説明量(字)	順位	文法項目	説明量(字)
1	-なら	6,150	16	Vため(に)	2,918
2	-ば	6,090	17	Vてある	2,862
3	が	4,797	18	-はずだ	2,810
4	に	4,660	19	-ようだ	2,647
5	V(よ)うと思う	4,630	20	Vつもりだ	2,558
6	-たら	4,154	21	-のだ	2,404
7	くれる	3,781	22	(-によると)そうだ	2,333
8	-とき	3,697	23	Vておく	2,316
9	Vている	3,438	24	あげる	2,243
10	を	3,394	25	-らしい	2,217
11	は	3,368	26	だけ	2,137
12	-と	3,327	27	-ようにする	2,060
13	-ほうがいい	3,178	28	-だろう	2,025
14	V(ら)れる(可能)	3,144	29	ので	2,017
15	のに	2,987	30	Vてもらう	1,973

　最も説明量が多い文法項目は「-なら」である。「-なら」は他の3つの形式との違いという点から説明が行われるため、条件表現の中でも説明量が多くなる傾向にある。その他で注目したいのが7位の「くれる」である。「くれる」は「あげる」や「もらう」に比べて学習者にとって難しいと言われることが多く、日本語の教科書でも他の2つに比べて初出が遅いという特徴がある。「あげる」や「もらう」に比べて説明量が多いため、説明量という点からもこのことが裏付けられる。

5.3　格差をなくした説明量が多い類義表現・文法項目

　5.1 と **5.2** で説明量に関する分析を行ったが、ここで注意しておかなけれ

ばならないことがある。それは「1文字の格差」とでも呼ぶべきもので、説明1文字分の重みの問題である。例えば、ある類義表現に関する同じ100文字の説明でも、総ページ数の多い書籍での100文字と、総ページ数の少ない書籍での100文字では、その重みが変わってくる。

　当該の類義表現に関する説明に費やされたものを説明量と呼んでおり、1文字はあくまで1文字なので、それを数え上げた **5.1** や **5.2** の分析はもちろん有効であるが、格差をなくした説明量を示しておく必要もあるだろう。そこで、1ページあたりの文字数、ならびに総ページ数などからそれぞれの書籍の総文字数を算出した。

表5　各書籍の総文字数

書籍名	総文字数（字）	書籍名	総文字数（字）
ハンドブック	約 255,121	文型辞典	約 661,716
ポイント	約 224,918	どんどん	約 174,640
ABC	約 120,043	くらべて	約 93,636
見なおし	約 187,615	どんなとき	約 179,892
なっとく	約 77,851	総まとめ	約 85,861
大地ガイド	約 225,681	TRY	約 208,888
手引き	約 274,160	チャレンジ	約 160,261

　ただし、このままでは総文字数に差が生じてしまっているので、1冊あたりの文字数をそろえる必要がある。1冊あたりの文字数を100万字にそろえ、改めて説明量を計算し直すと表6、表7のようになる。

第 11 章　類義表現から見た文法シラバス　｜ 225

表6　説明量が多い類義表現（格差なし）

順位	類義表現	説明量（字）	順位	類義表現	説明量（字）
1	−たら vs −ば vs −と vs −なら	77,823	16	A く／AN に／N にする vs A く／AN に／N になる	11,007
2	あげる vs くれる vs もらう	40,657	17	らしい vs ようだ	10,940
3	は vs が	34,359	18	V（ら）れる vs 見える・聞こえる	10,328
4	を vs に	23,454	19	N は Place にある／いる vs Place に N がある／いる	10,238
5	V ている vs V てある	19,088	20	のに vs ても	10,000
6	だけ vs しか	17,970	21	−ようにする vs −ようになる	9,886
7	−るとき vs −たとき	16,574	22	−かもしれない vs −だろう	9,543
8	を vs が	16,094	23	V てくれる vs V てもらう	9,370
9	V（よ）うと思う vs V つもりだ	16,022	24	V ため（に）vs V ように	9,163
10	ので vs から	14,578	25	−そうだ vs −と言っている	8,972
11	V てある vs V ておく	13,064	26	V（ら）れる vs V（辞書形）ことができる	8,594
12	−の vs −こと	12,872	27	までに vs まで	8,394
13	V たあとで vs V てから	12,339	28	のだ vs −ます	8,133
14	V（ら）れる（受け身）vs V てもらう	11,165	29	V ましょう vs V ませんか	8,076
15	V ないで vs V なくて	11,031	30	V（辞書形）ことにする vs V（辞書形）ことになる	7,270

　類義表現について、上位のものに特に大きな変動は見られないが、「V（よ）うと思う vs V つもりだ」、「V（ら）れる（受け身）vs V てもらう」、「V ないでvs V なくて」が順位を上げている。その原因は、総文字数の少ない『（くらべて）』や『（総まとめ）』に多く説明されているからであろう。これとは反対に、「V（ら）れる vs 見える・聞こえる」や「までに vs まで」は順位を落

としている。

　ちなみに、表3から消えたものは「−がvs −けれども」(21位)、「にvsで」(25位)、「Vたところだvs Vたばかりだ」(26位)、「V(よ)うと思うvs V(よ)うと思っている」(27位)、「−は−がvs −の−が」(30位)の5つであり、表6に出てきたのは「V(よ)うと思うvs Vつもりだ」(9位)、「Vてくれる vs Vてもらう」(23位)、「−そうだvs −と言っている」(25位)、「Vましょう vs Vませんか」(29位)、「V(辞書形)ことにするvs V(辞書形)ことになる」(30位)の5つである。

表7　説明量が多い文法項目（格差なし）

順位	文法項目	説明量（字）	順位	文法項目	説明量（字）
1	V(よ)うと思う	32,710	16	もらう	17,106
2	くれる	27,351	17	Vてある	16,891
3	−なら	27,240	18	−ようだ	16,821
4	が	27,142	19	−たら	16,782
5	に	26,746	20	−はずだ	16,212
6	−ば	25,295	21	Vため(に)	15,976
7	−とき	24,943	22	(−によると)そうだ	15,248
8	を	23,138	23	Vておく	15,124
9	−ほうがいい	21,872	24	のだ	13,650
10	のに	19,250	25	−ようにする	13,208
11	Vつもりだ	18,579	26	−らしい	12,473
12	−と	17,629	27	−かもしれない	12,361
13	Vている	17,438	28	Vてもらう	11,657
14	V(ら)れる(可能)	17,210	29	Vてもいい	11,327
15	は	17,197	30	Vないで	11,213

　文法項目については、**5.2**での分析で5位だった「V(よ)うと思う」、7

位だった「くれる」が1位、2位となり、1位の「-なら」は3位に下がっている。ただし、表4と表7を比べてみると、「-たら」の順位が大きく下がっていること、「Vつもりだ」、「もらう」の順位が大きく上がっていること以外はそれほど大きな違いは見られなかった。

　ちなみに、表4から消えたものは「あげる」(24位)、「だけ」(26位)、「-だろう」(28位)、「ので」(29位)の4つであり、表7に出てきたのは「もらう」(16位)、「-かもしれない」(27位)、「Vてもいい」(29位)、「Vないで」(30位)の4つである。

6. 必要度・複雑度から見た類義表現

　4.で掲載書籍数の多さ、5.で説明量の多さという観点から分析を行った。ここではその2つの観点を組み合わせることによって、類義表現から見た文法シラバスを提案する。

6.1　必要度・複雑度の体系

　4.で扱った掲載書籍数の多さという観点はいったい何を意味しているのだろうか。多くの書籍で取り上げられるということは、日本語教師や日本語学習者にとって目につきやすいものであり、それだけ必要なもの、重要なものと言い換えることができる。以下では、これを必要度と呼ぶことにする。

　では、5.で扱った説明量の多さという観点はいったい何を意味しているのだろうか。説明量が多いということは、類義表現の違いなどを説明するのに多くの字数を費やすことを意味しており、字数が多ければ多いほど、その類義表現の違いは複雑なものと言える。以下では、これを複雑度と呼ぶことにする。

　4.で分析を行った必要度、5.で分析を行った複雑度という2つの基準を組み合わせると、表8のような体系図ができあがる。

表 8　必要度・複雑度の体系

		説明量 = 複雑度	
		高	低
書籍数 = 必要度	高	A	B
	低	C	D

Aは必要度、複雑度のいずれもが高い領域、Bは必要度が高くて複雑度が低い領域、Cは必要度が低くて複雑度が高い領域、Dは必要度、複雑度のいずれもが低い領域ということになる。以下では、各領域にどのような類義表現が位置づけられ、それぞれがどのような特徴を持っているのかを分析する。

6.2　必要度高・複雑度高

まず、Aの必要度、複雑度のいずれもが高い領域である。ここに当てはまるのは以下の類義表現である。

> はvsが、をvsに、だけvsしか、Aく／ANに／NにするvsAく／ANに／Nになる、VないでvsVなくて、VているvsVてある、V（ら）れるvs見える・聞こえる、-ときvs-たとき、のでvsから、-たらvs-ばvs-とvs-なら

これらは必要度が高いものの、その違いは複雑であり、かなりの説明量を要するものである。これらの文法項目は全てを初級の早い段階で教えるのではなく、どちらか一方を中級以降に回す、あるいは、初級で教えるにしても、順序に差をつけたほうがよいものである。例えば、「は」と「が」の違いについては、初級の早い段階での説明、初級の遅い段階での説明、中級での説明をそれぞれ分けたほうがいいだろうし、「Vている」と「Vてある」については、中俣（2011）の「Vてある」は話し言葉で50%程度が「書く」と結びつくという指摘からコロケーションとして扱うことも考えられる。また、条件表現に関しては、初級の段階で4つも必要かどうかを考え直す必要もあるだろう。

6.3　必要度高・複雑度低

次に、Bの必要度が高くて、複雑度が低い領域である。ここに当てはまるのは以下の類義表現である。

> Vため(に) vs Vように、V(よ)うと思う vs V(よ)うと思っている、Vてしまう vs Vちゃう、V(辞書形)ことにする vs V(辞書形)ことになる、ようにする vs ようになる

これらは必要度が高いにもかかわらず、それほど複雑ではないので、初級の早い段階で扱ってもよいものである。違いを説明する際にも簡単に説明できるので、日本語教師にとっても扱いやすい類義表現であり、学習者にとってもそれほど難しくない類義表現と言える。

6.4　必要度低・複雑度高

さらに、Cの必要度が低くて、複雑度が高い領域である。ここに当てはまるのは次の類義表現である。

> あげる vs くれる vs もらう、までに vs まで、らしい vs ようだ、が vs けれども、に vs で、のだ vs ます

これらはそれほど必要度が高くないにもかかわらず、説明が複雑なものである。これらの類義表現は学習者にとって必要度が高くないので、初級の早い段階で教える必要はなく、初級の後半や中級に回してもよい類義表現と言える。

6.5　必要度低・複雑度低

最後に、Dの必要度、複雑度のいずれもが低い領域である。ここには数多くの文法項目が当てはまるが、以下では類義表現として扱われていない項目に注目する。

これまで文法解説書や参考書、教師用指導書などを用いて類義表現がどの

ように扱われているかを分析してきた。数多くの類義表現に注目する一方で、そもそも類義表現として扱われていない項目も多数存在する。ここで類義表現として扱われていない項目にどのようなものがあるかをまとめておく。

表9　類義表現として扱われていない項目

動詞	Vません・Vました・Vませんでした・V（辞書形）・Vなかった・NがVi──NをVt
イ形容詞	Aです・Aくないです（Aくありません）・Aかったです・Aくなかったです（Aくありませんでした）・A（辞書形）・Aくない・Aかった・Aくなかった・Aくて・Aく＋V・A＋N・Aの
ナ形容詞	ANです・ANではありません・ANでした・ANではありませんでした・ANだ・ANではない・ANだった・ANではなかった・ANで・ANに＋V・ANな＋N・ANなの
名詞	Nです・Nでした・Nではありませんでした・Nだ・Nではない・Nだった・Nではなかった・Nで・NのN・Nの・［…V／A／AN］＋N
疑問詞	…は疑問詞・疑問詞が…・疑問詞＋ても／でも いつ・いくつ（個数、年齢）・いくら どう／いかが・どんな・どのぐらい／どれぐらい 疑問詞＋でも・疑問詞＋－か
助数詞	助数詞・あまり…ない・11〜10000の数・枚、冊、本等 ○月○日○曜日・○時、○時半、○時○分、○時○分前／…ごろ・○時間、○分／…ぐらい
指示詞	こんな／そんな／あんな こう／そう／ああ
助詞	格助詞＋は／も・など わ・も・でも・とか・だい・かい・な・ちゃ（←ては）
接尾辞	中（じゅう）・たち／がた・ごろ Aさ／ANさ －ということ・－かた
その他	（お）Aございます・AN・Nでございます・（さ）せてください V（よ）うとする・Nにする・－がする －はずがない Nをください・Nをくださいませんか －な・－なくてもかまわない・V命令形 たり

これらの項目を見てみると、大きく2つに分けることができる。一つは文の中心的成分となっていて、そもそも類義表現が想定できないものである。例えば、表9の動詞、イ形容詞、ナ形容詞、名詞の項目に位置づけられるものは類義表現が想定しにくい。

もう一つは初級の文法項目としてあまり使用頻度が高いとは言えないものである。例えば、「だい」や「かい」などの一部の助詞、「(お) A ございます」や「AN／N でございます」などの一部の敬語、「-な」や命令形などがその候補となる。これらは少なくとも初級の早い段階で教える必要がなく、初級の後半や中級以降に組み込んでも構わないものと言える。

7. おわりに

この論文では、類義表現を扱った文法解説書、参考書、教師用指導書、問題集などをもとに、類義表現の説明に費やされた説明量を算出することによって、初級の文法項目に関する類義表現の実態を示した。そして、必要度、複雑度という2つの観点から初級の文法シラバスを提案した。

今後の課題としては、さらに網羅的に書籍を扱うこと、ならびに、必要度、複雑度という概念を精密にすることがあげられる。また、中上級の文法項目に関しても、同様の分析をやってみても興味深い結果が得られる可能性がある。その他にも、例えば、出現度（全ての類義表現に要した文字数に対する当該の類義表現の文字数の割合）などの別の基準との関係についても分析を進めたい。

調査資料

3.1 で詳細を述べたので、ここでは割愛する。

引用文献

泉原省二 (2007)『日本語類義表現使い分け辞典』研究社.
国際交流基金 (2007)『日本語能力試験出題基準＜改訂版＞』凡人社.
中俣尚己 (2011)「コーパス・ドライブン・アプローチによる日本語教育文法研究――「てある」と「ておく」を例として――」森篤嗣・庵功雄（編）『日本語教育文法のための

多様なアプローチ』pp. 215–233, ひつじ書房.
宮島達夫・仁田義雄（編）(1995a)『日本語類義表現の文法（上）―― 単文編 ――』くろしお出版.
宮島達夫・仁田義雄（編）(1995b)『日本語類義表現の文法（下）―― 複文・連文編 ――』くろしお出版.
森田良行 (2006)『日本語の類義表現辞典』東京堂出版.
山内博之 (2013)「日本語教師の能力を高めるための類似表現研究」『日本語／日本語教育研究』4, pp. 5–20.

第12章

対照言語学的知見から見た文法シラバス

高　恩淑

1. はじめに

　本研究の最終的な目標は、対照言語学の知見を日本語教育に取り入れ学習者の母語に合わせたシラバスデザインや指導法、教材作りなどに役立てることである。その試みの一つとしてこの論文では、日本語と韓国語の初級文法項目を比較対照し、その類似と相違を明らかにすると共に、その結果を活かした日本語教育に役立つ新たな初級文法シラバスへの可能性を示唆したい。

2. 研究目的と位置づけ

　近年、初級における文法シラバスの見直しの議論が広がっている中、一律の文法ではなく学習者のニーズに合わせた文法指導が必要とされている。

　熊谷 (2002: 21) は、対照研究の成果を言語教育に取り入れることの重要性を唱えて、「外国語教育において、教授者が学習者の母語と目標言語の異同に関する情報をもっていることは、母語の干渉や習得上の困難点を予測し、指導方法や教材を準備する上で非常に有効である」と説明している。また、井上 (2005: 83) は、学習者の母語を考慮した日本語教育文法の必要性を述べていて、「少ない労力で大きな成果が得られる文法を教えるためには、学習者の母語を基準として日本語の文法を考える必要がある」としている。井上 (2005) の主張の通り、独習用教材や同じ母語の学習者が集まっている

教育現場においては現行の文法シラバスは非効率的であり、学習者に不要な負担を強いることになる。特に、日本語と韓国語の場合、語順が同じで文法構造が似ている部分が多いことから、類似する文法項目の説明は簡単に行い、ずれが見られるものに限って詳しく説明する方が学習効率が高まると期待できる。

そこで、この論文では韓国語話者に対する日本語教育への手助けとして、対照言語学的知見を活かした文法シラバスを提案したい。ここでは、まず日本語と韓国語の初級文法項目の対応関係を明らかにし、次に韓国語話者にとって難しいとされる文法項目を選定し述べていく。対照言語学的知見を文法シラバスに取り入れることで、教師は学習者にとって必要な項目が何かを把握しやすくなり、文法項目の取捨選択や学習目的・目標なども立てやすくなるであろう。

3. 研究対象と方法
3.1 研究対象

庵他（2000）『初級を教える人のための日本語文法ハンドブック』の「主要初級教科書との対応表」に載っている399の文法項目（用法別に分類されている）から4冊以上の教科書で扱われている265項目を選び、そこから動詞や助数詞などを除いた232項目を研究対象とする。「主要初級教科書との対応表」の作成に使用されている教科書は『みんなの日本語初級Ⅰ・Ⅱ』『日本語の基礎Ⅰ・Ⅱ』『進学する人のための日本語初級』『日本語初歩』『新文化初級日本語Ⅰ・Ⅱ』『初級日本語』である。分析の精度を高めるために、次の項目は考察対象から外している。

①助数詞：～年（間）、～か月（間）、～週間、～日間、～時間、～分（間）、～人、～枚、～階、～回、～台、～杯、～本、～方、②副詞：同じ、大体、まだ、もう、③接辞：位、頃、④動詞：あげる、くれる、くださる、いただく、もらう、やる、聞こえる、見える、できる、⑤形容詞：ほしい

3.2 研究方法

井上（2002:3）は、対照研究を「対応記述型」と「類型設定型」に大別し、

前者を二つの言語の類似と相違を共通の枠組みのもとで整理して記述することに重点を置く対照研究、後者を二言語間の類似と相違の背景にある一般的な原理や傾向性について考えることに重点を置く対照研究と定義している。この論文では、井上（2002）の言う「対応記述型」のやり方で日本語と韓国語の対応関係を見ていく。この論文における研究方法は次の通りである。

① 庵他（2000）の「主要初級教科書との対応表」から文法項目（232項目）を選別し、日本語と韓国語の対訳表を作って両言語間の対応関係を網羅的に示す。
② 対訳表の確認作業として、上級日本語学習者20人（N1合格者）にアンケートを取り、日本語と韓国語の対応関係を判断してもらう。
③ アンケート結果を参考にして韓国語との間にずれが見られる文法項目、及び、韓国語に存在しない日本語の文法項目をカテゴリ別に分類し、日本語との相違を中心に記述する。
④ 最後に、考察結果に基づいて対照言語学的知見を活かした初級文法シラバスを提案する。

なお、本文における参考資料として、菅野他（1998）『コスモス朝和辞典』、白（著）大井（訳）野間（監修）（2004）『韓国語文法辞典』、市川（2005）『初級日本語文法と教え方のポイント』、友松他（2007）『どんな時どう使う日本語表現文型辞典』を用いる。この論文において、韓国語は本文に用いる文法形式や用例の該当する述語のみを「Yale方式」のローマ字表記法で示す。

4. 日本語と韓国語の対応関係

今回考察した初級文法の232項目のうち、およそ7割の162項目が日本語をそのまま韓国語に直訳して使用できるものである。基本的に、疑問詞や指示詞、接続詞の大部分は日本語を韓国語に直訳した形式をそのまま用いることができる。助詞の場合、「が」「に」「で」「も」などは用法によって韓国語で異なる形式を用いることもあるが、ほぼ対応していると見なすことができる。日本語と韓国語が韓国語母語話者、日本語母語話者にとって互いに学びやすい言語であると言われるのは、日本語と韓国語の語順が同じであるだけでなく、このように類似する文法項目が多いからでもある。

一方、韓国語母語話者の上級日本語学習者20人（N1合格者）にアンケートを取り、日本語と韓国語の対応関係を判断してもらったところ、ほぼ9割の人がテンス、アスペクト、受身、やりもらい、敬語などにずれがあると答えている。つまり、これらのカテゴリに、対応関係にずれがある項目が集中しているということである。例えば、日本語は受身表現のバリエーションが多いのに対し、韓国語は基本的に迷惑受身と使役受身が存在しない。また、日本語は相対敬語であるため相手に合わせて尊敬語と謙譲語を使い分けるが、韓国語は絶対敬語であるため、自分より年長者であればもっぱら尊敬語を用いる。

　次の表1は、日本語の初級文法項目において韓国語と一対一に対応していない70項目をカテゴリ別に分類したものである。アンケート結果を参考にし、学習者にとって習得が難しいと思われるものから順に、番号を付してある。

表1　指導の手助けを要する初級文法項目

1) 両言語における対応関係が複雑なもの
・テンス、アスペクト、受身、使役、可能、やりもらい、敬語
2) 韓国語に対応する形式がないもの
・場所性を与える「のところ」、文末の「のだ」、終助詞「よ」
3) 韓国語において一つの形式で表されるもの
・仮定を表す条件表現「〜ば」、「〜と」、「〜たら」、「〜なら」
・理由・原因を表す接続表現「〜て」、「〜から」、「〜ので」
・並列を表す表現「〜と」、「〜や」と「〜し」、「〜て」
・時間制限を表す表現「〜まで」、「〜までに」
・形式名詞「の」、「こと」
・様態や判断を表す表現「〜そうだ」、「〜ようだ」
4) 韓国語で前項要素、または対応する形式が異なるもの
・「〜たほうがいい」、「〜ために」
・「〜すぎる」、「ところだ」
5) 基本的に対応するが、用法によってずれが見られるもの
・助詞「が」、「を」、「に」、「で」、「も」、「の」
・指示詞「その」、「あの」

これらは、韓国語母語話者に対する日本語指導において、特に説明を要する文法項目である。言い換えれば、これら以外の初級文法項目は基本的に日本語を韓国語にそのまま直訳して用いても差し支えないと言える。

次の **5.** と **6.** では、韓国語母語話者にとって難しいと思われる表1の文法項目を取り上げ、日本語との相違を詳しく説明すると共に、指導上の留意点について記述する。

5. 日本語と韓国語との間のずれが大きい文法項目

ここに取り上げる文法項目は、日本語と韓国語の対応関係を見るアンケート調査において、8割以上の人がずれが見られると回答したものである。韓国語母語話者に限らず日本語学習者であれば誰もが習得が難しいと思う文法項目かもしれないが、ここでは表1に沿って韓国語との対応関係が多対多で複雑に重なっている、または韓国語において対応する形式がないものを中心に説明していく。

5.1 両言語における対応関係が複雑なもの
①テンス形式

韓国語において時間を表す表現には、「한다 hanta」(日本語の「する」に相当する非過去形)と「했다 hayssta」(日本語の「した」に相当する過去形)がある。日本語と違って、韓国語では動作動詞の場合「hanta」で現在を表すことができる。韓国語にも日本語の「している」に当たるアスペクト形式「하고 있다 hako issta」があるが、これは動作・状態の継続を強調する際に用いられる形式であるため、通常「hanta」で現在の進行を表す。以下の例文において、非文法的な文の場合「*」、文脈的に不適切な文の場合「#」、不自然な文の場合「?」を該当文の前につけ加える。

(1)　田中さんは大学で働いています。
　　　다나카 씨는 대학에서 일합니다 (ilha-pnita).
　　　#田中さんは大学で働きます。
(2) a.　今何してる？　　지금 뭐 해요 (ha-yyo)？
　　　　*今何する？

　　　　　b. テレビ見てる。　　텔레비전 봐요 (po-ayo).
　　　　　　＊テレビ見る。

　よって、日本語のテンス形式を導入する際は、まず現在の「動作進行」を表すために日本語では、状態動詞以外は必ず「している」の形に変える必要があり、通常動作動詞は「する」の形で未来を表すということを説明する必要がある。時間を超えた一般的な真理や習慣などは韓国語も日本語と同様に非過去形(「한다 hanta」)で表すが、「最近毎日ジョギングをしている」のようにアスペクト形式で現在の習慣を表すことはできない。

　また、日本語では既に起こったこと(完了)を表す場合、肯定文では「した」が、否定文では「していない」が用いられるが、韓国語では完了を表す場合、文の肯否を問わず過去形の「했다 hayssta」が用いられる。

　(3)　昼ごはんはもう食べましたか。점심밥은 벌써 먹었어요?
　　　　　a. はい、食べました。
　　　　　　 네, 먹었어요 (mek-ess-eo).
　　　　　b. いいえ、まだ食べていません。
　　　　　　 아뇨, 아직 안 먹었어요 (an mek-ess-eo).
　　　　　　＊いいえ、まだ食べませんでした。

②アスペクト形式
　韓国語のアスペクト形式には、動作・状態の継続を表す「하고 있다 hako issta」と結果残存を表す「해 있다 hay issta」があるが、日本語と違って動詞の自他による使い分けや、動作主の存在が意識されるか否かによる使い分け(「している」vs.「してある」)はできない。日本語では、単なる状態を表す場合には「V(自動詞)+～ている」(「窓が開いている」)が用いられ、ある目的を持って行ったという行為者の存在が意識される場合には「V(他動詞)+～てある」(「窓が開けてある」)が用いられるが、韓国語では両者とも「해 있다 hay issta」が用いられる。韓国語では、動作動詞でも「해 있다 hay issta」で結果残存を表せるが、日本語では、他動詞の動作動詞を結果残存の意味にするには「～てある」形を使わなければならない。韓国語話者において次のような誤用が多く見られるのも、これに起因する。

（4）*換気のために窓が開いています。
（5）（結果残存の意味で）#名前は手帳に書いています。

　また、韓国語では「～てある」と「～ておく」が日本語の「～ておく」の意味を持つ形式「해 두다 hay twuta」で表されるため、「パーティーの前に飲み物を買ってあってね」のような誤用をおかすことがある。これについては、「V（他動詞）＋～てある」と「V（意志動詞）＋～ておく」は意味的に似ているものの、「～ておく」が目的を持ってあらかじめある動作を行うことを表すのに対し、「～てある」は行った動作の結果が持続していることを表すため、まだ起こっていない出来事には使えないことを説明すればよい。

　一方、韓国語は意志性のない自動詞であっても「하고 있다 hako issta」を用いて動作・状態が進行中であることを表すことができるが、日本語では状態性の強い無意志的な自動詞は「している」の形で「進行中」を表すことができない。

（6）（死にかけている場合）#この患者は死んでいる。
　　　　　　이 환자는 죽어 가고 있다（cwuk-e ka-ko issta）．
　　　　　　この患者は死につつある。
（7）（ひびがだんだん広がっていく場合）#窓のガラスが割れている。
　　　　　　창문 유리가 깨 지고 있다（kkay ci-ko issta）．
　　　　　　?窓のガラスが割れつつある。

　このような誤用を減らすためには、日本語の場合、意志性を持つ動作動詞だけが「している」を用いて「進行中」を表すことを教えなければならない。

　他に、日本語の「行く、来る、帰る、戻る」のような移動動詞は韓国語と違って、「している」の形で「動作進行」（「移動中」）を表すのではなく、移動した後の状態の継続を表すことも指摘しておく必要がある。

　以上のようにテンスとアスペクトを導入する際は、日本語と韓国語では時間軸における事象の捉え方が異なることを気づかせることが重要である。

③受身表現

　韓国語にも日本語のように受身を表す接辞「-이 -i、-히 -hi、-리 -ri、-기 -ki」があるが、特定の音節の動詞に特定の接辞をつけるという文法規則がなく、

同じ形式で使役を表すこともあるため、文脈から意味を判断しなければならない。

（8）　이 책은 세계 각지에서 읽히고 있다 (ilk-hi-ko issta).
　　　この本は世界中で読まれている。
（9）　학생한테 책을 읽히다 (ilk-hi-ta).
　　　学生に本を読ませる。

補助動詞「-게 되다 -key toyta」（〜するようになる：動作・状態の変化した結果が重んじられる）や「-아／어 지다 -a/e cita」（〜するようになる：動作・状態が変化していく過程や変化後の状態が重んじられる）をつけて受身の意味を表すこともあるが、ごく一部の動詞に限られる。韓国語話者には、まず日本語の受身と使役にそれぞれ独自の形式があって、用法が異なるということを指摘しておく必要がある。

また、韓国語には日本語の「迷惑受身」が存在しないため、「妻に逃げられた」、「親に死なれた」のような受身文は「妻が逃げた」、「親が死んだ」という能動文を直訳した文になる。よって、韓国人日本語学習者は被害を被ったことを表す場合も受身文を使わず、能動文（「足を踏まれた」→「誰かが足を踏んだ」）を用いることが多い。これについては、なぜ能動文ではなく受身文を用いるのか、受身文で格はどう変わるのか、どういった用法の違いがあるのかなどを、例を挙げながら具体的に説明しなければならない。

④使役表現

韓国語では接辞「-이 -i、-히 -hi、-리 -ri、-기 -ki、-우 -wu、-구 -kwu、-추 -chwu」をつけて使役を表すが、受身と同様、特定の音節の動詞に特定の接辞をつけるという文法規則はない。意味的に使役を表す補助動詞「-게 하다 -key hata」（〜するように仕向ける）は文法的な制約が少ないため生産性が高いが、格の変化がなかったり、接辞と共に用いて「二重使役形態」を作ったりすることがあるため、日本語の使役と対応させることは難しい。

（10）　엄마는 손님이 자리에 앉게 했다 (anc-key ha-yssta).
　　　 母はお客さんが席に座るようにした。
（11）　엄마는 내가 동생에게 밥을 먹이게 했다 (mek-i-key ha-yssta).

母は私が妹にご飯を食べさせるようにした。

　韓国語にも、日本語の漢語サ変動詞につく「させる」に対応する「-시키다 -sikhita」があるが、漢語動詞にしか用いることができないため、使用が制限される。よって、統語的な特徴として日本語の使役は一つの形式「-(さ)せる」を用いることや、基本的に自動詞にはヲ格を、他動詞にはニ格を用いることをしっかり教える必要がある。

　また、韓国語では (12) のように敬語に「-게 하다 -key hata」をつけて使役の意味を表すことがあるが、日本語では尊敬語を使役の形にすることはまれである。その他、日本語では (13) のように話し手が何らかの恩恵を受ける場合、使役の代わりに「～てもらう」形を用いることも指導において注意すべき点である。

　(12)　나는 선생님께 신문을 읽으시게 했다 (ilkusi-key ha-yssta).
　　　　私は先生に新聞を {×お読みにならせた／○読んでいただいた}。
　(13)　다나카 씨에게 이사를 돕게 했다 (top-key ha-yssta).
　　　　田中さんに引っ越しを {×手伝わせた／○手伝ってもらった}。

　一方、日本語の場合「N（人）にする」を用いて使役の意味を表すことがあるが、韓国語には対応する形式がないため、「N(으)로 만들다 -(u)lo mantulta」（Nに作る）といった形になる。

　(14)　田中さんは息子を医者にした。
　　　　다나까 씨는 아들을 의사로 만들었다 (mantul-essta).
　　　　?田中さんは息子を医者に作った。

⑤可能表現

　韓国語の可能形式「-ㄹ 수 있다／없다 -l swu issta/epsta」は、基本的に「～ことができる」に対応していて、日本語の可能動詞のような格の変化は起きない。「ある事を成す可能性や力がある／ない」という意味を持つため、アクチュアルな出来事は表しにくい。アクチュアルな出来事を表す場合、否定文は不可能の意味を表す副詞「못 mos」をつけて表現するが、肯定文は単純過去形「했다 hayssta」で表されるため、日本語に直訳できない。

　(15)　昨日はよく {寝られた／寝られなかった}。

어제는 잘 {잤다 (ca-ssta) ／못 잤다 (mos ca-ssta)}.
昨日はよく{寝た／寝られなかった}。

　また、「-ㄹ 수 있다／없다 -l swu issta/epsta」は、英語の「can」と同様に可能性だけを表すことがあり、「물을 많이 주면 뿌리가 썩을 수 있다 (水をたくさんやると根が腐ることがある)」のように無意志動詞とともに用いることができるが、日本語の可能動詞と「〜ことができる」は単なる可能性を表すことができず、述語動詞は意志動詞に限られるということを説明する必要がある。

⑥やりもらい表現

　日本語の場合、同じ事柄を違った視点から表す「やりもらい表現」に「あげる」「くれる」「もらう」があるが、韓国語では「あげる」と「くれる」が同じ形式「주다 cwuta」で表される。
　　(16)　友達が (私に) 本をくれた。
　　　　　친구가 (나에게) 책을 주었다 (cwu-essta).
　　(17)　(私が) 友達に本をあげた。
　　　　　(내가) 친구에게 책을 주었다 (cwu-essta).
「金さんが私に花束をあげた」や「私が金さんに花束をくれた」のような誤用が現れやすいのはこれに起因する。「あげる」と「くれる」については、「くれる」の場合、親疎関係の制約があるため、動作の受け手が話し手本人か、もしくは心理的に話し手に近い人に限られると説明すればよい。
　一方、韓国語には「もらう」に対応する動詞はあるが、「〜てもらう」に当たる補助動詞がないため、代わりに「〜てくれる」に相当する「-아／어 주다 -a/e cwuta」形が用いられる。「〜ていただく」も同じく「〜てくださる」形になる。
　　(18)　友達にノートを見せてもらった。
　　　　　친구가 노트를 보여 주었다 (poi-e cwu-essta).
　　　　　友達がノートを見せてくれた。
　　(19)　先生に漢字を教えていただきました。
　　　　　선생님께서 한자를 가르쳐 주셨다 (kaluchi-e cwu-si-essta).
　　　　　先生が漢字を教えてくださった。

よって、「〜てもらう／〜ていただく」については、「〜てくれる／〜くださる」と同様に何らかの恩恵を受けることを表す表現で動作結果は変わらないが、「〜てくれる」とは格体制が異なることを認識させることが重要である。また、動作の受け手を「ガ格」に、動作の仕手を「ニ格・カラ格」に変える必要があることも合わせて説明した方がよい。

⑦敬語表現

日本語は相対敬語であり、「上下関係」だけでなく、「親疎関係」によっても尊敬語や謙譲語、美化語などを使い分けるが、韓国語は日本語のように尊敬語と謙譲語に分かれておらず絶対敬語を使用する。韓国語では基本的に話し相手が発話者自身より年長であれば、身内であってもすべて尊敬語を使用する。

(20) 할아버지께서는 지금 집에 안 계십니다 (an kyeysi-pnita).
  *お祖父さんは今家にいらっしゃいません。
(21) 다나카 부장님은 방금 전에 퇴근하셨습니다 (thoykun-hasi-ess-supnita).
  *(取引先に対して) 田中課長は先ほどお帰りになりました。

韓国語にも自分をへりくだって言う表現として「저 ce」(わたくし) や「드리다 tulita」(差し上げる) などがあるが、ごく一部に過ぎず、日本語の「ゴザイマス体」や「丁重語」、「美化語」に当たる形式は存在しない。

よって、韓国語話者に日本語の敬語を導入する際は、特に尊敬語と謙譲語の用法の違いや「親疎関係」による使い分けを具体的に説明する必要がある。

5.2 韓国語に対応する形式がないもの

①場所性を与える「のところ」

日本語には「場所性」を持つ名詞 (「日本、駅、部屋、入り口」など) と持たない名詞 (「人、先生、ドア、テーブル」など) があって、場所性のない名詞を一つの場所として使用するためには、後ろに「のところ、周り、近く」などをつけなければならない。一方、韓国語ではモノの場合は位置詞 (「前、後ろ、横」など) をつけて場所化して使うことが多いが、人の場合は「엄마

한테 와(ママに来て)」のように場所化せず、そのまま用いることができる。

よって、日本語では一般的に場所と言える建物や地域、国などの名詞以外のモノや人、生物などは場所性を持たないため、基本的に「のところ」などをつけて使用することを指摘しておく必要がある。

(22) 後で私の {×机／○机のところ} に来て。
(23) 明日、{×お祖母さん／○お祖母さんのところ} に行ってくる。

②文末の「のだ」

日本語には、発話を取り巻く状況との関連づけや話題の前置き、文の前提などを表す「のだ」があるが、韓国語にはこれに対応する形式がない。

よって、「のだ」の用法については基本的に先行する文や発話を取り巻く状況から事情を納得したり、理由や原因を説明したりする時に用いられることを、例を挙げてきちんと説明しなければならない。また、「のですか」は見たり聞いたりしたことから話し手が判断したことが正しいかどうか確認したり、説明を求めたりする時に、「のですが」は話題を持ち出す時の前置きとして用いられるということも合わせて説明した方がよい。

また、次の用例のように何の前提や意図もなく「のだ」を用いる場合は、相手に不快感を与えたり、押しつけがましい印象を与えたりすることになるということも言及しておく必要がある。

(24) 週末は休むんです。
(25) 田中さんも一緒に行くんですか。

③終助詞「よ」

日本語の文末表現には、聞き手の知らない事実を伝えたり、自分の判断や意見、または命令や依頼を表したりする終助詞「よ」があるが、韓国語にはこれに対応する形式がない。音声的に韓国語の丁寧形(日本語の「です、ます」に相当する)の用言語尾「-요 -yo」と同音であることから、韓国語話者において過剰使用が見られるが、終助詞の「よ」は話し手の意志や判断、主張などを表す感情表現であるため、使い方によっては相手に強要するような印象を与えることをきちんと説明することにより改善が期待できる。

(26)　毎日、学校へ行きますよ。매일 학교에 <u>가요 (ka-yo)</u>．
(27)　週末は学校へ行きませんよ。주말에는 학교에 <u>안 가요 (an ka-yo)</u>．

6.　日本語と韓国語の対応関係が多少ずれている文法項目

　上級日本語学習者 20 人（N1 合格者）に対して行ったアンケートでは上述した文法項目に比べ、日本語と韓国語との間にずれが見られるとした回答数は少なかったが、韓国語話者に対して文法的な説明が必要とされるものである。

6.1　韓国語において一つの形式で表されるもの

　日本語と韓国語との対応関係が一対一や、一対多に対応する場合と違って、多対一になっている文法項目は韓国語母語話者にとって使い分けることが難しい。
　以下では、韓国語では一つの形式を用いる用法が日本語では複数の形式に分かれる文法項目をカテゴリ別に分類して見ていく。

①仮定を表す条件表現：「〜ば」、「〜と」、「〜たら」、「〜なら」
　日本語では仮定条件を表す表現に「〜ば」、「〜と」、「〜たら」、「〜なら」があって、それぞれ使い分けられるが、韓国語では前項要素に品詞の違いはあるものの、すべて一つの形式「-(으)면 -(u)myen」で表される。例えば、日本語では「お金さえあれば、何でもできる」と「3 時になったら、出かけよう」の「〜ば」と「〜たら」は置き換えられないが、韓国語ではいずれも同じ形式「-(으)면 -(u)myen」が用いられる。よって、日本語では条件として与えられる前件が単なる仮定なのか、それとも確定的な出来事なのかによって、両者が使い分けられることを説明しなければならない。また、前件の仮定からその帰結が導かれる場合（「ロシアに行くなら、ビザを取らなければならない」）は「〜なら」を用いることや、「〜ば」、「〜と」は後件に話す人の意志や依頼、命令、許可などを表す文（前件が状態を表す「〜ば」は例外）が使えないことも合わせて説明する必要がある。
　一方、韓国語では (28) のような仮定的な事柄に限って「-(으)면 -(u)myen」が用いられる。日本語では、既に起こっている事柄（「事実的な事柄」）を表す

場合（(29)、(30)）にも仮定表現「～と、～たら」が用いられるが、韓国語では結果や発見を表す「-더니 -teni」、「-자 -ca」が用いられる。

(28) 何度も{読めば／読んだら}、わかるようになります。
　　 여러 번 <u>읽으면 (ilk-umyen)</u> 알게 된다.
(29) 何度も{読むと／読んだら}、本の内容がわかってきた。
　　 여러 번 <u>읽었더니 (ilk-ess-teni)</u> 책의 내용을 알겠다.
(30) 窓を{開けると／開けたら}、ハエが入ってきた。
　　 창을 <u>열자 (yel-ca)</u> 파리가 들어 왔다.

②理由・原因を表す接続表現：「～て」、「～から」、「～ので」

韓国語にも理由・原因を表す接続表現は複数あるが、「～て」、「～から」、「～ので」の例文を直訳すると、一つの形式「-아／어서 -a/ese」に訳されることがよくある。これは、後件が単なる理由・原因を表す場合、韓国語では「-아／어서 -a/ese」が用いられやすいからである。

(31) お腹が{空いて／空いたから／空いたので}、これ以上歩けません。
　　 배가 <u>고파서 (koph-ase)</u> 더 이상 못 걷겠어요.

日本語の場合も、こういった因果関係に限って「～て」、「～から」、「～ので」の置き換えが可能であるが、韓国語話者はすべての用法において置き換えができると思い込み、次のような誤用を産出してしまう。

(32) ＊暑くて、窓を開けてください。
(33) ＊来週、試験が{あって／あるので}、一緒に勉強しよう。

このような誤用を減らすためには、「～から」は、韓国語の「-(으)니까 -(u)nikka」と同様に因果関係を明白に表すだけでなく、理由から外れた前提条件（「後で食べるから、先に食べて」）や、終助詞的な用法（「お金貸して。後で返すから」）を表し得ると説明すればよい。

「～ので」については、基本的に「～から」と用法が似ているが、後ろの文が普通形で命令・勧誘・意志などを表す場合は「～から」が用いられると教えれば、両者の使い分けが可能になる。また、「～て」は因果関係を表す場合、後ろに話し手の意志や相手への働きかけを表す文が来ないと指摘した上で、韓国語の「-아／어서 -a/ese」と違って「理由・原因」だけでなく「継

起」、「並列・対比」、「付帯状況」などにも用いられることを説明すればよい。

③並列を表す表現：「〜と」、「〜や」と「〜し」、「〜て」
　同類の名詞を並列して表す「〜と」と「〜や」は、韓国語では区別せず、いずれも文語体では「-와／과 -wa/kwa」を、口語体では「-(이)랑 -(i)lang」、「-하고 -hako」を用いる。よって、基本的に「〜と」はすべてのものを列挙する場合に、「〜や」は一部だけを例として挙げる場合に使用されるため、「など」を添えて使えるのは「〜や」に限られることを説明すればよい。また、日本語と同様に韓国語でも動作の相手を示す格助詞「と」と、例を挙げて説明する「と」が同形式であるので、その場合には「〜や」が使えないことも指摘しておく必要がある。

　　(34)　パーティーでパスタ {×と／○や} ピザなどを食べた。
　　(35)　友達 {○と／×や} 映画を見た。

　一方、複数の動作や事柄を並列的に述べる「〜し」と「〜て」も、韓国語において同じ形式「-고 -ko」が用いられるが、指導において基本的に両者は置き換えが可能であることを指摘すればよい。「〜し」の方がより口語的で、二つ以上の事柄を並べる場合「〜し」を用いることが多いと説明すれば、使い分けができる。

④時間制限を表す表現：「〜まで」、「〜までに」
　韓国語では両者とも「-까지 -kkaci」が用いられるため、「〜まで」、「〜までに」の使い分けが難しく、学習者はよく「レポートは10日まで提出します」のような誤用を産出する。このような誤用は指導する際、「〜まで」は幅を持っていて文章に現れなくても「から」の意味が含意されるのに対し、「〜までに」は点（継続していない）を表す表現で、限界点を持っていることを教えることで改善される。

　　(36)　テストは何時 {○まで／×までに} ですか。
　　(37)　来週の金曜日 {×まで／○までに}、レポートを出してください。

⑤形式名詞:「の」、「こと」

　形式名詞「の」、「こと」も、韓国語において同じ形式「것 kes」が用いられるため、使い分けることが難しい。よって、「の」と「こと」の相違を具体的に説明しなければならないが、「ことがある／ない（経験）」「ことにする／なる」などは韓国語において別の形式で表現されるため、一つのかたまりとして導入した方がよい。「～のは…だ（強調）」、文末の「こと」（注意や指示）も語彙として導入した方が習得しやすい。

　　　(38)　富士山に登ったことが｛ある／ない｝。
　　　　　　후지산에 올라가 본 적 (cek) 이 {있다／없다}．
　　　(39)　遅刻しないこと。
　　　　　　지각하지 말 것 (kes)．

　それ以外の用法については、基本的に置き換えが可能な名詞がある場合は「の」が、置き換えが可能な名詞がない場合は「こと」が用いられやすいと教える。また、「の」は後ろに知覚動詞（「見る、見える、聞く、聞こえる」など）や、動的な事柄を表す場合（「騒ぐのをやめなさい」）に、「こと」は後ろに発話に関わる動詞（「話す、伝える、約束する、命じる、祈る」など）が来る場合に用いられやすいということを説明すれば学習者の誤用はある程度防ぐことができる。

　　　(40)　月が光っている｛○の／×こと｝が見えた。
　　　(41)　授業に遅れた｛×の／○こと｝を先生には言わないで。

⑥様態や判断を表す表現:「～そうだ」、「～ようだ」

　この論文の考察対象としている「～そうだ」、「～ようだ」に限らず、ある根拠に基づいて判断を表す「～らしい」、「～みたいだ」も韓国語では同じ形式「것 같다 kes kathta」で表される。日本語では様態を表す「～そうだ」以外は普通形（plain form）につくが、韓国語では「連体形語尾 -은／는／을 -un/nun/ul + 形式名詞것 kes + 状態動詞같다 kathta」がついた形で用いられる。日本語において、「この本は難しいようだ／難しそうだ／難しいらしい」はそれぞれ意味が異なるが、韓国語では同じ形式で表されるため、これらを使い分けることは容易ではない。

また、韓国語の「것 같다 kes kathta」は人称の制限もなく、一見してわかる性質をも表し得ることから、韓国語話者は次のような誤用をしばしば産出する。

(42) *（私は）今夜早く家へ帰れるようです。
(43) *（自分のお腹が鳴るのを聞いて）お腹が空いているみたい。
(44) *（本人の前で）金さんは背が高そうですね／高いらしいですね。

これらは日本語においては非文であるが、韓国語の「것 같다 kes kathta」に訳すと自然な文になる。よって、韓国語話者には「～そうだ」、「～らしい」、「～ようだ」、「～みたいだ」の置き換えができない例文を挙げて、どういった文法的な制約があるのかを具体的に説明しなければならない。

6.2 韓国語で前項要素、または対応する形式が異なるもの

日本語と韓国語の対応関係を見ると、前項要素、または対応する形式が異なるものがある。これらは、形式は若干異なるが、用法上において一対一に対応していることから、指導に当たって、形だけが異なると指摘すればよい。

①韓国語で前項要素が異なるもの：「～たほうがいい」、「～ために」

「～たほうがいい」は、動詞の過去形や否定形について自分の意見や一般論を聞き手に提案したり、勧めたりする言い方であるが、韓国語では「現在連体形 -는 -nun + 形式名詞 편／것 phyen/kes（ほう）+ -이 좋다 -i cohta（−がいい）」の形で用いられる。

(45) 朝ごはんはちゃんと<u>食べたほうがいいよ</u>。
아침밥은 제대로 먹는 편이 좋아 (mek-nun phyen-i coh-a).
(46) この服は洗濯機で<u>洗わないほうがいいです</u>。
이 옷은 세탁기로 안 빠는 것이 좋습니다 (an ppa-nun kes-i coh-supnita).

「～ために」は、動詞の辞書形、または「名詞+の」について、ある目的や人（団体）の利益を表すが、韓国語では「動詞の語幹 + 名詞形語尾 -기 -ki + 위해서 wihayse（ために）」、「名詞 + 格助詞 -을／를 -ul/lul（を）+ 위해서

wihayse（ために）」の形で用いられる。前項要素は異なるが、両者とも後ろに意志動詞を伴う。

　　（47）　大学に入るために勉強する。
　　　　　　대학에 들어가기 위해서 (tuleka-ki wihayse) 공부한다
　　（48）　国のために戦う。　조국을 위해서 (-ul wihayse) 싸운다．

②韓国語で異なる形式が用いられるもの：「〜すぎる」、「〜ところだ」
　「〜すぎる」は、動詞の連用形や形容詞の語幹について、行為・状態などが度を超えていて好ましくないということを表すが、韓国語では「너무 nemwu（とても）」、「엄청 emcheng（すごく）」などのような程度の副詞で表される。

　　（49）　夕食を食べ過ぎた。　저녁을 너무 (nemwu) 많이 먹었다．
　　　　　　　　　　　　　　　？夕食をとてもたくさん食べた。
　　（50）　今日は暑すぎる。　오늘은 엄청 (emcheong) 덥다．
　　　　　　　　　　　　　　　今日はすごく暑い。

　また、「〜（る／ている／た）ところだ」は、動詞について動作を始める直前や動作の継続、動作が終わった直後であることを表すが、韓国語ではまさに行われているさまを表す陳述の副詞「막 mak」をつけて「ちょうど〜しようとする／している／した」という表現になる。

　　（51）　これから夕食を作るところだ。
　　　　　　이제 막 (mak) 저녁을 만들려고 한다．
　　（52）　今、夕食を{作っているところだ／作ったところだ}。
　　　　　　지금, 막 (mak) 저녁을 {만들고 있다／만들었다}．

6.3　基本的に対応するが、用法によってずれが見られるもの

　ここでは、基本的に日本語と韓国語が一対一に対応しているが、用法によってずれが見られるものについて簡単に述べる。

①助詞：「が」、「を」、「に」、「で」、「も」、「の」
i)「が」
　格助詞「が」は、「ラーメンが好きだ」や「ロシア語ができる」のように

目的語の格として使われる場合、韓国語では日本語の「を」に当たる「-을／를 -ul/lul」が用いられる。
ii)「を」
　韓国語にも日本語の「を」に当たる「-을／를 -ul/lul」があり、基本的に対応しているが、「電車／船を降りる」のように離れる対象を表す場合は韓国語では日本語の「から」に当たる「-에서 -eyse」が用いられる。
iii)「に」
　「友達に会う」や「父に似ている」、「電車に乗る」のように、対象を表す「に」は、韓国語では日本語の「を」に当たる「-을／를 -ul/lul」が用いられる。
　また、用法による違いではないが、韓国語では基本的に、時の名詞には日本語の「に」に当たる「-에 -ey」がつく一方、日本語では時間を表す「に」がつかないことがある。これについては、日本語では絶対的な時間を表す場合 (「1時」「2日」「3月」など) は「に」をつけるが、「朝」「今週」「今月」「今年」のように相対的な関係にある時の名詞にはつかないことを、例を挙げて説明すればよい。
iv)「で」
　韓国語では、範囲を表す用法 (「1日で出来上がる」) には限定を表す「-에 -ey」が用いられ、まとまりを表す用法 (「皆で行く」、「一人で宿題をする」) には数量詞につく「-(이)서 -(i)se」が用いられる。
v)「も」
　「パーティーに友達が10人も来た」のように、話し手の意外な気持ちが含意される数量を表す「も」は、韓国語では数量詞につく「-이나 -ina」で表される。
vi)「の」
　韓国語にも日本語の「の」に当たる助詞「-의 -uy」があるが、日本語と違って「内容説明」や「位置基準」の用法において省略されることが多い。次の (53)、(54) は韓国語ではすべて省略される。
　　(53)　歴史の本、　豚肉のカレー、　花柄のスカート
　　(54)　郵便局の前、　銀行の向かい側、　机の上
　よって、日本語では韓国語と違って名詞と名詞の間には通常「の」が必要

であることを認識させることが重要である。
　また、日本語には「体言相当（〜のモノ）」の意味を持つ「の」があって、前に出てきた名詞を「の」で置き換えられるが、韓国語では名詞「モノ」の省略ができない。

(55) a.　この傘は誰のですか。　　이 우산은 누구의 것 (-uy kes) 입니까.
　　　　　　　　　　　　　　　　この傘は誰のものですか。
　　　b.　田中さんのです。　　　그것은 타나카 씨의 것 (-uy kes) 입니다.
　　　　　　　　　　　　　　　　それは田中さんのものです。

②指示詞：「その」、「あの」
　日本語の指示詞「こ、そ、あ、ど」に対応する形式として、韓国語には「이 i、그 ku、저 ce、어느 enu」があり、基本的に一対一の対応関係にあるが、文脈指示においてずれが見られる。話し手と聞き手が記憶の中にあるもの（共通知識）を引き出し、話題を共有する場合、日本語では「あの時、あの話、あの人」のように、「あ」系列の指示詞が用いられるが、韓国語では「그 ku」（その）系列で表される。中上級レベルの韓国人日本語学習者において指示詞の誤用が見られるのは、文脈指示における「そ」と「あ」の混同が原因であると考えられる。よって、指示詞を指導する際は、まず現場指示と文脈指示の違いを認識させることが重要である。特に、共通知識を語り合う文脈指示において、日本語と韓国語のずれに気づくような例を挙げ、説明する必要がある。

7.　おわりに

　以上 5. と 6. では、庵他（2000）の「主要初級教科書との対応表」から選別した 232 の文法項目のうち、日本語と韓国語との対応関係がずれている 70 項目をカテゴリ別に分類し、日本語との相違を中心に説明を行った。説明した内容を順番に並べると、次の通りである。
　　①　両言語における対応関係が複雑なもの
　　②　韓国語に対応する形式がないもの
　　③　韓国語において一つの形式で表されるもの

④　韓国語で前項要素、または対応する形式が異なるもの
⑤　基本的に対応するが、用法によってずれが見られるもの

　この論文では、アンケート結果を参考にし、韓国語母語話者にとって難しいとされる項目順に説明しているが、①と②、④と⑤はアンケート結果において大きな差が見られなかったことから、学習項目間の関連性を考慮しながら、順序を変えて導入しても差し支えないと思われる。

　韓国語母語話者に対するわかりやすさの観点から考えると、Level 1 から Level 4 に分けて文法項目を導入した方がよい。

- Level 1：日本語と韓国語が一対一に対応している 162 項目
- Level 2：⑤基本的に対応するが、用法によってずれが見られるもの、④韓国語で前項要素、または対応する形式が異なるもの
- Level 3：③韓国語において一つの形式で表されるもの
- Level 4：②韓国語に対応する形式がないもの、①両言語における対応関係が複雑なもの

◎ Level 1 の項目は、以下の通りである。

あそこ、あちら、〜あとで、あれ、あんな、いくつ（個数）、いつ、内の関係の名詞修飾、外の関係の名詞修飾、か（選択的）、が（主語）、が（中立叙述）、が（総記）、が（従属節）、が（名詞修飾節）、〜が（逆接）、〜が（前置き）、〜が（終助詞的）、（-の中で）〜が一番…（比較）、〜かどうか、〜かもしれない、から（起点（時間））、から（起点（場所））、から（材料）、〜から（前提情報）、〜からだ、疑問語（疑問詞）〜か、疑問詞＋か、疑問詞＋も〜ない、Ａく／Ｎａに（副詞的用法）、ＡくてＢいＮ（形容詞の並置）、〜けれども（けれど・けど）（逆接）、ここ、こちら、この、これ、こんな、しかし、〜しか〜ない、自他の対応、指定文、省略、〜（し）に、Ａくする、Ｎａにする、〜そうだ（伝聞）、そこ、そして、そちら、それ、それから、それで、（それ）では・（それ）じゃ、それに、そんな、対立型、融合型、〜たい、だけ、タ形（過去）、タ形（完了）、タ形（主節時以前）、ル形（主節時以後）、ル形（現在）、ル形（習慣）、〜たことがある、〜たことがない、〜たり〜たり、だれ、だろう（でしょう）（非断定）、だろう（でしょう）（確認）、〜つもりだ、〜て（付帯状況）、〜て（手段）、〜て（継起・時間）、で（場所）、で（手段・道具）、で（原因・理由）、〜ておく、〜てから、〜てください、〜てくださる、〜てしまう（完了）、〜てしまう（後悔）、ダ体、デス・マス体、〜ですか・〜ますか、〜てはいけない、〜てみる、

〜ても（仮定的）、でも、〜てもいい、と（共同動作の相手）、と（動作の相手）、と（異同の対象）、と（引用）、〜といっしょに、〜とき、どう、どうして、〜と思う（非断定）、どこ、どちら（方向）、どちら（選択）、どなた、どの、どれ、どんな、〜ないか（〜ませんか）（勧誘）、〜ないで、〜ないでください、〜ないほうがいい、〜ながら、〜なくて、〜なくてもいい、〜なければいけない etc.、など（例示的並列）、何、Aくなる、Naになる、Nになる、に（存在場所）、に（割合の分母）、に（出どころ）、に（受け手）、に（動作の目的）、に（テモラウ文の動作主）、に（受身文の動作主）、に（使役文の動作主）、に（受益者）、に（到着点）、へ（方向）、〜に（は）…がある／いる（存在）、ね、〜のに（目的）、〜のに（事実的）、〜のは…（強調構文）、は（主題）、は（対比）、〜は（否定）、〜は…がある（所有）、〜は…にある／いる、〜は…にある／いる（存在）、〜は…を持っている（所有）、〜のほうが…より−（比較）、〜は…より−（比較）、より（比較の対象）、ハーガ構文、〜まえに、まで（着点（時間））、も（並列）、〜やすい（容易）、〜（よ）う（意志）、〜（よ）う（〜ましょう）（勧誘）、〜（よ）うか（〜ましょうか）（勧誘）、〜ようだ（比喩）、〜ようと思う、〜ように（目的）、〜ようになる、を（目的語）、を（通過する場所）、を（使役文の動作）

◎ Level 2 の⑤の項目は、以下の通りである。

が（目的語）、が（可能構文の目的語の格）、を（離れる対象）、に（時間）、に（対象）、で（範囲）、で（まとまり）、も（数量）、の（所有）、の（内容説明）、の（位置基準）、の（体言相当）、あの、その

◎ Level 2 の④の項目は、以下の通りである。

〜たほうがいい、〜ために（目的）、〜ために（利益）、〜のために、〜すぎる、〜たところだ、〜ているどころだ、〜ところだ（辞書形）

◎ Level 3 の③の項目は、以下の通りである。

〜ば（一般条件・仮定条件）、〜と（一般条件・反復条件）、〜たら（仮定条件）、〜たら（確定条件・時間）、〜なら（相手の発言・意向を受ける）、〜なら（仮定条件）、〜て（原因）、〜から（理由）、〜ので（理由）、と（並列）、や（並列）、〜て（並立・対比）、〜し（並立）、〜まで（時）、〜までに、〜の（名詞化）、〜こと（名詞化）、〜そうだ（外観）、〜そうだ（兆候）、〜なさそうだ、〜ようだ（状況からの判断）

◎ Level 4 の②の項目は、以下の通りである。

〜のところ、〜のだ（理由）、〜のですか、よ

◎ Level 4 の①の項目は、以下の通りである。

> ル形（未来）、〜ていない（未完了）、〜ている（動作の継続）、〜ている（結果の残存）、〜てある（結果の残存）、〜ている（習慣）、受身（間接）、受身（直接）、受身（持ち主）、使役、N にする、可能形、〜ことができる、〜てあげる、〜てくれる、〜ていただく、〜てもらう、尊敬語、普通形、謙譲語、ゴザイマス体、丁重語、美化語

　学習者の母語を基準とした文法シラバスの場合は、「文型積み上げ方式」に従うことなく、学習者の母語に類似する表現であれば、学習者のコミュニケーション能力や語彙習得に合わせて早い段階で導入することが可能である。対照言語学的知見を文法シラバスへ取り入れることによって、現場の教師も日本語と学習者の母語との類似と相違を把握することができ、学習項目間での難易度の予測や提出順序などを工夫する際に役立つであろう。また、学習者の母語を考慮し、類似する文法項目に対する不要な説明を省くことにより、結果的に学習者への負担を軽減させることにも繋がる。

　庵（2011）は、学習者の動機づけを維持しやすくするためには初級における文法項目を理解レベルから産出レベル中心に簡素化する必要があると述べているが、文法項目を簡素化するためにも、対照言語学の知見を取り入れたシラバス作りが必要である。学習者の母語と類似する文法項目の説明は簡単に行い、ずれが見られるところや学習者の母語にない文法項目を中心に取り上げることで学習者の負担が軽減し、学習効率も高まる。

　以上の点から、本研究は海外における日本語教育に限らず、日本国内においても母語別のシラバスデザインや日本語指導法、教材作りなどの参考情報として広く応用できると考える。

参考文献

庵功雄・中西久実子・山田敏弘・高梨信乃（著）松岡弘（監修）（2000）『初級を教える人のための日本語文法ハンドブック』スリーエーネットワーク．

庵功雄（2011）「日本語教育文法から見た「やさしい日本語」の構想 —— 初級シラバスの再検討 ——」『語学教育研究論叢』28, pp. 255-271, 大東文化大学．

市川保子（2005）『初級日本語文法と教え方のポイント』スリーエーネットワーク．

友松悦子・和栗雅子・宮本淳（2007）『どんな時どう使う日本語表現文型辞典』新装版（2010）アルク．

井上優（2002）「「言語の対照研究」の役割と意義」国立国語研究所（編）『日本語と外国語との対照研究Ⅹ —— 対照研究と日本語教育 ——』pp. 21-34，くろしお出版．

井上優（2005）「学習者の母語を考慮した日本語教育文法」野田尚史（編）『コミュニケーションのための日本語教育文法』pp. 83-102，くろしお出版．

菅野裕臣他（1988）『コスモス朝和辞典』第2版（1991）白水社．

熊谷智子（2002）「「対照研究」と「言語教育」をつなぐために」国立国語研究所（編）『日本語と外国語との対照研究Ⅹ —— 対照研究と日本語教育 ——』pp. 21-34，くろしお出版．

白峰子（著）大井秀明（訳）野間秀樹（監修）（2004）『韓国語文法辞典』三修社．

あとがき

山内博之

　庵論文(第1章)におけるStep1では、丁寧体を教えることを前提とし、登場する動詞の活用形は、マス形(連用形)のみであった。山内論文(第3章)では、KYコーパスを用いて、主に「中級-下」以下の話者が使用している文法的形態素を調査した。その結果、かたまりとして教えるテ形を除き、マス形以外の活用形を導入しないという庵論文のStep1の妥当性を概ね実証することとなった。

　庵論文でも山内論文でも、産出に関する文法を扱っているわけであるが、その両者から描かれる文法シラバス像は、以下の図のようなものである。

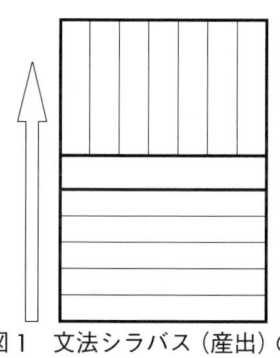

←C：普通形接続を必要とする
　　文法項目

←B：動詞の活用(普通形)

←A：丁寧形の文法
　①名詞文・形容詞文・動詞文
　②普通形接続を必要としない文法項目

図1　文法シラバス(産出)の構造

図1は、学習者がA→B→Cという順で文法を習得していくということを示しているが、庵論文のStep1は、そのAに当たる。図1のAでは、マス形以外の活用形は扱わない。Aに入り得るのは、丁寧形（肯定・否定／非過去・過去）の名詞文・形容詞文・動詞文と、「たいです」「ませんか」などのマス形に接続する項目である。庵論文のStep1には含まれていなかったが、「あのー（フィラー）」「ね（終助詞）」「けど（接続助詞）」「でも（接続詞）」などもここに入り得る。山内論文によれば、Aを習得するのみでOPIの中級になれるとのことであるので、Aとは、あるレベルの言語生活を学習者に保証する項目群であると言える。

　図1のBに含まれるものは、辞書形、ナイ形、タ形等の動詞の活用形であり、それらを学ぶことによって動詞の普通形が習得されることになる。学習者が丁寧体で話すことを前提とするならば、普通形は、そのままでは使用できず、助動詞や接続助詞等を接続して初めて使用できるものである。つまり、動詞の普通形とは、苦労して習得しても、言語活動遂行能力の向上には直接的には結びつかない、学習者にとって負担の大きいものであると言える。

　Aの項目群が学習者にあるレベルの言語生活を保証し、かつ、Bの項目群が学習者にとって習得のコストの大きいものであるということから、学習者の文法習得においては、活用が一種の分水嶺のような存在になっていることが考えられる。言語能力は階段状に向上していくなどと言われることがあるが、それに例えれば、動詞の活用の学習は、まさに階段の平面の部分に当たる段階なのではないか。

　図1のCには、ヨウダ・ソウダ・ラシイなどのモダリティに関する形式、ラレル・サセルなどのヴォイスに関する形式、テミル・テアル・テオクなどの動作の局面に関する形式、タラ・ナラ・ノデなどの接続助詞などが入り得る。

　ここで注目したいことは、ABの項目同士の関係と、Cの項目同士の関係の相違についてである。まず、Aの項目は、他の項目の存在を前提とし、他の項目を利用しながら導入されることが多い。以下の（1）～（6）を見ていただきたい。以下の（1）～（6）はAに入る項目であり、概ね（1）～（6）の順に導入することが想定される項目である。

(1) (名詞)は(名詞)です。
(2) (名詞)は(ナ形容詞)です。
(3) (名詞)は(イ形容詞)です。
(4) (名詞)は(動詞)ます。
(5) (名詞)は(動詞)たいです。
(6) (動詞)ませんか。

　(1)の名詞文は、最初に導入されることの多い項目であると思われる。したがって、他の項目を前提として導入されるということはない。しかし、次の(2)のナ形容詞文の導入においては、直前に導入された名詞文の「(名詞)は〜です。」という形を利用し、「〜」にナ形容詞を入れるということを行う。なお、否定形・過去形は名詞文のものをそのまま利用することができる。(3)のイ形容詞文も同様であるが、否定形・過去形は、名詞文のものをそのまま利用することはできない。(4)の動詞文では、名詞文の「(名詞)は〜。」という部分のみを利用し、「です」の部分を利用してはいない。つまり、(2)〜(4)は(1)の存在を前提として導入され、かつ、前提とする部分が少しずつ異なるという関係になっていると言える。また、(5)(6)は、(4)の動詞文の存在を前提として導入されるし、Bの活用形も、(4)の動詞文を前提として導入されるものである。
　このように、ABの項目は、他の項目の存在を前提として導入されるものが多い。一方、Cの項目は、Bの存在を前提にはするが、Cの他の項目を前提として導入されることがほとんどない。次の(7)〜(12)を見ていただきたい。

(7) (動詞普通形)ようです。
(8) (動詞普通形)のです。
(9) (動詞普通形)なら、〜。
(10) (動詞ナイ形)られます。
(11) (動詞ナイ形)させます。
(12) (動詞ナイ形)なければいけません。

(7)〜(9)は、Bで導入された動詞の普通形を前提として「ようです」「のです」「なら」という新項目を導入するものであるが、お互いを前提にして導入されるということはない。(10)〜(12)についても同様である。つまり、Cの項目は、たとえば「ようです」と「らしいです」など、意味の面での関係を互いが有することはあっても、接続の面では、他者の存在を前提にすることはほとんどない。ABの項目には、まさに「文法積み上げ」という言葉がぴったりと当てはまるが、Cの項目同士の関係は、狭い意味での「文法積み上げ」とはなっていない。実際、ABの項目の提出順序はかなり固定的であるが、Cの項目は、提出順序を大幅に変えても、それほど差し支えがない。

　当然のことながら、ABとCでは、導入・練習の方法を大幅に変えてしかるべきであると考えられるが、実際の日本語教育現場では、はたしてそのようになっているのだろうか。たとえば、『みんなの日本語』(スリーエーネットワーク)を使用する場合、初級Ⅰよりも初級Ⅱの方が教えにくいという現場の声をよく聞くが、教えにくい原因の本質は、ここで述べたような、ABとCの項目の性質の相違にあるのではないだろうか。ABの項目同士は、接続という面でタイトに結びついている「直列型の積み上げ」、Cの項目同士は、意味という面での結びつきはあっても、接続という面での関係が弱い「並列型の積み上げ」であると言ってもよいかもしれない。

　図1に示した図式の妥当性については、今後大いに議論されるべきであると思われるが、本書の中で、この図1の図式と親和性が高いのが、建石論文(第11章)である。建石論文では、「類義表現として扱われていない項目」が表9(230頁)にまとめられているが、その表9の項目と庵論文のStep1は非常によく似ている。建石論文の表9の項目は、ほとんどが図1のAに入り得るものであり、一方、必要度・複雑度という2つの指標から分析した類義表現の中に含まれている項目は、ほとんどが図1のCに入り得るものである。建石論文では、類義表現としてとらえた文法項目を、必要度・複雑度の2つの視点から4つに分類しているが、それは、そのまま、図1のCの中での文法項目の分類であるとも考えることができる。

　また、「生産性」という概念から文法シラバスを論じた中俣論文(第6章)

では、各文法項目の生産性の高低と、KYコーパスにおける文法的形態素の出現状況には関係があると述べられており、KYコーパスから導き出された図1の存在を、間接的にではあるが、支えるものであると考えられる。

その他、森論文（第10章）では、主に識別力に着目して「日本語能力試験から見た当該級では無理のある項目」を洗い出しており、それが積極的に図1の図式を支えているとは言いにくいかもしれないが、矛盾のある結果とはなっていない。森論文では、19の文法項目を「日本語能力試験から見た当該級では無理のある項目」として具体的に指定しているが、それを図1の図式と同時に提示することは可能であるように思われる。

書き言葉コーパスを調査することによって文法シラバスを論じた橋本論文（第4章）でも、同様に矛盾のある結果は生じてはいない。橋本論文では、調査対象となっている被験者のレベルが比較的高いためか、その結果から、図1のAとCの違いを見出すことはできにくいが、橋本論文における調査結果は、山内論文（第3章）の基盤となっている山内（2009）『プロフィシェンシーから見た日本語教育文法』（ひつじ書房）で示された内容とは、非常に相性がいいように思われる。

図1のCの中身を中心的に扱っているのが庵論文（第2章）である。庵論文（第1章）でStep1に続くStep2が示され、庵論文（第2章）では、さらにその上のStep3～Step6が示されている。これら2つの論文で示されたStep2～Step6は、図1のCの項目を段階的に示したものである。また、建石論文・中俣論文でも、それぞれCに入ると思われる項目の分類が行われている。さらに、劉論文（第8章）では、超級話者である著者自身の学習メモから抽出した学習困難点を基に、日本語学習の最終段階とも言えるようなシラバスの提案が行われている。

一方、図1の図式を想起させない結果となっていると思われるのが、岩田・小西論文（第5章）、渡部論文（第7章）、田中論文（第9章）である。これらの論文の共通点は、学習者ではなく、主に、教師もしくは日本語母語話者の視点からの分析であるという点である。また、対照言語学的な視点に立った高論文（第12章）の結果も、図1とは異なるものになっているように見受けられる。

ゼロから学習を始める学習者を想定する場合、最初に学習する項目、つまり、最初に踏み出す第一歩は、誰でも同じものになる可能性が高い。したがって、導入期の日本語教育に関しては、「究極の文法シラバス」のようなものが存在する可能性はあると思う。しかし、中級、上級と進んでいくにつれて、それぞれの目的も異なり、違う学習ルートを歩んでいくことが想定される。本書では、必ずしも、明確な１つの方向性を提示できたわけではないが、文法シラバスというものを、データに基づいて、ある程度、科学的・客観的に示すことはできたのではないかと思う。本書の内容が、今後の日本語教育のあり方に少しでも影響を与え得るものであるなら幸いである。

　なお、本書における研究は、人間文化研究機構国立国語研究所領域指定型共同研究プロジェクト「学習者コーパスから見た日本語習得の難易度に基づく語彙・文法シラバスの構築」の成果の一部である。このような研究の機会を与えてくださったことに対し、記して感謝の意を表したい。

執筆者紹介

＊は編者、＃はシリーズ監修

庵　功雄 (いおり　いさお)＊＃

大阪大学大学院文学研究科博士後期課程修了。博士（文学）。大阪大学文学部助手、一橋大学留学生センター専任講師、准教授を経て、現在、一橋大学国際教育交流センター教授。著書に『日本語教育文法のための多様なアプローチ』（共編著、ひつじ書房、2011）、『新しい日本語学入門（第2版）』（スリーエーネットワーク、2012）、『日本語教育・日本語学の「次の一手」』（くろしお出版、2013）などがある。

山内博之 (やまうち　ひろゆき)＊＃

筑波大学大学院修士課程経営・政策科学研究科修了。経済学修士。岡山大学文学部講師、実践女子大学文学部助教授を経て、現在、実践女子大学文学部教授。著書に『OPIの考え方に基づいた日本語教授法─話す能力を高めるために─』（ひつじ書房、2005）、『プロフィシェンシーから見た日本語教育文法』（ひつじ書房、2009）、『［新版］ロールプレイで学ぶ中級から上級への日本語会話』（凡人社、2014）などがある。

橋本直幸 (はしもと　なおゆき)

東京都立大学大学院人文科学研究科博士後期課程単位取得退学。修士（教育学）。首都大学東京助教、福岡女子大学国際文理学部専任講師を経て、現在、福岡女子大学国際文理学部准教授。著書・論文に『実践日本語教育スタンダード』（共著、ひつじ書房、2013）、『日本語教育のためのタスク別書き言葉コーパス』（共著、ひつじ書房、2014）、「日本語教育スタンダードのための語彙表作成の方法─統計指標を用いた話題別分類語彙表─」（『ヨーロッパ日本語教育』14、2010）などがある。

岩田一成 (いわた　かずなり)

大阪大学大学院言語文化研究科博士後期課程修了。博士（言語文化学）。国際交流基金日本語国際センター専任講師、広島市立大学国際学部講師、准教授、聖心女子大学現代教養学部准教授を経て、現在、聖心女子大学現代教養学部教授。著書に『日本語数量詞の諸相─数量詞は数を表すコトバか─』（くろしお出版、2013）、『読み手に伝わる公用文─〈やさしい日本語〉の視点から─』（大修館書店、2016）、『新しい公用文作成ガイドブック　わかりやすく伝えるための考え方』（日本加除出版、2022）などがある。

小西　円 (こにし　まどか)

早稲田大学大学院日本語教育研究科博士後期課程修了。博士（日本語教育学）。早稲田大学助手、国立国語研究所プロジェクト非常勤研究員、プロジェクト研究員を経て、現在、東京学芸大学留学生センター准教授。論文に「日本語学習者の習熟度別に見たフィラーの分析」（『国立国語研究所論集』15、2018）、「「わーい」っていつ使う？」（『一語から始める小さな日本語学』ひつじ書房、2022）などがある。

中俣尚己（なかまた　なおき）

大阪府立大学大学院人間社会学研究科博士後期課程修了。博士（言語文化学）。京都外国語大学嘱託研究員、実践女子大学文学部助教、京都教育大学教育学部講師、准教授を経て、現在、大阪大学国際教育交流センター准教授。著書に『日本語教育のための文法コロケーションハンドブック』（くろしお出版、2014）、『コーパスから始まる例文作り』（編著、くろしお出版、2017）、『「中納言」を活用したコーパス日本語研究入門』（ひつじ書房、2021）などがある。

渡部倫子（わたなべ　ともこ）

広島大学大学院教育学研究科博士後期課程修了。博士（教育学）。岡山大学国際センター講師、岡山大学言語教育センター准教授、広島大学大学院教育学研究科講師、准教授を経て、現在、広島大学大学院人間社会科学研究科教授。著書に『［改訂版］日本語教育学の歩き方―初学者のための研究ガイド―』（共著、大阪大学出版会、2019）、『日本語で PEACE　CLIL 実践ガイド（CLIL 日本語教育シリーズ）』（共著、凡人社、2022）、『算数文章題が解けない子どもたち―ことば・思考の力と学力不振―』（共著、岩波書店、2022）などがある。

劉　志偉（りゅう　しい）

京都大学大学院人間・環境学研究科博士後期課程修了。博士（人間・環境学）。東京都立大学助教を経て、現在、埼玉大学大学院人文社会科学研究科教授。著書に『「姉小路式」テニヲハ論の研究』（京都大学学術出版会、2012）、『学習経験者の視点から見た日本語教育文法―ニア・ネイティブレベルを目指すために―』（日中言語文化出版社、2022）、『敬語三分類に拠らない現代日本語の敬語指導に関する提案―外国人の目から見た日本語の一環として―』（日中言語文化出版社、2022）などがある。

田中祐輔（たなか　ゆうすけ）

早稲田大学大学院日本語教育研究科博士後期課程修了。博士（日本語教育学）。中国復旦大学日本語学科講師、日本学術振興会特別研究員、早稲田大学大学院日本語教育研究科助手、東洋大学国際教育センター講師、准教授を経て、現在、青山学院大学文学部准教授。論文に「中国における日本語教育論議の現代史」（『日本語教育』156、2013）、「中国の大学専攻日本語教育における「国語教育」」（『国語科教育』74、2013）、「日本の国語教科書は中国の大学専攻日本語教育においてどのように用いられているのか」（『文学・語学』210、2014）などがある。

森　篤嗣（もり　あつし）

大阪外国語大学大学院言語社会研究科博士後期課程修了。博士（言語文化学）。 Chulalongkorn University、実践女子大学文学部助教、国立国語研究所准教授、帝塚山大学現代生活学部教授を経て、現在、京都外国語大学外国語学部教授。著書に『私たちの日本語』（共著、朝倉書店、2012）、『授業を変えるコトバとワザ』（くろしお出版、2013）、『やさしい日本語は何を目指すか』（共編著、ココ出版、2013）などがある。

建石　始 (たていし　はじめ)

　神戸市外国語大学大学院外国語学研究科博士後期課程単位取得退学。博士（文学）。鹿児島県立短期大学文学科准教授を経て、現在、神戸女学院大学文学部教授。著書に『名詞類の文法』（共編著、くろしお出版、2016）、『日本語の限定詞の機能』（日中言語文化出版社、2017）、『名詞研究のこれまでとこれから』（共著、くろしお出版、2021）などがある。

高　恩淑 (こう　うんすく)

　一橋大学大学院言語社会研究科博士後期課程修了。博士（学術）。一橋大学大学院博士研究員、非常勤講師を経て、現在、獨協大学国際教養学部特任准教授。著書・論文に『日本語と韓国語における可能表現』（ココ出版、2015）、『日本語のテンス・アスペクト研究を問い直す1』（共著、ひつじ書房、2019）、『日本語文章チェック事典』（共著、東京堂出版、2021）、「日本語と韓国語のアスペクト体系に関する一考察（『日本語文法』17-2、2017）などがある。

現場に役立つ日本語教育研究 1

データに基づく文法シラバス

2015年6月16日 第1刷発行
2023年1月31日 第2刷発行

編者 庵功雄・山内博之
監修 山内博之

発行 株式会社 くろしお出版
〒102-0084 東京都千代田区二番町4-3
TEL 03-6261-2867 FAX 03-6261-2879
https://www.9640.jp kurosio@9640.jp

印刷 藤原印刷株式会社
装丁・本文デザイン 工藤亜矢子（OKAPPA DESIGN）

©2015 Isao IORI, Hiroyuki YAMAUCHI Printed in Japan
ISBN 978-4-87424-663-4 C3081

乱丁・落丁はおとりかえいたします。本書の無断転載・複製を禁じます。